Japan-Pop-Revolution

Neue Trends der japanischen Gesellschaft reflektiert in der Popkultur

d|u|p

Junge Japanforschung Düsseldorf

Band 1

Japan-Pop-Revolution

Neue Trends der japanischen Gesellschaft reflektiert in der Popkultur

herausgegeben von Michiko Mae und Elisabeth Scherer

Institut für Modernes Japan
Heinrich-Heine-Universität Düsseldorf

d|u|p

Bibliografische Information der Deutschen Nationalbibliothek
Die Deutsche Nationalbibliothek verzeichnet diese Publikation in der
Deutschen Nationalbibliografie; detaillierte bibliografische Daten sind
im Internet über http://dnb.d-nb.de abrufbar.

© düsseldorf university press, Düsseldorf 2011
http://www.dupress.de
Redaktion und Lektorat: Elisabeth Scherer
Umschlaggestaltung: Olga Rogalski (Illustration), Andreas Steinbrecher, Tobias Textor
Satz: Friedhelm Sowa, LaTeX
Herstellung: Ruhrstadt Medien AG, Castrop-Rauxel
Gesetzt aus der Minion Pro, der Kozuka Mincho Pro und der URW Classico
ISBN 978-3-940671-45-5

Inhalt

Vorwort

Der vorliegende Band bildet den Auftakt zu einer neuen Reihe, in der wir unter dem Titel „Junge Japanforschung Düsseldorf" Arbeiten von Studierenden am Institut für Modernes Japan der Heinrich-Heine-Universität vorstellen wollen. Studentische Arbeiten in einer solchen Form zu veröffentlichen ist nicht selbstverständlich. Wir haben uns bewusst dafür entschieden, und das nicht nur, weil es sich um bemerkenswerte Aufsätze handelt. Wir sehen diese Arbeiten auch vor dem Hintergrund des weltweiten Booms der japanischen Populärkultur und der Bedeutung, die ihre Produkte für die Lebenswelt junger Menschen haben.

Die Aufsätze, die hier im ersten Band unserer neuen Reihe versammelt sind, stammen zum Großteil von Studierenden, die im Wintersemester 2008/2009 in einem Projektkolloquium von Michiko Mae mitgewirkt haben. Die Teilnehmerinnen und Teilnehmer hatten es sich zur Aufgabe gemacht, japanische Fernsehserien, Filme, Anime (Zeichentrickfilme) und Computerspiele daraufhin zu untersuchen, ob sich in ihnen wichtige neue Trends der japanischen Gesellschaft zeigen und in welcher Weise diese aufgegriffen und behandelt werden.

Seit einigen Jahren entwickeln wir die Analyse der japanischen Populärkultur zu einem Forschungsschwerpunkt des Instituts für Modernes Japan. Unsere Studierenden bringen für dieses Forschungsfeld große Kompetenzen mit: Sie gehören zu einer Generation, die mit den japanischen populärkulturellen Produkten ‚aufgewachsen' ist. In ihrer Freizeit sehen sie japanische Fernsehserien, lesen Manga, hören japanische Popmusik, spielen japanische Computerspiele und tauschen sich über diese Themen rege in Internetforen und bei speziellen Fan-Conventions aus.

Damit hat sich auch die Motivation, ein Japanologie-Studium aufzunehmen, grundlegend geändert: Junge Menschen interessieren sich nicht mehr in erster Linie wegen Japans wirtschaftlicher Erfolge für das Land, sondern wollen die japanische Kultur und Gesellschaft ergründen und die japanische Sprache lernen, um Manga und Anime in Originalsprache verstehen zu können. Die umfangreichen Kompetenzen, die unsere Studierenden häufig an unser Institut mitbringen, wollen wir fördern, indem wir ihnen das notwendige Handwerkszeug zum wissenschaftlichen Arbeiten vermitteln und ihre analytischen Fähigkeiten schulen. Mit diesem Band der „Jungen Japanforschung Düsseldorf" erhalten unsere Studierenden ein Forum, ihre über Jahre erworbenen Kenntnisse wissenschaftlich zu reflektieren und zu publizieren.

Unser Dank gilt der Ostasien-Stiftung der Heinrich-Heine-Universität Düsseldorf, die mit der Finanzierung der Druckkosten die Publikation des Buchs ermöglicht hat. Dem Verlag Düsseldorf University Press und seinen Geschäftsführern Prof. Dr. Hans Süssmuth und Prof. Dr. Heinz Mehlhorn danken wir dafür, dass sie diese studentische Reihe in ihr Programm aufgenommen haben. Für die Umschlagillustration sprechen wir unseren Dank Olga Rogalski aus, die an unserem Institut studiert und gleichzeitig als Manga-Zeichnerin vielversprechende Arbeit leistet. Andreas Steinbrecher und Tobias Textor haben die übrige Gestaltung des Umschlags übernommen und uns damit sehr geholfen. Stephanie Klasen und Julia Siep danken wir für ihr unermüdliches Korrekturlesen.

Düsseldorf, im Juli 2011

Michiko Mae und Elisabeth Scherer

Japanische Popkultur:
Raum für Vielfalt und Grenzüberschreitungen

Michiko Mae und Elisabeth Scherer

Die japanische Populärkultur hat in den letzten Jahren in den USA und Europa einen Siegeszug angetreten, der frühere Blütezeiten der Japan-Begeisterung wie z. B. den Japonismus vor hundert Jahren noch übertrifft. Ihre Produkte sind längst Teil der westlichen Mainstream-Kultur und werden von vielen Fans als eine Alternative zur bisher dominanten amerikanischen Popkultur gesehen. Auch die japanische Regierung unterstützt inzwischen offiziell den Export von Anime und Manga, die sie als wichtige Repräsentationen der modernen japanischen Kultur betrachtet.

Während junge deutsche Fernsehzuschauer in den 1970er und 1980er Jahren wahrscheinlich keine Ahnung davon hatten, dass ihre Zeichentrickheldinnen Biene Maja und Heidi in japanischen Studios das Licht der Welt erblickt hatten, gehören die Autorinnen und Autoren dieses Bandes einer Generation an, die japanische Populärkultur bereits seit ihrem Jugendalter bewusst konsumiert. Das Vorurteil, Videospiele und Anime seien Schund, ist längst überholt, und inzwischen sind die populärkulturellen Medien auch ein ernst zu nehmendes Objekt für wissenschaftliche Analysen geworden. Das hängt auch mit der atemberaubenden Entwicklung der technischen Möglichkeiten zusammen, liegt aber vor allem an der Qualität der komplexen und facettenreichen Narrationen in den genannten Genres. Sie greifen in ihren unterschiedlichen Ausdrucksmöglichkeiten aktuelle gesellschaftliche Themen und Probleme auf und weisen sogar auf Lösungsmöglichkeiten hin, auch indem sie neue Identifikationsfiguren anbieten.

Diese neue Qualität der japanischen Popkultur wurde schnell von den jungen Rezipient/innen erkannt. Auch westliche Fans können sich mit japanischen Comic-Figuren identifizieren, wie man auf Conventions oder in Internet-Foren beobachten kann. Nicht wenige Fans übersetzen japanische Mangas (oder kreieren sogar ihre eigenen) und sind sich dabei gerade der spezifisch japanischen Elemente dieses Genres bewusst.

Die Themen der neuen populärkulturellen Medienprodukte haben ein schier unüberschaubar breites und vielfältiges Spektrum. Die Beiträge im vorliegenden Band befassen sich mit solchen Werken, die im Zusammenhang mit dem am Institut für Modernes Japan angesiedelten Projekt „Neue Differenzen und Diversität in der japanischen Gesellschaft" interessant sind. Der Umgang mit Differenz und Diversität ist gerade in Bezug auf die japanische Gesellschaft ein wichtiges Thema, weil Japaner lange Zeit hartnäckig behauptet haben, ihr Land zeichne sich durch eine besondere Homogenität aus. Die japanische Kultur und Gesellschaft waren aber in keiner historischen Phase wirklich homogen; ganz im Gegenteil lag gerade in ihrer Heterogenität und Vielfalt das, was sie in besonderer Weise prägte. Darüber hinaus nehmen im Zeitalter der Globalisierung in Japan Heterogenität und Vielfalt sehr stark zu.

Dieser Wandlungsprozess zeigt sich auch in den vorliegenden Analysen. Es geht darin um unterschiedliche Umgangsweisen mit kulturellen, gesellschaftlichen sowie Gender-bezogenen Differenzen und mit der wachsenden soziokulturellen Vielfalt. Die zunehmende Diversität, die sich durch das Zusammenleben mit kulturell-ethnischen Minderheiten ergibt, spiegelt sich in den populärkulturellen Produkten ebenso wider wie die Auflösung der japanischen Mittelschicht, die lange als Fundament der vermeintlich homogenen Gesellschaft galt. Auch die Frage der Geschlechteridentität ist bereits seit langem ein Thema, zum Beispiel in Comics für junge Mädchen, den sogenannten *shōjō manga*. Mit der Diskussion um das 1999 in Kraft getretene Partizipationsgesetz, dessen Ziele die völlig gleichen Beteiligungs- und Gestaltungsmöglichkeiten in der Gesellschaft unabhängig vom Geschlecht sind, fand das Thema Männer- und Frauenrollen und -identitäten auch Eingang in Mainstream-Medien wie Fernsehserien. Und auch die mediale Verarbeitung von Tabuthemen wie zum Beispiel häusliche Gewalt trägt in Japan dazu bei, das Bewusstsein der Zuschauer zu schärfen und Handlungsbarrieren abzubauen.

Im Folgenden sollen die einzelnen Beiträge dieses Bandes und die darin aufgegriffenen gesellschaftlichen Tendenzen kurz vorgestellt werden.

Ebenso wie der vorliegende Band trägt der Manga *Shōjo kakumei Utena*, den Melissa Sohlich analysiert, das Wort „Revolution" (*kakumei*) im Titel. Sohlich zeigt auf, worin in dem Werk, das eine hochkomplexe Handlung aufweist, das Revolutionäre besteht. Dabei werden vor allem durch die Hauptfigur Utena Stereotype, die aus der Märchenwelt bekannt sind, aufgebrochen und die Erschaffung einer neuen, freien Identität jenseits von vorgegebenen Rollenbildern möglich gemacht.

Katharina Hülsmann untersucht das Videospiel *Silent Hill 4: The Room* und stößt dabei auf Gestaltungselemente, die auf eine Auseinandersetzung mit dem *hikikomori*-Phänomen hinweisen. *Hikikomori* sind junge Menschen, die sich aus der Gesellschaft zurückziehen und deren Alltag durch einen sehr hohen Medienkonsum geprägt ist. Videospiele und virtuelle Welten sind die vermeintlichen Schutzräume für solche sozial isolierten Jugendlichen. Dadurch, dass das Design von *Silent Hill 4* den Weg aus einem solchen Raum simuliert, erhält das Spiel selbstreflexive Züge.

Um unheimliche Wesen, sogenannte *yōkai*, geht es in dem Beitrag von Timo Thelen. Während diese Flusskobolde, Berggeister und Langhalsgespenster in der Edo-Zeit (1603-1868) noch sehr gefürchtete Gestalten waren, durchlaufen sie heute zunehmend eine „Verniedlichung" und werden zu Symbolen von unberührter Natur, „Japanizität" und Heimat. Thelen zeigt dies anhand des Anime *Miyori no Mori* auf, in dem ein Mädchen gemeinsam mit den *yōkai* gegen die rücksichtslose Rodung eines Waldes ankämpft.

Einem bisher wenig untersuchten Gebiet widmet sich Marvin Udzik in seinem Beitrag zu Repräsentationen von Geschlechterollen im japanischen Videospiel. Bis vor wenigen Jahren beschränkte sich die Funktion weiblicher Charaktere in Computerspielen häufig darauf, von einem männlichen Helden aus den Klauen einer bösen Macht befreit zu werden. Ein klassisches Beispiel für eine solche „Jungfrau in Gefahr" ist Prinzessin Peach in den Spielen der *Super-Mario*-Serie. Wie Udzik aufzeigt, tauchen seit der Jahrtausendwende aber auch starke und selbständige weibliche Charaktere auf, die in ihrer Gender-Rolle ambivalent auftreten und Aspekte neuer Geschlechterbilder in sich tragen.

Die (Um-)Konstruktion von Männlichkeit vor dem Hintergrund der japanischen Polarisierungsgesellschaft (*kakusa shakai*) ist Thema des Aufsatzes von Bastian Nonnenberg. Am Fallbeispiel der Fernsehserie *Serebu to binbō tarō* („Die Prominente und der mittellose Tarō", Fuji TV, 2008) zeigt Nonnenberg verschiedene Kategorien von Männlichkeit(en) auf, denen die Serienfiguren zugeordnet werden können. Im Ergebnis erweist sich *Serebu to binbō Tarō* im Gegensatz zu den meisten anderen in diesem Band behandelten Werken als stark reaktionär. Zwar wird als Ausgangssituation ein Paar beschrieben, bei dem der Mann der Frau wirtschaftlich stark unterlegen ist. Eine Lösung der sich aus dieser Lage ergebenden Konflikte ist aber nur durch eine Wiederherstellung konservativer Muster möglich.

Fauve Görlach befasst sich damit, wie in der Fernsehserie *Last Friends* (Fuji TV, 2008) anhand der Figur Michiru die Situation eines Opfers von häuslicher Gewalt geschildert wird. Sie zeigt auf, dass die Entwicklung der Gewaltspirale und das Verhalten von Täter und Opfer sehr realitätsnah aufgezeigt werden, wodurch die Serie einen aufklärenden Charakter erhält und möglicherweise sogar dazu beitragen kann, das Bewusstsein der japanischen Gesellschaft für diese Problematik zu schärfen. Weitere wichtige Themen der Serie sind Geschlechteridentität bzw. Homosexualität und Freundschaft. Das innovative Konzept der Serie wird vor allem am Ende deutlich, wenn das Trio Michiru, Takeru und Ruka gemeinsam Michirus Kind aufzieht und damit ein alternatives Familienmodell verkörpert, das in Japan als revolutionär bezeichnet werden kann.

Den Multikulturalismus in dem Film *Swallowtail Butterfly* (Iwai Shunji, 1996), der von dem Leben asiatischer Einwanderer in Japan handelt, untersucht Alexander Fegler. Schonungslos wird in Iwais Werk aufgezeigt, welche Folgen es zeitigen kann, wenn ethnische Minderheiten abgesondert von der gesellschaftlichen Mitte, hier repräsentiert durch die japanische „Downtown", in einen Raum des „Fremden" gedrängt werden. Fegler sieht in *Swallowtail Butterfly* ein Plädoyer für interkulturelle Toleranz und die Anerkennung von Individualität.

Afroamerikanische Figuren stehen im Mittelpunkt des Romans *Bedtime Eyes* (Yamada Amy, 1985) und des Films *Blues Harp* (Miike Takashi, 1998). Adam Jambor stellt in seinem Beitrag zu diesen Werken fest, dass Yamada Amy die

Eigenheiten ihres afroamerikanischen männlichen Protagonisten als besonders exotisch und anziehend darstellt, während Miike Takashi diese ethnischen und kulturellen Differenzen aufhebt und eine Art Postethnizität erschafft.

Um die Probleme koreanischer Einwanderer dreht sich der Film *Blood & Bones* (Sai Yōichi, 2004), mit dem sich Daniel Steinhäuser in seinem Beitrag auseinandersetzt. Mit dem extremen Einsatz von Gewalt sichert sich der Protagonist Shunpei seine patriarchalischen Herrschaftsansprüche innerhalb der Familie und der koreanischen Gemeinde. Diese im Film thematisierte Hypermaskulinität liegt nach Steinhäusers Ansicht darin begründet, dass sich Shunpei durch seinen speziellen Status als Japankoreaner gesellschaftlich ausgegrenzt und in seiner Männlichkeit marginalisiert fühlt.

Alle diese Beiträge zeigen, dass die japanische Populärkultur eine große Vielfalt ermöglicht und sich immer häufiger über bestehende Stereotype hinwegsetzt. In Manga, Fernsehserien und Filmen können Dinge zur Sprache kommen, die in der gesellschaftlichen Realität oft noch mit Tabus besetzt sind, wie zum Beispiel der Umgang mit Homosexualität oder häuslicher Gewalt. Dabei offenbart sich ein subversives Potential, das nicht im Bereich der Fiktion verbleiben muss, sondern auch tatsächliche „revolutionäre" Veränderungen im Denken und Fühlen junger Japaner/innen bewirken kann.

I. Populärkultur und Identität

Motive und „Revolutionen"
in der Mangaserie *Shōjo Kakumei Utena*

Melissa Sohlich

1 Einleitung

In der zweiten Hälfte der 1990er Jahre entstand in Japan ein besonderer Manga, der schnell auch auf internationaler Ebene sehr beliebt wurde. Es ist die Geschichte eines Mädchens, das sich vorgenommen hat, ein Prinz zu werden. Denn sie glaubt, dass, unabhängig vom Geschlecht eines Menschen, jeder ein Prinz werden kann, der Edelmut besitzt. Der Titel des Manga lautet *Shōjo kakumei Utena* und wurde international unter dem Titel „Revolutionary Girl Utena" bekannt.

Diese ungewöhnliche Geschichte um ein Mädchen, das aus einer Welt ausbricht, in der sich alles nach vorgegebenen Mustern richtet, soll im Folgenden analysiert und interpretiert werden. Dabei wird aufgedeckt, was hinter der Fassade der Märchenwelt steckt, wobei vor allem die Frage nach den klassischen Geschlechterrollen im Fokus steht. Es wird untersucht, wie mit diesen klassischen Rollen umgegangen wird und wie sie sich verändern bzw. wie sie dem Titel entsprechend „revolutioniert" werden. Welcher Klischees bedient sich die Manga-Serie und wie werden sie überwunden? Auf welchen Ebenen wirkt der Manga revolutionär?

Obwohl dieser Manga eine Fülle an Möglichkeiten zur Interpretation bietet, ist in der wissenschaftlichen Literatur bislang nur wenig über ihn zu finden. In einigen japanischsprachigen Aufsätzen und wenigen westlichen Publikationen findet das Thema zwar Erwähnung, jedoch geschieht dies in der Regel eher am Rande. Durch die verschiedenen medialen Umsetzungen der Geschichte um Utena wird eine genaue Interpretation zusätzlich erschwert, da sich Manga-, Anime- und Filmversion teilweise erheblich unterscheiden. Im Zentrum dieser Arbeit wird vor allem der Manga stehen, wobei zunächst ein kurzer Blick auf seine Entstehungsgeschichte und auf die Zusammenhänge zwischen Anime und Manga eingegangen wird.

Aufgrund der narrativen Komplexität des Werkes ist eine ausführliche Wiedergabe der Handlung als Ausgangspunkt für die Analyse unumgänglich. Auch die stilistischen Merkmale des Manga sollen kurz erläutert werden. An diese Einführung schließt sich die Interpretation des Manga an. Zu diesem Zweck werden zunächst die drei Schlüsselfiguren des Werkes analysiert. Dabei werden sie vor allem auf ihre Symbolfunktion untersucht, um festzustellen, welche Rolle sie für die Geschichte und darüber hinaus spielen. Außerdem lässt sich nur über die Figuren die symbolhafte Welt, in der die Geschichte um Utena angesiedelt ist, entschlüsseln. Diese Analyse ist somit der wichtigste Teil der Interpretation. Im Anschluss wird der Frage nachgegangen, was die Ideen dieses Manga so außergewöhnlich machen und inwiefern sie, wie der Titel besagt, „revolutionär" sind.

2 Die Entstehung von *Shōjo kakumei Utena*

Die Handlung von *Shōjo kakumei Utena* unterscheidet sich in den verschiedenen Versionen (Manga, Anime oder Film) in einigen Punkten erheblich. Für die Analyse soll die Mangafassung im Zentrum stehen, ein kurzer Überblick über die Entstehung der verschiedenen Versionen ist jedoch vonnöten, um das Werk in seinen Kontext einordnen zu können.

Der Manga erschien in Japan von 1996 bis 1997 in einem *shōjo*-Magazin des Verlages Shōgakukan in einzelnen, kurzen Episoden und etwas später in fünf Sammelbänden. Verantwortlich für den Manga war ein Autorenteam namens BePapas. Die Mangafassung wurde dabei vor allem von der Autorin Saitō Chiho gestaltet. Diese hatte jedoch bei dem etwas später entstandenen Anime nur noch sehr wenig Mitspracherecht, wodurch sich die großen Unterschiede in Erscheinung und Aufmachung der Geschichte erklären.

Zu BePapas gehörte auch Ikuhara Kunihiko, der kurz vor Entstehung des Manga an der Anime-Umsetzung von *Sailor Moon* mitgewirkt hatte. Die Anime-Version von *Utena* trägt hauptsächlich seine Handschrift, da er dort den meisten Einfluss ausübte und maßgeblich für die Veränderungen gegenüber dem Manga verantwortlich war. Die Anime-Serie, die vom 2. April bis zum 24. Dezember des Jahres 1997 im japanischen Fernsehen lief, umfasst 39 Episoden, die die Handlung des Manga an vielen Stellen weiterführen oder sogar teilweise abändern.

Die Filmfassung, die nach dem anhaltenden Erfolg von Anime und Manga im Jahr 1999 entstand und ebenfalls von Ikuhara Kunihiko produziert wurde, umfasst 80 Minuten und ist deutlich düsterer und erwachsener gehalten. Zu dem Film gibt es ebenfalls einen einbändigen Manga, wieder aus der Feder von Saitō Chiho. Bei beiden sind die Protagonisten deutlich älter und es ist nicht klar, ob der Film nun an die Anime-Handlung anknüpft, sie also fortsetzt, oder eine Parallelgeschichte zu dieser sein soll. Eine eindeutige Antwort des Produktionsteams auf diese Frage liegt nicht vor. Beide Interpretationen sind nach dem offenen Ende des Anime möglich.

Für die vorliegende Analyse wurde die deutsche Version des Manga aus dem Verlagshaus Carlsen Comics gewählt. Diese erschien 2003 in japanischer Leserichtung unter dem Titel „Utena – Revolutionary Girl" in fünf Bänden zum ersten Mal in Deutschland.

2.1 Die Handlung des Manga

Im Mittelpunkt der Handlung steht das junge Mädchen Tenjō Utena. Ihr Alter wird im Manga mit 14 Jahren angegeben (Saitō 2003, Band 2: 116). Sie erscheint als lebendiges, etwas forsches Mädchen, das auf seiner Schule immer wieder Ärger mit den Lehrern bekommt, weil es sich weigert, die normale Schuluniform für Mädchen zu tragen. Stattdessen trägt sie eine leicht abgeänderte Form der Jungenuniform mit einer kurzen Hose. Utenas Eltern verstarben, als sie sechs Jahre alt war, weshalb sie bei ihrer Tante aufwächst, die mit der Erziehung überfordert ist (Saitō 2003, Band 1: 3–56).

Utenas Idee, selbst wie ein Prinz werden zu wollen, entwickelte sich aufgrund eines Erlebnisses zu der Zeit als ihre Eltern starben. Nachdem sie in einen Fluss gestürzt war, wurde sie von einer mysteriösen Gestalt gerettet, die nach Rosen duftete und aussah wie ein echter Prinz. Dieser Prinz gab ihr neuen Lebensmut und überreichte ihr einen Ring, auf dem ein Rosensiegel abgebildet ist. Gleichzeitig versprach er ihr, dass sie sich eines Tages wiedersehen werden, wenn Utena ihren Edelmut nicht verliert (Saitō 2003, Band 1: 22–23). An diesem Punkt beschließt Utena, dass sie, anstatt einfach nur auf ihren Prinzen zu warten, selber ein Prinz werden möchte, um so ihren Edelmut zu bewahren.

Ab diesem Zeitpunkt erhält sie jedes Jahr eine nach Rosen duftende Postkarte. In dem Jahr, in dem die Handlung des Manga einsetzt, lautet der Text auf der Karte: „Dieses Jahr sehe ich dich wieder" (Saitō 2003, Band 1: 14). Durch die Hilfe eines Klassenkameraden deckt sie schließlich das Rätsel der Postkarten auf, die wie ein Puzzle zusammengelegt das Bild einer berühmten Privatschule ergeben: der Ōtori-Privatschule in der Provinz Hō (Saitō 2003, Band 1: S. 76). Sie beschließt, auf diese Schule zu wechseln, um dort endlich ihren Prinzen zu finden.

Auch an ihrer neuen Schule trägt sie wieder eine selbst gemachte Jungenuniform, was unter dem Lehrpersonal für Verärgerung sorgt. Sie treibt viel Sport und wird an der Schule bald zum Gesprächsthema. Durch dieses Verhalten und durch ihre Auffassung von Ehre und Edelmut gerät sie schließlich in die Welt des Schülerrats, dessen Mitglieder sich duellieren, um die sogenannte „Rosenbraut" zu gewinnen. Diese ist eine scheinbar normale Schülerin und hört auf den Namen Anthy Himemiya (Saitō 2003, Band 1: 88–102).

Da Utena den Wunsch verspürt, dieses scheinbar hilflose Mädchen zu beschützen, beginnt auch sie, sich mit den Mitgliedern des Schülerrats zu duellieren. Der Austragungsort dieser Duelle liegt in einem Waldstück hinter einem großen Portal, das Utena mit Hilfe ihres Siegelrings öffnet, und wirkt wie ein Platz aus einem alten Märchen. Über dem Platz, der nur durch eine scheinbar endlos lange Wendeltreppe erreicht werden kann, schwebt ein Schloss verkehrt herum im Himmel. Anthy selbst ist bei den Duellen ebenfalls verwandelt: Sie trägt ein opulentes Kleid, verteilt Rosen an die Duellanten, die im Kampfverlauf von der Brust des Gegners abgeschlagen werden müssen, und zaubert ein Schwert aus ihrer Brust hervor, das sie dem Sieger des letzten Duells überreicht. Denn dem Sieger gehört nicht nur das Schwert, er verfügt auch gleichzeitig über Anthy als Person.

Ihr erstes Duell gewinnt Utena dadurch, dass eine mysteriöse Lichtgestalt aus dem Schloss herunter steigt und sie mit ihrer Kraft beseelt. Dabei handelt es sich um Dios – eine Art Kraft, wegen der die Duelle hauptsächlich stattfinden. Der Schlüssel zu dieser Kraft soll sich dem Sieger irgendwann über Anthy offenbaren (Saitō 2003, Band 1: 106–136).

Nun ist auch Utena in die Geschehnisse des Schülerrats verwickelt. Durch ihren Sieg „besitzt" sie Anthy, die sich ihrem Schicksal widerstandslos ergibt und damit nicht mehr von Utenas Seite weicht. Es kommt zu weiteren Duellen mit den anderen Mitgliedern des Schülerrats und bis auf eine Niederlage gegen den Schülerratspräsidenten bleibt Utena siegreich (vgl. Saitō 2003, Band 1–3).

Die Handlung bekommt neuen Schwung, als Utena den Konrektor der Schule kennen lernt. Er heißt Ōtori Akio und ist der ältere Bruder von Anthy. Utena ist von ihm fasziniert, was Akio gezielt auszunutzen beginnt. Denn tatsächlich ist Akio das sogenannte „Weltenende", das in Wirklichkeit die Geschehnisse in der Schule lenkt. Auch er möchte in den Besitz der Kraft von Dios kommen und nutzt dazu die Duelle und den Schülerrat, um Utena zu finden. Der mysteriöse Prinz, der Utena immer wieder rettete, ist Dios selbst – und Akio braucht Utena als Schlüssel zu Dios' Macht. Mit Utena in der passiven Rolle der Rosenbraut gelangt er schließlich in das Himmelsschloss (Saitō 2003, Band 4: 4–126).

Utena erfährt an dieser Stelle von der mysteriösen Geschichte, die hinter Dios und Akio steht: Die beiden sind zusammen mit Anthy Teil eines alten Göttermythos. Dieser besagt, dass Akio und Dios einst *eine* Person waren, wobei Akio deren dunkle Seite repräsentierte. Anthy war die Braut dieses Wesens aus Dunkelheit und Licht. Schließlich gewann die dunkle Seite die Oberhand und versuchte, den Dios des Lichts zu töten. Anthy konnte zwar sein Leben retten, indem sie seine Kraft versiegelte, verlor dadurch aber jede Kontrolle über ihr eigenes Leben und fungierte seither als Rosenbraut, die nach Belieben von Akio benutzt wird (Saitō 2003, Band 5: 7–15).

Utena wird bewusst, dass sie von Anfang an nur von Akio benutzt worden ist und begibt sich schließlich mit Anthy in das Himmelsschloss, das einst der Herrschaftspalast von Dios war. Im obersten Stockwerk trifft sie auf Akio, der den Dios des Lichts inzwischen tatsächlich getötet hat und offenbar bereits dessen Kraft in seinen Besitz gebracht hat.

Getrieben von dem Wunsch, Anthy zu beschützen, schafft es Utena schließlich, Akio zu besiegen. Ihre Gestalt hat sich verändert und sie erscheint tatsächlich als weiblicher Prinz. Sie nimmt die Kraft von Dios und Akio in sich auf und verschwindet dadurch, während das Himmelsschloss zusammen stürzt (Saitō 2003, Band 5: 19–55).

In der nächsten Szene, die wie eine Art Epilog erscheint, sieht man die Ōtori-Schule, wie sie scheinbar schon immer war. Alles geht seinen gewohnten Gang und niemand, bis auf Anthy und Tōga, erinnert sich mehr an Utena. Anthy hingegen hat eine komplette Verwandlung erlebt. Sie trägt nun selbst eine Jungenuniform, treibt Sport und ist somit das genaue Gegenteil von dem, was sie vor dem Kampf gegen Akio war. Sie erzählt Tōga, dass sie plane die Schule zu verlassen, um Utena zu suchen. Utena hatte Anthy im Himmelsschloss in letzter Sekunde ihren Siegelring zugeworfen, der weiterhin die Kraft Dios' enthält. Die Welt sei zwar noch dieselbe wie vor dem Kampf, doch sobald sie Utena gefunden habe, werde die Revolution der Welt beginnen. Mit diesen Worten endet der fünfbändige Manga und man sieht Anthy in einem letzten Panel, wie sie in die Arme von Utena fällt (Saitō 2003, Band 5: 56–69).

2.2 Stilistische Merkmale des Manga

An dieser Stelle soll kurz auf die visuelle Umsetzung des Manga eingegangen werden. Laut Genre-Beschreibung handelt es sich bei Utena um einen *shōjo*-Manga, also einen Manga, der für Mädchen gestaltet ist. Dies lässt sich an den Darstellungen im Manga klar feststellen.

Alle Charaktere sind extrem schlank gezeichnet. Sie sind groß gewachsen und die Gliedmaßen sind überproportional lang. Darüber hinaus werden die Gesichter und Frisuren aller Charaktere extrem ästhetisiert. Die weiblichen Charaktere haben im Gegensatz zu den männlichen größere Augen mit vollen Wimpern, was auch für Utena gilt. Die männlichen Hauptcharaktere haben, abgesehen von einer Ausnahme, ebenfalls lange Haare, wobei sie noch durchaus als Männer zu erkennen sind. Sie fallen alle in die Kategorie *bishōnen*, also die der „schönen Jungen", die ein klassisches Merkmal von *shōjo*-Manga sind (Köhn 2009: 160–164).

Darüber hinaus handelt es sich bei den Schuluniformen nicht einfach nur um graue, unauffällige Kleidungsstücke. Die Mädchenuniformen der Ōtori-Schulen haben extrem große Puffärmel. Die Uniformen von Utena und den Mitgliedern des Schülerrates sind auf ihre Art schlicht gehalten, mit wenigen Dekorationen, aber dennoch heben sie sich von den normalen Uniformen ab und wirken sehr elegant.

Die Hintergründe im Manga sind üppig dekoriert. Die Schule als solche wird wie ein europäisches Märchenschloss dargestellt, an dem überall Rosen wachsen. Aber auch sonst ist jedes Panel mit Rasterfolie dekoriert, um den Bildern einen strukturierten Hintergrund zu geben. Kaum ein Panel hat einfach nur einen weißen Hintergrund. Darüber hinaus werden an vielen Stellen Rosen, Rosenblätter oder Federn im Hintergrund verwendet, um eine romantische Stimmung zu erzeugen oder die Gefühle der Charaktere zu spiegeln (Köhn 2009: 160–165).

Die vorherrschenden Farben auf den Covern und den Artworks, die zu der Serie gehören, sind Rosa, Rot oder aber in Blau übergehendes Lila. Die Farbgebung ist also ebenfalls klassisch auf junge Mädchen ausgelegt. Der Leser kann somit auch visuell in die Märchenwelt abtauchen, die Saitō Chiho mit ihrer Handlung konzipiert.

3 Die Symbolfunktion der Hauptcharaktere

In diesem Absatz soll ein genauerer Blick auf die drei Hauptcharaktere der Handlung geworfen werden. Die Figuren, die in der komplexen Geschichte am meisten herausragen, sind Anthy, Akio und Utena. Im Folgenden soll ihre Funktion in der Geschichte und ihre Symbolhaftigkeit erläutert werden. Die anderen Charaktere werden ausgespart, da sie im Manga nur wenig Raum einnehmen und trotz teilweise wichtiger Funktionen für die Handlung weniger symbolträchtig sind als Anthy, Akio und Utena. Begonnen wird mit einer genaueren Analyse von Anthy, bei der es sich anbietet, sie mit klassischen Prinzessinnen-Figuren der westlichen Märchenwelt zu vergleichen. Danach soll mit ihrem Bruder ihr Gegenpol näher erläutert werden und im Anschluss daran erfolgt eine Analyse der Hauptfigur Utena.

3.1 Anthy und ihre Symbolfunktion

Anthy taucht das erste Mal in der Mitte des ersten Sammelbandes auf. Ihr Äußeres steht im starken Gegensatz zu den anderen Charakteren. Sie trägt die normale

Uniform der Ōtori-Schule und ihre Haare sind hochgesteckt. Ihr Körper ist zwar genauso wohlgeformt wie der der anderen Charaktere, aber sie trägt eine extrem große Brille, die sie beinahe karikaturhaft erscheinen lässt. In der ersten Szene, in der sowohl Utena als auch die Leser Anthy kennen lernen, wird sie das Opfer eines Übergriffs durch Saionji, der sie ohrfeigt. Sie wehrt sich nicht dagegen und scheint alles einfach geschehen zu lassen. In der nächsten Szene steht sie neben ihm im Konferenzraum des Schülerrats. Während Saionji für sein Verhalten zur Rede gestellt wird, offenbart Anthy dem überraschten Leser, dass sie Saionji gehört und er deshalb mit ihr machen könne, was er wolle (Saitō 2003, Band 1: 89–100).

Schließlich wird Anthys wahre Funktion an der Schule geklärt, als Utena Saionji zum Duell trifft. In dieser Szene tritt das Mädchen zum ersten Mal als Rosenbraut in Erscheinung. Nun trägt sie ein opulentes Kleid mit einem weit fallenden Rock. Sie erscheint quasi wie eine klassische Märchenprinzessin, nur dass ihre Haare unter der kleinen Krone weiterhin hochgesteckt sind und sie immer noch ihre Brille trägt. Als Rosenbraut trägt sie das Schwert in sich, das der Schlüssel zu Dios' Macht ist. Dieses wird in einem symbolischen Akt auf Befehl von Saionji aus ihrer Brust hervor geholt (Saitō 2003, Band 1: 112–116). Anthy ist gleichsam eine lebende Schwertscheide, die unglaubliche Kraft dieses Schwertes in sich tragend, das ihr nicht gehört und über das sie nicht verfügen kann (Corong 2006: 184).

Noch stärker wird deutlich, dass sie der Preis ist, den der Sieger des Duells erhält. Als Trophäe verliert sie alle Rechte, die ein Mensch hätte. Sie darf ihrem Besitzer nicht widersprechen und muss alles tun, was dieser von ihr verlangt. Im Prinzip wird sie dadurch zu einem Objekt degradiert, das ohne eigenen Willen ist. Diesen Zustand scheint sie auch ohne Widerstand zu akzeptieren, wie die oben beschriebene Szene mit Saionji zeigt. Als sie später mit Utena zusammen zieht, erledigt sie dort auch ohne Aufforderung Utenas von sich aus alle klassischen Hausarbeiten wie Putzen und Kochen. Sie kümmert sich wie eine perfekte Hausfrau um Utena – die Anthy aber alle Freiheit geben möchte, die auch jeder normale Mensch hat (Saitō 2003, Band 1: 145)

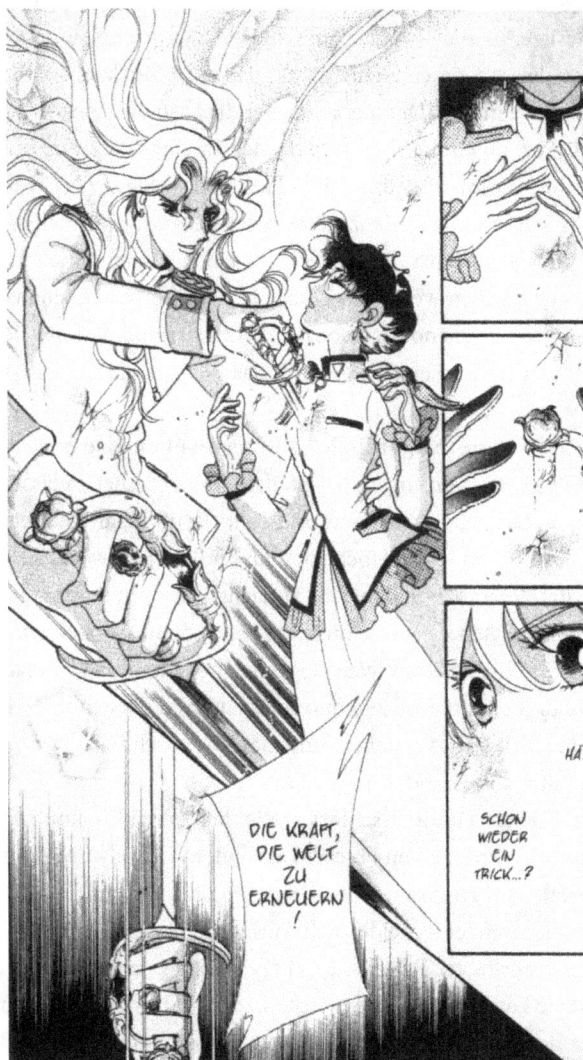

Abb. 1: Anthy in ihrer Funktion als Rosenbraut, wie sie auf Saionjis Befehl hin das Schwert Dios aus sich hervor zaubert. (Quelle: Sait 2003, Band 1: 177)

Eine einzige Handlung übt Anthy jedoch aus, ohne dass der aktuelle Duellkönig – ihr „Besitzer" – davon weiß: Sie schleicht sich nachts heimlich zu ihrem Bruder. Doch dies tut sie ebenfalls nicht aus freien Stücken, sondern weil ihr Bruder es von ihr verlangt. Denn er ist es, der die absolute Kontrolle über Anthy ausübt. Auch ihm gegenüber befindet sie sich in einer passiven Rolle. Sie gibt sogar an, dass sie für ihn alles tun würde (Saitō 2003, Band 4: 21–24).

Auf Utenas Bemühungen, ihr zu einem selbstständigeren Leben zu verhelfen, reagiert Anthy zunächst mit Abweisung. Doch Utenas anhaltender Einsatz scheint in Anthy etwas zu verändern. Sie geht sogar so weit, Utena vor den Machenschaften des Weltenendes zu warnen, wohlwissend, dass sie sich dadurch über ihren Bruder hinwegsetzt, da er selbst das Weltenende ist (Saitō 2003, Band 3: 148).

Dennoch verharrt sie in ihrer Rolle als Rosenbraut und bleibt Akio treu ergeben. Anthys Passivität geht sogar so weit, dass sie es geschehen lässt, von ihrem Bruder in einen Sarg eingeschlossen und somit symbolhaft getötet zu werden (Saitō 2003, Band 4: 117–119). Doch vor dem Endkampf erwacht sie endlich aus dieser Passivität. Vorrangig möchte sie zunächst Dios retten, der einst ihr Ehemann war. Sie sagt Utena, dass sie nicht erwarte, von ihr verstanden zu werden, da sie aus einer völlig anderen Welt stamme. Utena antwortet darauf, dass das nicht stimme und dass die beiden nun durchaus Teil derselben Welt seien. Sie will Anthy um jeden Preis verstehen, und dieser Wunsch scheint in Anthy etwas auszulösen (Saitō 2003, Band 4: 155–160).

Als Utena Akio im Himmelsschloss schließlich endgültig konfrontiert, wird erklärt, dass Anthy durch einen Fluch zu absolutem Gehorsam gezwungen wurde. Doch anstatt nun zusammen mit Utena gegen Akio und somit auch gegen den Fluch vorzugehen, entscheidet sich Anthy wieder für den passiven Weg des Rückzugs. Da ihr geliebter Prinz von Akio getötet wurde, beginnt sie sich selbst zu zerstören. Sie hat mit Dios ihren Beschützer und Prinzen verloren und sieht nun auch für sich keinen Grund mehr, als Prinzessin ohne Prinz weiterzuleben (Saitō 2003, Band 5: 14–18).

3.1.1 Die klassische Märchenprinzessin

Nimmt man all diese Punkte zusammen, kann man in Anthy die übersteigerte Form einer klassischen Märchenprinzessin erkennen (Kotani 2006: 165). Das Bild, welches wir heute vor allem von Prinzessinnen haben, ist mit den Märchen aus der Zeit der deutschen Romantik entstanden. Märchen wie Schneewittchen, Dornröschen oder Aschenputtel gehören zu den absoluten Klassikern. In all diesen Geschichten treten junge Mädchen auf, die sich durch Geduld und Tugendhaftigkeit auszeichnen. Sie geraten im Verlauf des Märchens in eine große Gefahr, aus der sie sich nicht selbst befreien können. Stattdessen müssen sie auf die Ankunft ihres Prinzen warten, der sie aus dieser Gefahr rettet.

Ähnlich wie zum Beispiel Aschenputtel fügt sich Anthy ihrem neuen „Besitzer" und putzt die heruntergekommene Unterkunft von ihr und Utena innerhalb kürzester Zeit, ohne eine Aufforderung dazu zu erhalten. Kurz vor Ende des Manga gibt es eine kurze Szene, in der Anthy wie Schneewittchen mit langen, offenen Haaren in einem gläsernen Sarg ruht. Befreit wird sie von Utena, die an dieser Stelle schon längst beschlossen hat, dass sie zu Anthys Prinzen werden möchte.

Anthy scheint folglich in allen Punkten eine übersteigerte Version der klassischen Märchenprinzessinnen zu sein. Ihr übertrieben unterwürfiges Handeln lässt sie aus dem sexistischen Blickwinkel weiterhin als eine ideale Ehefrau erscheinen, die ohne Widerworte alle Befehle ausführt (vgl. Napier 2005: 173). Sie scheint nicht in der Lage zu sein, sich selbst aus dieser Situation zu befreien und muss erst von Utena erweckt werden, bevor sie zu sich selbst findet.

3.1.2 Die „Revolution" um Anthy

Durch die überspitzte Darstellung der Märchenprinzessin führt der Manga den jungen Leserinnen einen Spiegel vor Augen. In diesem Alter schwärmen noch viele junge Mädchen davon, eines Tages Prinzessin zu werden und den Traumprinzen zu finden. Der Manga greift dieses Ideal auf, verweilt jedoch nicht darin, sondern zeigt auf, welche Entwicklungsmöglichkeiten in einem jungen Mädchen stecken können – jenseits der aufopferungsvollen liebenden Partnerin.

Für die Männer um Anthy herum ist sie in ihrer „ursprünglichen" Form zunächst durchaus attraktiv: In ihr finden sie nicht nur eine funktionierende, gutmütige Frau, sondern auch jemanden, der sich willentlich in allen Bereichen ausbeuten lässt. Sie funktioniert, ähnlich wie die Cyborgs in Ira Levins Roman „Die Frauen von Stepford", ganz nach den Wünschen ihres Bruders, der, wie es im Manga nur dezent angedeutet wird, eine inzestuöse Verbindung mit Anthy hat und sie so auch auf sexueller Ebene ausbeutet (Saitō 2003, Band 4: 21–24).

Doch Anthy verweilt nicht in dieser Position. Ausgelöst durch Utenas Sorge um sie und durch ihren Kampf gegen Akio, befreit sich Anthy schließlich aus der Verbindung mit ihm und somit auch von dem Fluch, der sie zu Gehorsam zwingt. Zwar ist Utena am Ende des Manga verschwunden, doch Anthy hat eine Art Revolution durchgemacht. Nun ist sie diejenige, die in Jungenuniform durch die Schule läuft, bis sie beschließt, diese für sie nun bedeutungslose Märchenwelt zu verlassen. Sie plant Utena „draußen" zu suchen, womit vermutlich die reale Welt gemeint ist. Der Manga lässt an dieser Stelle offen, was genau passieren wird, wenn sie sich wiederfinden (Saitō 2003, Band 5: 43–69; Corong 2006: 185; Oshiyama 2007: 277). Die Vermutung liegt aber nahe, dass dann vielleicht noch mehr Prinzessinnen aus ihrer selbst gewählten Unterdrückung befreit werden könnten.

3.2 Akio und seine Symbolfunktion

Akio ist ein dynamischer und gutaussehender Mann, der, obwohl noch sehr jung, bereits Konrektor der Ōtori-Privatschule ist. Die Position scheint ihm auch Wohlstand einzubringen, was daran erkennbar wird, dass er direkt unter einem Planetarium wohnt und ein teures Auto fährt. Von allen männlichen Charakteren des Manga wirkt er am erwachsensten.

Gleichzeitig ist er der Bruder von Anthy und lenkt als sogenanntes „Weltenende" die Geschehnisse in der Schule. Anthy ist für ihn vor allem ein Werkzeug, das er beliebig einsetzen kann (Arai 1998: 19). Er hat auch keine Skrupel, seine Schwester als Preis für die von ihm initiierten Duelle zu benutzen. Im Umgang mit ihr ist er genau so kühl und berechnend wie im Umgang mit den restlichen Duellanten. Sein einziges Ziel ist es, die Kraft von Dios für sich zu gewinnen. Den

Duellanten vermittelt er in der Rolle des Weltenendes, dass diese Kraft die Fähigkeit verleihe, die Welt zu revolutionieren. Er selbst scheint aus reiner Machtgier an dieser Kraft interessiert zu sein. Da die Duellanten das Weltenende an keiner Stelle hinterfragen, hat er leichtes Spiel, sie wie Puppen zu lenken. Die Schule und der Duellplatz sind Teil von Akios System bzw. von Akios Welt, die er selbst so geschaffen hat, wie es ihm beliebt. Er ist der Herrscher über diese Welt und hält in ihr alle Fäden in der Hand (vgl. Oshiyama 2007: 268–270).

Doch Utena kommt neu von außen in seine Welt herein und ist für ihn damit nicht so einfach zu manipulieren. Durch ihren Status als Außenseiterin könnte sie darüber hinaus sein System aufsprengen (vgl. Kotani 2006: 164). Über Anthy offenbart sich ihm ein Weg, an Utena heranzutreten und er versucht sie zu manipulieren, indem er vorgibt, ihr Prinz zu sein. Utena ist für ihn von großer Bedeutung, denn in ihr hat Dios seine Kraft versiegelt. Doch sie durchschaut sein Spiel in letzter Sekunde und erkennt seine wahren Absichten.

Auf der Symbolebene repräsentiert Akio somit nicht nur eine dunkle, manipulative Seite. Er ist darüber hinaus eine archaische Macht, die die Rollen in der Welt verteilt und auf diese Weise versucht, die Kontrolle über die Welt zu erlangen und zu halten. Während Anthy das konventionelle Frauenbild symbolisiert, ist Akio in dieser Welt ihr genaues Gegenstück und wirkt als zerstörerische, männliche Kraft (vgl. Napier 2005: 174). Er behauptet zwar von sich selbst, ein Prinz zu sein, doch tatsächlich entspricht er nicht dem Bild eines Prinzen, wie es aus klassischen Märchen bekannt ist: Er beschützt nicht, sondern zerstört nur. Dass er ein Prinz sei, erklärt er auf Grund seines biologischen Geschlechts. Mit dieser Begründung schließt er auch aus, dass Utena ein Prinz werden könnte (vgl. Oshiyama 2007: 268–270). So sagt Akio in Band 4 der Serie zu Utena: „Du bist die Rosenbraut. Ein Schwert passt nicht zu dir." (Saitō 2003, Band 4: S. 125). Im fünften Band schließlich gibt er sich Utena gegenüber siegessicher, da sie „nur ein Mädchen" sei (Saitō 2003, Band 5: 22).

Dennoch akzeptiert Utena seine Wahrheit nicht und befreit sich davon. Dadurch wird sie zu einer neuen Existenz, die für Akio nicht mehr zu erkennen ist, da sie die von ihm geschaffenen Kategorien von Mann und Frau übersteigt. Als archaische Macht, die an diesen Kategorien festhält, kann er die neue Utena nicht begreifen und ist ihr deswegen unterlegen (vgl. Oshiyama 2007: 277). Utena vereint Akio, der die dunkle Seite von Dios repräsentiert, mit einem symbolischen Kuss wieder mit dem Dios des Lichts, woraufhin Akio verschwindet.

3.3 Utena und ihre Symbolfunktion

Der komplexeste Charakter der Geschichte ist Utena. Ihre Funktion innerhalb der Handlung soll in mehreren Unterpunkten geklärt werden. Dafür sind zunächst ihr äußeres Erscheinungsbild und ihr Auftreten wichtig. Danach wird ihr Verhältnis gegenüber den anderen Charakteren skizziert und es wird hinterfragt, welche Auswirkungen das Verhalten der anderen auf sie selbst hat. Anschließend wird über das Ende der Geschichte geklärt, welche Funktion Utena in der Welt der Ōtori-Privatschule erfüllt.

3.3.1 Utenas Erscheinungsbild

Utena ist kein gewöhnliches Mädchen. Sie fällt bereits durch ihre äußere Erscheinung auf und hebt sich von den restlichen Schülerinnen ab. An Stelle der an der Schule üblichen Mädchenuniform trägt sie eine selbst genähte Jungenuniform, die sich von der ihrer männlichen Mitschüler jedoch darin unterscheidet, dass zu ihr eine kurze anstatt einer langen Hose gehört. Ihre Haare sind weiterhin lang und vorne zu einem fülligen Pony geschnitten. Auf den Covern der ersten zwei Bände sind ihre Haare noch blond und ihre Uniform rosa. Dies änderte die Autorin aber etwas später und glich ihr Aussehen dem der Anime-Version an, für die Ikuhara die Uniform schwarz gestaltet und Rosa als Haarfarbe gewählt hatte (Saitō 2003, Band 2: 116). Dabei ist Rosa eine wichtige Symbolfarbe, denn es ist eine Farbe, die eher Mädchen zugeordnet wird.

Utenas Augen sind recht groß und auch ihr Körper ist mädchenhaft geschnitten und eindeutig als weiblich zu erkennen. Lediglich in der Jungenuniform zeigt sich ihr Wunsch, ein Prinz zu werden. Dennoch polarisiert ihr Auftreten stark: Die Mädchen schwärmen von ihr wie von einem beliebten Jungen, wohingegen die Lehrer gerade über ihre Uniform verärgert sind. Weiterhin fällt sie in der Schule dadurch auf, dass sie eine sehr gute Sportlerin ist. Man sieht sie in einer

Abb. 2: Utena in ihrer selbst genähten, körperbetonten Uniform auf dem Schulhof der tori-Schule. (Quelle: Sait 2003, Band 1: 88)

Szene, wie sie mühelos über eine Mauer springt, und auch beim Basketball ist sie ihren männlichen Klassenkameraden weit voraus (Saitō 2003, Band 1: 11, 86).

Ein weiteres Charakteristikum ist Utenas forsches Benehmen: Sie nimmt kein Blatt vor den Mund und scheut auch die Konfrontation nicht. Ihr ausgeprägter Gerechtigkeitssinn lässt sie für ihre Freunde einstehen, wenn diese in Schwierig- keiten sind, weswegen sie überhaupt erst in die Geschehnisse um das Weltenende hineingezogen wird.

Auf die Bloßstellung ihrer besten Freundin Wakaba reagiert sie sehr aggressiv. Sie ist der Meinung, dass es an ihr ist, Wakabas „Ehre" wieder herzustellen. Dazu schlägt sie ein altmodisches Duell vor. In ihrer Wahrnehmungswelt nimmt sie dadurch die Rolle eines Prinzen ein, der sie schon lange nacheifert. Ihr Verhalten ist also durchaus männlich geprägt, wohingegen ihr Erscheinungsbild eindeutig mehr weibliche Aspekte beinhaltet. Ihre Jungenuniform scheint in Wirklichkeit nur eine Fassade zu sein, die ihren weiblichen Körper eher betont als ihn zu verbergen (vgl. Napier 2005: 172).

3.3.2 Utena und ihr Verhältnis zu den anderen Charakteren

Ihr Wunsch, zu einem Prinzen zu werden, spiegelt sich auch in Utenas Verhält- nis zu den anderen Charakteren wider. Sie sieht sich in der Pflicht, die anderen zu beschützen und zu verteidigen, wenn sie sich nicht selbst wehren können – denn in ihren Augen ist es das, was einen Prinzen ausmacht. Sie interpretiert Dios' Forderung nach Edelmut als Verpflichtung ihren Freunden gegenüber. So verteidigt sie nicht nur Wakaba, sondern auch Anthy, der sie versucht Mut zu machen, ein eigenverantwortliches Leben zu führen. Sie verteidigt sie nicht nur, sondern sieht in ihr auch mehr und mehr eine Freundin und nicht nur eine wil- lenlose Rosenbraut. Gleichzeitig stellt sie Anthy aber auch immer mehr unter ihren Schutz.

Eine gravierende Veränderung geschieht jedoch, als sie glaubt, in Tōga ihren Prinzen gefunden zu haben. Dieser scheint sie anfangs bewusst zu manipulie- ren, da er erkennt, dass es Utena in Wirklichkeit nur darum geht, ihren Prinzen zu finden und weniger darum, auch wirklich einer zu sein. In ihrem ersten Duell besiegt Tōga sie und daraufhin scheint sie jegliche Motivation, ein Prinz zu werden, verloren zu haben.

Am nächsten Tag erscheint sie in der normalen Mädchenuniform, verhält sich reservierter und überlegt offen, ob sie sich nicht auch einmal auf ein Date mit einem Jungen einlassen sollte, da dies das ist, was Mädchen ihrer Meinung nach tun. Bedingt durch ihre Niederlage hat sie ihren Wunsch, ein Prinz zu werden, aufgegeben. Doch schließlich erhält sie wieder eine Nachricht von ihrem echten Prinzen und fasst neuen Mut. Sie legt die Mädchenuniform ab und fordert Tōga selbstbewusst erneut zum Duell. Diesmal ist sie dank ihrer neu gefassten Zuversicht auch tatsächlich siegreich (Saitō 2003, Band 3: 93–126).

Als Nächstes lernt sie Akio kennen, der sie aus einem brennenden Haus rettet, und sie macht wieder denselben Fehler, der ihr schon bei Tōga unterlaufen ist: Sie lässt sich von ihm einwickeln und wird zu seiner Marionette, wodurch sie ihm den Weg in das Himmelsschloss öffnet (Oshiyama 2007: 270).

Utenas starke Persönlichkeit gerät folglich jedes Mal ins Wanken, wenn Charaktere auftreten, die sie glauben lassen, ihr Prinz zu sein. Gegenüber allen anderen Personen bleibt sie stark und ihrem Wunsch treu, selbst ein Prinz zu werden. Doch über Akio und Tōga, die scheinbar ihr komplexes Innenleben verstanden haben, offenbart sich der innere Konflikt Utenas, der im nächsten Absatz erläutert werden soll.

3.3.3 Utenas innerer Konflikt

Als 14-jähriges Mädchen befindet sich Utena gerade in einer sehr sensiblen Lebensphase mit vielen Konflikten. Diese Konflikte manifestieren sich in der fiktiven Welt der Ōtori-Privatschule.

Utena versucht seit frühster Kindheit entgegen dem, was die klassische Geschlechterrollenverteilung vorgibt, ein Prinz zu werden. Für sie wird ein Prinz nicht von dem biologischen Geschlecht bestimmt, was heißen soll, dass ein Prinz eben nicht männlich sein muss. Vielmehr ist sie der Meinung, dass jeder ein Prinz sein kann, da sich diese Qualität im Inneren eines Menschen zeigt. Sie will auch gar nicht zu einem Mann werden, sondern erkennt ihr biologisches Geschlecht durchaus an, was sich in ihrem äußeren Erscheinungsbild manifestiert.

Doch sie lehnt es ab, sich wegen ihres Geschlechts zu einer passiven Prinzessin machen zu lassen.

Utenas Wunsch, ein Prinz zu werden, steht dem Wunsch, einen Prinzen für sich selbst zu finden, gegenüber. Wenn Utena glaubt, ihren Prinzen gefunden zu haben, wirft sie jedes Mal kurzzeitig alle ihre Ideale über Bord. Sie wandelt sich und nimmt die Rolle einer passiven Frau an, wie es von den Schülerinnen erwartet wird. Dies zeigt sich besonders deutlich darin, dass sie in diesen Situationen die Mädchenuniform anzieht. Im Manga passiert dies an drei Stellen. Als sie die Affäre ihrer Tante mit ihrem vermeintlichen Prinzen, dem Arbeitskollegen der Tante, aufdeckt, bricht sie das erste Mal zusammen. Das zweite Mal wirft sie die Niederlage gegen Tōga aus der Bahn. Ein letztes Mal ergeht es ihr so, als Akio beginnt, sie zu manipulieren und dabei wie zuvor Tōga bewusst den Teil in ihr anspricht, der sich nach einem Prinzen sehnt. Schließlich macht er sie zu seiner neuen Rosenbraut, also dem Symbol für weibliche Passivität (vgl. Oshiyama 2007: 269–270).

Dies alles geschieht, weil Utena den Weg zu sich selbst noch nicht gefunden hat und sich ihrer eigenen Rolle noch nicht sicher ist. Durch das Umfeld, welches auf den alten Geschlechterrollen beharrt, entsteht ein Konflikt in ihr zwischen dem Bedürfnis, einen Prinzen zu finden und dem Wunsch, selbst einer zu sein. Denn die vermeintlichen Prinzen auf der Schule lassen dies nicht zu. Besonders deutlich wird dies bei Akio, der auch Utena letztlich zu einem Objekt macht, während er selbst das handelnde Subjekt bleibt (vgl. Oshiyama 2007: 268–271).

Dieser Konflikt manifestiert sich am Ende der Geschichte, als sie gegen Akio kämpft, den Herrscher über das archaische System, das es ihr verweigert, ein Prinz zu sein. Sie besinnt sich wieder auf ihre Würde und ihren Edelmut, wodurch sie es schafft, aus der Rolle der Rosenbraut auszubrechen und Akio direkt zu konfrontieren. Im Himmelsschloss trifft sie auf ihn und Anthy und kämpft nun symbolisch zwischen diesen zwei extremen Ausprägungen von Geschlechterkategorien (vgl. Oshiyama 2007: 272–274).

Getrieben von dem Wunsch, Anthy vor ihrem Bruder zu beschützen, erwacht schließlich die Macht Dios' in ihr und sie wird zu einer neuen Existenz. Im Manga zeigt sich dies in den Zeichnungen zuallererst durch ihr verändertes Aussehen: Sie trägt eine richtige Uniform mit einem langen Cape. Ihre Haare sind immer noch so lang wie zuvor, aber ihre Augen sind deutlich kleiner und nicht mehr so groß und rund wie noch zuvor. Sie wirken eher wie die Augen eines Mannes, wohingegen ihr Körper weiterhin der einer jungen Frau bleibt (vgl. Oshiyama 2007: 275–277).

Auch Utena selbst ist verändert. Sie ist zu dem Prinzen geworden, den sie so lange gesucht hat und sprengt damit endgültig die Hierarchie von Akios Welt. Ihre neue Existenz ist nicht mehr an Gender-Kategorien gebunden, sondern steht über diesen (vgl. Oshiyama 2007: 277). Damit hat sie den Konflikt in ihrem Inneren beigelegt und ihre wahre Identität gefunden. Sie sagt, dass sie nun aufhören könne, Anthys Prinz zu sein (Saitō 2003, Band 5: 45). Selbstsicher tritt sie Akio entgegen und besiegt ihn endgültig. Als er sie fragt, wer sie sei, antwortet sie: „Utena." (ebd. S. 49). Dies zeigt, wie sicher sie sich ihrer neuen Existenz ist, denn sie ist nicht mehr das Mädchen, das versucht, so edelmütig wie ein Prinz zu sein, sondern einfach nur Utena, die sich nicht mehr in den Denkmustern von Akios Welt definieren lässt.

Letztlich kann Akio nun nicht mehr weiter existieren, da die Existenz von Utena außerhalb seiner eigenen Kategorien die Welt komplett verändert, also revolutioniert hat. Seine Essenz wird von Utena symbolisch mit einem Kuss aufgenommen, bevor beide verschwinden (Oshiyama 2007: 277–278).

4 Die „Revolutionen" innerhalb der Geschichte des Manga

Wie durch die ausführliche Charakteranalyse bereits deutlich wurde, ist die Geschichte um Utena angefüllt mit Allegorien, die sich erst sehr langsam aufschlüsseln. Die Duelle sind hochgradig ritualisiert, und die Welt der Ōtori-Schule ist an jeder Stelle mit Symbolen behaftet (vgl. Napier 2005: 173–176).

Alle aufzuzählen und zu deuten würde den Rahmen dieser Arbeit sprengen und ist auch deswegen nicht nötig, da sich der Kern der Geschichte um die drei oben analysierten Charaktere aufbaut. Die noch zu klärende Frage ist, was der Manga *Shōjo kakumei Utena* wirklich bewirkt bzw. auf welchen Ebenen er entsprechend seinem Titel „revolutionär" ist.

Abb. 3: Utenas Wandlung lässt sich deutlich an ihrer veränderten Gestalt und ganz besonders an ihren veränderten Augen feststellen. (Quelle: Sait 2003, Band 5: 47)

Dazu soll zunächst ein kurzer Blick auf das *shōjo*-Genre geworfen werden. Zunächst bezeichnet *shōjo* in Japan vor allem eine Phase der Adoleszenz junger Mädchen. Der Begriff entstand in der Taishō-Zeit (1912–1926), in der sich eine *shōjo*-Kultur herausbildete, die sich in Kurzgeschichten und später auch Manga äußerte. Im Fokus dieser *shōjo*-Kultur standen vor allem die Erfahrungen junger Mädchen, die noch nicht vollständig den Problemen einer erwachsenen Frau ausgesetzt waren (Mae 2006: 614–617). Auch die Gleichsetzung der *shōjo*-Phase mit einem seelischen Moratorium wird oft getroffen (Kawasaki 2008: 293). Nach dem Psychoanalytiker Erik Erikson ist die Phase des Moratoriums vor allem durch einen großen Freiraum geprägt, der das Experimentieren mit dem klassischen Rollenverständnis erlaubt und in etwa den Zeitraum ab den höheren Schuljahren bis hin zur Hochschule umfasst (Erikson 1988: 98).

In *Shōjo kakumei Utena* finden wir eine Protagonistin, die sich in der klassischen *shōjo*-Phase befindet. Wie oben ausführlich beschrieben, steht auch Utena in einem Konflikt zwischen dem klassischen Rollenverständnis und ihrer eigenen, selbstgewählten Rolle. Anstatt aber das Moratorium zu beenden und eine der klassischen Rollen anzunehmen, verändert Utena das Rollenverständnis. Sie wird zu einer neuen Existenz, die die männlichen und weiblichen Aspekte vereint und erschafft somit etwas völlig Neues. Auf diese Weise „revolutioniert" sie das Verständnis von Gender und die klassischen Gender-Rollen. Dadurch geht der Manga auch noch weit über das hinaus, was *shōjo* ursprünglich bedeutet, da Utenas Existenz als *shōjo* beendet ist, ohne dass sie nun in die traditionelle Phase des Frauseins übergeht. Durch die Schaffung einer neuen Daseinsform revolutioniert Utena den Begriff *shōjo* genau so, wie sie die klassischen Geschlechterrollen revolutioniert (vgl. Kotani 2006: 168–169).

Doch diese „Revolution" ist noch nicht vollständig beendet, denn zunächst verschwindet Utena aus der Welt um die Ōtori-Schule. Die neue Existenz wurde zwar geschaffen, jedoch scheint es so, als ob dies in der Schule nicht von Bedeutung sei, da sich niemand mehr an die Person Utena und die Geschehnisse am Duellplatz erinnert. Ganz im Gegenteil existiert die Welt normal weiter und jeder geht seinen gewohnten Weg. Einzig Anthy und Tōga erinnern sich noch an Utena, wobei gerade Anthy eine große Veränderung mitgemacht hat. Sie lebt nun nach Utenas Idealen und führt ein eigenes, selbstbestimmtes Leben. Die einstige Märchenprinzessin wurde durch Utenas Verwandlung ebenfalls verändert, und somit revolutioniert der Manga auch die Welt der klassischen Märchen, indem er es erlaubt, dass sich eine Prinzessin aus ihrer Rolle befreit und nun ohne dazugehörigen Prinzen ein eigenes Leben führt (Corong 2006: 186).

Für Anthy hat die Welt um die Ōtori-Schule nun keine Bedeutung mehr. Sie ist ebenfalls in gewisser Weise über die Hierarchien und Regeln dieses Ortes hinausgewachsen und verlässt die für sie nun bedeutungslose Schule, um Utena zu suchen. Da auch ihr Bruder Akio verschwunden bzw. zu einem Teil von Utena geworden ist, gibt es niemanden mehr, der von ihr fordern könnte zu bleiben (Oshiyama 2007: 277). Anthy hat von Utena ihren unversehrten Siegelring erhalten, in welchem weiterhin die mystische Kraft Dios' versiegelt ist. Mit diesem begibt sie sich auf die Suche nach Utena, um gemeinsam mit ihr endlich die angekündigte Revolution durchzuführen. Was genau diese Revolution beinhaltet, bleibt offen und ist somit der Fantasie des Lesers überlassen. Da die Geschichte von Utena aber bereits schon viele andere Bereiche gleichsam revolutioniert hat, indem sie dort neue Wege und Möglichkeiten aufgezeigt hat, ist ein präziseres Ende hier auch nicht mehr von Nöten.

5 Schlussbetrachtungen

Wie diese Arbeit gezeigt hat, ist *Shōjo kakumei Utena* keine gewöhnliche, dem *shōjo*-Genre zugehörige Geschichte. Sie geht in vielen Bereichen über dieses Genre hinaus und verändert es so.

Oberflächlich betrachtet bietet Utena alles, was eine typische *shōjo*-Geschichte ausmacht. Im Zentrum steht ein forsches, junges Mädchen, das sich mit anderen Mitschülern duelliert. Man könnte sie auch für eine klassische „battling beauty" (Orbaugh 2003) halten, wie sie seit den 1990er Jahren im Manga- und Anime-Bereich häufig zu finden sind. Bei diesen Figuren handelt es sich laut Orbaugh um junge, attraktive Mädchen, die – oftmals in sehr knappen Uniformen – als Heldinnen die Welt vor einer bösen Bedrohung schützen. Das beste Beispiel für diesen Typus ist sicherlich die Serie *Sailor Moon*. Stilistisch könnte auch Utena in ihrer knappen und körperbetonten Uniform in diese Richtung gehen.

Weiterhin ist der Manga reichlich dekoriert und genretypisch angefüllt mit weichen Zeichnungen und üppigen Hintergründen. Rosen und Blütenblätter dominieren und spiegeln die Gefühlswelten der Charaktere. Dies geschah auch schon bei dem in den 1970er Jahren entstanden Manga *Berusaiyu no Bara*, der in Deutschland als „Lady Oscar" bekannt ist. Die Serie wird oft als Beispiel dafür genannt, wie sich die *shōjo*-Welt in den 1970er Jahren veränderte, und gilt als ein Grundstein für die weitere Entwicklung des Genres (vgl. Köhn 2009: 161–170).

Auch Utena wird oft oberflächlich mit diesem Manga verglichen, da in beiden Fällen ein junges Mädchen im Zentrum steht, das sich wie ein Junge gebärdet. Ohne an dieser Stelle zu tief ins Detail gehen zu wollen, lässt sich jedoch sagen, dass beide Manga in ihrer Thematik verschieden sind, da Utena durch die Erschaffung einer neuen, geschlechtsneutralen Existenz weit über das hinausgeht, was in *Berusaiyu no Bara* passiert. Auch geht sie wesentlich tiefer als es beispielsweise Geschichten um die oben genannten „battling beautys" tun.

Doch die Schwierigkeit, dies zu erkennen, liegt vor allem in der mit Symbolen überladenen Handlung des Manga begründet. Die sich aneinander reihenden Allegorien sind nur sehr schwer aufzuschlüsseln und man läuft Gefahr, sich in diesem Geflecht aus Metaphern zu verlaufen. Die unterschiedlichen Versionen der Haupthandlung in Anime- und Filmversion verschieben auch jeweils die Thematiken erheblich, so dass eine Vielzahl von Interpretationen möglich ist.

Für den Manga gilt aber, dass man die Hauptaspekte in den drei Charakteren finden kann, die in dieser Arbeit ausführlich dargestellt worden sind. Zwei dieser Charaktere sind Karikaturen aus den klassischen Genres des westlichen Märchens und des klassischen *shōjo*-Manga. Der dritte Charakter, Utena, kämpft indes um einen Platz in diesem Gefüge, erkennt aber, dass sie in dieser Welt nicht existieren kann, da sie ihre Ideale und ihre Unabhängigkeit nicht aufgeben will und verschwindet somit aus der alten Welt.

Auch zu dieser Thematik gibt es die verschiedensten Interpretationen. So wird Utenas Verschwinden in dem Aufsatz „The Disappering shōjo" als eine „situation of nothingness" beschrieben (vgl. Napier 2005: 175). Laut Napier sei die Heldin, die zuerst so viel bewegt hat, nun verschwunden und die Welt scheine immer noch dieselbe zu sein. Die Situation werde also nicht aufgelöst, sondern durch die Abwesenheit der Heldin in gewisser Weise umgangen. Dem möchte ich mich an dieser Stelle nicht anschließen, da Utenas Verschwinden der eigentliche Schlüssel ist, um die Geschichte zu verstehen. Denn durch ihr Verschwinden werden die Grenzen der fantastischen Märchenwelt aufgezeigt. In dieser Welt ist kein Platz für eine neue Daseinsform wie Utena, und so bleibt ihr nichts anderes übrig, als diese Welt zu verlassen. Statt ein „Nichts" zu hinterlassen, bleibt eine genaue Definition von dem, was diese alte Welt auszeichnet und eine Idee von dem, was sein könnte. Zudem hat Utena auch ganz offensichtlich durch ihr Handeln Anthy aufgeweckt, die nun ihr eigenes Leben führt.

Dennoch, diese Arbeit erhebt keinen Anspruch auf eine Interpretation, die nicht zu widerlegen wäre. Dies kann auch gar nicht geleistet werden, da das Werk *Utena* bewusst viele Fragen ungeklärt lässt und deswegen auch sehr unterschiedlich interpretiert werden kann. Festgehalten werden kann, dass *Utena* nicht nur ein einfacher *shōjo*-Manga ist. Durch seine geschickte Kombination der einzelnen Elemente schafft der Manga *Utena* etwas vollkommen Neues, was es in dieser Form kein zweites Mal gegeben hat (vgl. Oshiyama 2007: 278). Unter dem Deckmantel *shōjo* findet man nicht nur eine scharfe Kritik an den bestehenden Geschlechterrollen, sondern auch eine Idee, wie eine andere Ordnung funktionieren könnte.

Literatur

ARAI, Hiroyuki (1998): „Naze ‚shōjo', ‚kakumei' nanoka". In: Saitō, Tamaki (Hg.): *Poppu Karuchā Kuritīku. Band 2: Shōjotachi no senreki.* S. 18–29 [アライ, ヒロユキ (1998): なぜ「少女」「革命」なのか. In: 斎藤環 (Hg.): ポップ・カルチャー・クリティーク. Band 2: 少女たちの戦歴.]

CORONG, Martha und PERPER, Timothy (2006): „In the Sound of Bells: Freedom and Revolution in Revolutionary Girl Utena". In: Lunning, Frenchy (Hg.): *Mechademia. Band 1: Emerging Worlds of Anime and Manga.* S. 183–186.

ERIKSON, Erik H. (1988): *Der vollständige Lebenszyklus* [Orig. The Life Cycle Completed; 1982]. Übersetzung: Waltraud Klüwer. Frankfurt a. M.: Suhrkamp.

KAWASAKI, Kenko; FRASER, Lucy; AOYAMA, Tomoko (2008): „Osaki Midori and the role of the girl in Showa modernism". In: *Asian Studies Review.* Jg. 32, H. 3. S. 293–306.

KÖHN, Stephan (2009): „Komplexe Bilderwelten. Der japanische Mädchencomic als Paradigma einer mangaesken Wahrnehmungskultur". In: G. Andos u.a. (Hg.): *Wahrnehmungskulturen. Erkenntnis – Mimesis – Entertainment*. Halle: Mitteldeutscher Verlag. S. 159–174.

KOTANI, Mari (2006): „Metamorphosis of the Japanese Girl: The Girl, the Hyper Girl and the Battling Beauty". In: Lunning, Frenchy (Hg.): *Mechademia. Band 1: Emerging Worlds of Anime and Manga*. S. 162–169.

MAE, Michiko (2007): „Yoshimoto Banana: Postmodernes Kulturphänomen oder eine ‚neue Literatur'?". In: Klopfenstein, Eduard (Hg.): *Asiatische Studien*. Band: LXI 2 2007. S. 605–641

NAPIER, Susan (2005): „Now you see her, now you don't: The disappearing shōjo". In: Napier, Susan (2005): *Anime*. New York: Palgrave Macmillan. S. 169–193.

ORBAUGH, Sharalyn (2003): „Busty Battlin' Babes: The Evolution of the Shōjo in 1990s Visual Culture". In: Mostow, Joshua S.; Norman Bryson; Maribeth Graybill (Hg.): *Gender and Power in the Japanese Visual Field*. Honolulu: University of Hawai'i Press, S. 200–228.

OSHIYAMA, Michiko (2007): *Shōjo Manga Jendā-Hyōshōron – „Dansō no shōjo" no zōkei to aidentiti*. Tōkyō: Sairyūsha. S. 266–284 [押山美知子 (2007): 少女マンガジェンダー表象論・「男装の少女」の造形とアイデンティティ．　東京: 彩流者].

Primärquelle

SAITŌ, Chiho (2003): Utena – Revolutionary Girl 1–5 [Orig. *Shōjo kakumei Utena, 1–5*]. Übersetzung: Dorothea Überall. Hamburg: Carlsen Comics.

Der Raum als Mutterschoß:
Silent Hill 4 und das *hikikomori*-Phänomen

Katharina Hülsmann

1 Einleitung

In den letzten Jahren beschäftigt sich Japans Gesellschaft und auch die Presselandschaft vermehrt mit dem Phänomen der *hikikomori* – Jugendlichen oder jungen Erwachsenen, die sich aus der Gesellschaft zurückziehen. Elterngruppen werden gegründet, Therapie-Möglichkeiten entwickelt, Studien werden veröffentlicht und immer wieder berichten die Medien über Vorfälle, die mit *hikikomori* in Verbindung gebracht werden. Das Thema *hikikomori* ist also mittlerweile, nach Jahren in denen man sich nicht damit beschäftigte, in der Öffentlichkeit angekommen. Selbst Zeitschriften hierzulande, wie etwa der „Spiegel", haben über das Auftreten dieses neuen psychologischen Phänomens in Japan wie auch in Deutschland berichtet.[1]

Der vorliegende Aufsatz thematisiert jedoch eine andere Art der Beschäftigung mit diesem Phänomen, nämlich die Verarbeitung dieses zeitgenössischen Problems in einem populärkulturellen Medium, dem Videospiel.

In einer Einführung in das Phänomen werden die verschiedenen Definitionen des Begriffes *hikikomori* umrissen. Verschiedene Motivationen der *hikikomori*, sich von der Außenwelt abzukapseln, werden ebenfalls thematisiert. Dabei wird insbesondere Michael Zielenzigers Buch „Shutting out the Sun: How Japan created its own lost generation" (2006), in dem er die verschiedenen Positionen der Experten und Betroffenen beschreibt, zur Grundlage genommen.

Es folgen eine kurze Inhaltsangabe zu dem Videospiel *Silent Hill 4* und seine kontextuelle Verortung innerhalb des Genres *J-Horror*, das sich besonders durch seine gesellschaftskritischen Ansätze auszeichnet. Des Weiteren wird erläutert, wie man mit dem narrativen Material, das das Videospiel als neues und bisher nicht häufig wissenschaftlich behandeltes Medium liefert, umgehen wird.

---

[1] Der Spiegel veröffentlichte einen Artikel unter dem Titel „Einsiedler im Kinderzimmer" (Spiegel Online 2006).

Nach dieser umfassenden Einleitung in die Thematik und Vorgehensweise werden die verschiedenen Beispiele, die einen klaren Bezug zum Thema *hikikomori* darstellen, analysiert. Dabei wird insbesondere die visuelle Gestaltung der Spielewelt berücksichtigt und der inhaltliche Aspekt in den Hintergrund gerückt.

Ein Fazit wird zeigen, dass man die Thematisierung des *hikikomori*-Phänomens in *Silent Hill 4: The Room* sehr gut an den visuellen Anspielungen und Stilmitteln erkennt, die im Videospiel verwendet werden.

2 Grundlagen

2.1 Definition des Begriffes hikikomori

Der Begriff *hikikomori* setzt sich etymologisch zusammen aus *hiki* und *komoru*. Dies bedeutet in etwa „sich zurückziehen und einschließen". *Hikikomori* ziehen sich aus der Gesellschaft zurück und verbringen einen Großteil ihres Lebens in ihrem eigenen Zimmer. 2003 gab das japanische Gesundheitsministerium folgende Richtlinien für die Diagnose des *hikikomori*-Phänomens heraus: Keine Motivation, an Schule oder Arbeit teilzunehmen; keine Anzeichen von Schizophrenie oder psychischer Störung; Anhalten der Symptome für mehr als sechs Monate. (Vgl. Zielenziger 2006: 59).

Dies ist allerdings noch eine recht vage Defintion, da es nicht den eigentlichen „Kern" des Begriffes *hikikomori* mit einbezieht: Das Zurückziehen aus der Gesellschaft und Einschließen im eigenen Zimmer, also den räumlichen Aspekt, den auch Zielenziger mehr in den Vordergrund stellt: „These recluses hide in their homes for months or years at a time, refusing to leave the protective walls of their bedrooms" (Zielenziger 2006: 16).

Michael Dziesinski setzt sich in seiner Arbeit[2] auch kritisch mit dem von den Medien recht undifferenziert behandelten Begriff *hikikomori* auseinander und schreibt:

> Those people clumped together as sufferers of „acute social withdrawal syndrome" in the media under the simplified moniker of „hikikomori", appear to

---

[2] „Hikikomori: Investigations into the phenomenon of acute social withdrawal in contemporary Japan." (Dziesinski 2003).

be in actuality a heterogeneous group with largely disparate personal reasons for their social withdrawal. (Dziesinski 2003: 3)

Dziesinski unterscheidet drei Gruppen von Gründen und Motivationen der *hikikomori*, sich von ihrer Außenwelt abzukapseln.

Als Erstes nennt er die hohen kulturellen Anforderungen an Jugendliche aus der japanischen Mittelschicht, sich den kulturellen Normen und Zwängen zu unterwerfen. Nur *eine* Form des Lebenslaufes ist angemessen: nach dem Studium an einer prestigeträchtigen Universität in eine angesehene Firma einzutreten. Dabei macht die japanische Wirtschaftslage diesen Traum immer schwerer erreichbar.

Zweitens ist da die sehr zentrale Rolle, die die Schule als Institution der gesellschaftlichen Wertevermittlung im Leben japanischer Jugendlicher einnimmt und somit ihren Alltag dominiert. Wenn der Jugendliche durch diese Institution zuviel Stress ausgesetzt wird, kann dieser auch mit sozialem Rückzug reagieren.

Der dritte Faktor ist die Rolle, die die japanische Familie spielt, insbesondere das Verhältnis von Mutter und Sohn, und wie die Familie nach einem sozialen Rückzug dem Jugendlichen weiter ermöglicht, im sicheren „Kokon" seines Zimmers zu bleiben (vgl. Dziesinski 2003: 16, 17).

Zielenziger thematisiert diese starke Verbindung zwischen Mutter und Kind ebenfalls an zwei Stellen:

> Clinical research has demonstrated that mother-child interactions in Japan tend to differ from those in the West, and the most prominent distinction focuses on amae or "dependency", a noun used to describe a close, cocoonlike bond. (Zielenziger 2006: 61)
>
> The power of amae can also explain why a mother often encourages and abets her son's antisocial behaviour instead of helping her hikikomori child break free. Whether her son is needy and afraid or just willfully indulgent, many hikikomori's mother cannot simply refuse to provide care for him. Yet such codependency enables the condition to persist for months or years. (Zielenziger 2006: 65).

Die vorliegende Arbeit thematisiert unter anderem diesen Punkt, da diese besondere Beziehung zwischen Mutter und Sohn (oder die Abwesenheit derselben) sowie das Zimmer als sicherer „Kokon" oder Ersatz für den „Mutterschoß" sehr deutlich im Videospiel dargestellt werden.

Außerdem gibt Zielenziger ein Beispiel für eine popkulturelle Anspielung auf das *hikikomori*-Phänomen: Er erkennt das Muster in einer Szene aus *Sen to Chihiro no Kamikakushi* (2001), einem Anime von Hayao Miyazaki und Studio Ghibli, hierzulande bekannt als „Chihiros Reise ins Zauberland".

> Miyazaki also reveals that the domineering proprietess of the fabulous bathhouse [...] nurtures an oversized infant, still swathed in diapers, who is hidden away to live in the shadows, beneath a protective mound of pillows and bolsters. This giant baby seems unable to abandon the safety of his refuge. (Zielenziger 2006: 289)

Diese Szene des Kindes, welches nicht von der Mutter loslassen kann, was für Zielenziger offensichtlich eines der elementaren Motive des *hikikomori*-Phänomens ist, erinnert auch an den Antagonisten aus *Silent Hill 4: The Room*. Walter Sullivan tritt im Spiel als Erwachsener und als kleiner Junge auf, besessen von dem Streben in das als „sicher" empfundene Apartment, welches den oben erwähnten „Kokon" oder „Mutterleibsersatz" repräsentiert.[3]

2.2 Der analytische Umgang mit Videospielen

Das Problem bei der Analyse von Videospielen liegt im Vergleich zur Film- oder Textanalyse darin, dass ein Videospiel „interaktiv" ist. Dies bedeutet, dass ein Videospiel in der Rezeption mehr vom Spielenden beeinflusst wird als ein Film während des Anschauens oder ein Buch während des Lesens. Trotzdem gibt es im Videospiel immer eine vorprogrammierte Geschichte, die in verschiedenen Ausführungen vom Spieler erspielt werden kann. Diese Geschichte wird, in Abwechslung mit dem interaktiven Teil des Spiels, häufig durch sogenannte *cutscenes* (kurze eingeschobene Filmszenen) vermittelt. Crawford beschreibt dies in seinem Aufsatz zu „Interactive Storytelling" wie folgt:

> The basic structure at the outset relied on „cut-scenes" – nongame scenes that moved the story forward. [...] You interact with the non-narrative game, then see some non-interactive story, then interact some more with the game, then see more story [...]. (Crawford 2003: 260)

---

[3] Vgl. hierzu auch Kapitel 3.2 und 3.3.

Allerdings bezeichnet Crawford das Spiel außerhalb der *cut-scenes* als „nicht narrativ", was jedoch nicht auf die Spielwelt von *Silent Hill 4: The Room* zutrifft. Wenn man sich in dieser Spielwelt bewegt, kann der Spieler entscheiden, ob er bestimmte Dinge in der Spielwelt untersuchen möchte, oder ob er nur die für das Spiel essentiellen Handlungen durchführt. Die Spielwelt und ihr Design werden also je nach Spielvorgang mehr oder weniger detailliert rezipiert.

Das Videospiel selbst ist, wie Frank Degler in seinem Aufsatz „Erspielte Ge-schichten, Labyrinthisches Erzählen im Computerspiel" (2004) erläutert, nach dem Prinzip eines Labyrinths aufgebaut, bei dem man nur den richtigen Weg finden muss, um an einen möglichen Ausgang zu gelangen. Degler wählt den Begriff des „Narratems", um auf die Problematik der Interaktivität bei der Erfas-sung des Stoffes eines Videospiels einzugehen. Das „Narratem" ist als „Stoff plus die Potenzialität seiner Ausformung" (Degler 2004: 59) zu sehen. Während das Spiel gespielt wird, wird also eine festgelegte Geschichte vermittelt. Diese variiert bei jedem Spieldurchgang etwas, aber es ist jedes Mal die selbe Geschichte, die von Anfang an festgelegt ist.

> Wenn ein Spiel gespielt wird, findet zwar einerseits keine Rezeption eines sta-bilen (durch den Autor schon bis ins Detail festgelegten) Textes statt – sonst wäre es schlicht kein Spiel mehr. Andererseits erreichen die Spielenden festge-legte Punkte in der Geschichte, an denen sie innerhalb stabiler Schemata eine bestimmte Freiheit – aber eben nicht alle Freiheiten – haben. Trotz der Inter-aktionen bleibt es ja eine bestimmte und bestimmbare Geschichte, die erzählt wird [...]. (Degler 2004: 61)

Wenn man diese Gesichtspunkte beachtet, ist die Problematik der Interaktivi-tät also aufgelöst und man kann sich der Analyse der verschiedenen Medien, die eine Geschichte im Videospiel vermitteln, widmen. Bei *Silent Hill 4: The Room* findet dies, wie schon beschrieben, in erster Linie durch *cut-scenes* statt, die man mit Hilfe der Kriterien für die Filmanalyse behandeln kann. Weitere Informa-tionen werden durch einzelne Seiten eines Tagebuchs, welche man im Laufe des Spiels findet, zusammengefügt und ergeben am Ende des Spiels eine unterstüt-zende Erläuterung. Außerdem werden bestimmte Stimmungen, insbesondere weil *Silent Hill 4: The Room* in das Genre der Horror-Videospiele einzuordnen ist, schon durch das Leveldesign (das Design der Spielwelt, durch die man die Spielfigur navigiert) vermittelt.

So etwa erläutert Degler die Funktion und Intention des Leveldesigns eines Gebietes, welches man innerhalb der „Wassergefängnis-Welt" in *Silent Hill 4: The Room* betritt. Die „Wassergefängnis-Welt" im Spiel entspricht dem Labyrinth-Typus des Mäanders. Ein Mäander arbeitet als Labyrinth mit der Spannung des toten Winkels. Im Leveldesign ist dies eine gekrümmte Linie, auf der sich der Spieler bewegt. Ihm wird dabei durch die Krümmung der Linie der Blick in den toten Winkel, der vor ihm liegt, verwehrt.

> Der die Wand tangential streifende Blick ist sich beständig des dahinter liegen-
> den toten Winkels bewusst, in dem sich das tödliche Monster befinden könnte.
> (Degler 2004: 64)

Bei der Analyse des Videospiels werden im folgenden insbesondere die *cut-scenes* berücksichtigt, da sie die Geschichte vorantreiben, sowie das Leveldesign an sich, da es eine große Rolle in der Vermittlung von Stimmungen spielt.

2.3 Einführung in *Silent Hill 4: The Room*

Die *Silent Hill*-Reihe besteht zur Zeit aus sieben international veröffentlichten Videospielen. Der erste Teil erschien 1999, damals noch für die *Playstation-1*-Konsole. 2001 folgte dann der zweite Teil der Serie für die *Playstation-2*-Konsole, 2003 der dritte Teil und 2004 der vierte. November 2007 erschien für die *Playstation-Portable*-Konsole *Silent Hill Zero*, im September 2008 erschien *Silent Hill: Homecoming* (*Playstation-3*, *Xbox-360*) und 2009 folgte der neueste Teil *Silent Hill: Shattered Memories* (*Wii*, *Playstation 2*, *Playstation Portable*). Ein weiterer Teil, *Silent Hill: Downpour*, wurde 2010 auf der renommierten Videospielmesse E3 vorgestellt und soll im Herbst 2011 erscheinen.

Silent Hill 4: The Room unterscheidet sich insofern von seinen Vorgängern, dass die Handlung nicht in der Stadt Silent Hill, die aus den vorigen Teilen bereits bekannt war, stattfindet, sondern in der Nachbarstadt South Ashfield. Henry Townsend – der Hauptcharakter, durch den der Spieler agiert –, hat anders als seine Vorgänger keine Verbindung zu der Stadt Silent Hill. Die Geschichte, die in *Silent Hill 4: The Room* erzählt wird, rankt sich auch nicht in erster Linie um den Protagonisten, sondern um den Antagonisten, einen Serienmörder namens Walter Sullivan.

Walter Sullivan wurde von seinen Eltern als Neugeborenes in einem Zimmer des South Ashfield Apartment-Komplexes, in dem der Protagonist Henry Townsend schließlich wohnt und die eigentliche Spielhandlung beginnt, zurückgelassen und später in einem Waisenhaus in Silent Hill untergebracht. Dieses Waisenhaus steht jedoch unter der Kontrolle des ortsansässigen Kultes, mit dem die Protagonisten von früheren Spielen der Reihe schon in Konflikt getreten sind. Dort werden die Kinder misshandelt und mit religiösen Lehren indoktriniert.

Walter reist als kleiner Junge oft nach South Ashfield und versucht in das Apartment zu gelangen, in dem er einst zurückgelassen wurde. Er sucht nie nach seinen leiblichen Eltern, sondern beginnt zu glauben, dass der Raum im Apartment an sich seine Mutter sei und alles gut werde, wenn er wieder dahin zurückkäme.

Als er von einem Ritual des Kultes namens „21 Sacraments" hört, welches zur Wiederkehr der „heiligen Mutter" führen soll, beschließt er, die nötigen Ritualmorde durchzuführen und erhofft sich so Einlass in das Apartment. Durch diese Ritualmorde, die sich alle in unmittelbarer Nähe zu Silent Hill oder dem Apartmentkomplex abspielen, beginnt das Apartment, in dem der Hauptcharakter Henry nun lebt, in eine andere Dimension oder „Albtraum-Welt" gezogen zu werden, und der Protagonist kann sein Zimmer nicht mehr verlassen.

An dieser Stelle beginnt der eigentliche Spielverlauf. Ziel des Videospiels ist es herauszufinden, warum Henry das Apartment nicht mehr verlassen kann und schließlich einen Weg zu finden, alles wieder zurück zur Normalität zu führen. Der Spieler muss das Apartment durch den einzigen Ausweg (ein Loch in der Badezimmerwand) verlassen, durch verschiedene albtraumhaft verzerrte Welten wandern, Rätsel lösen und Hinweise auf die Geschichte sammeln.

Am Ende des Spieles steht die Konfrontation mit Walter Sullivan in der Form eines Kampfes. Danach folgt als *cut-scene* eine von vier möglichen Schlussvarianten.

Wie bereits erwähnt, unterscheidet sich *Silent Hill 4: The Room* in verschiedenen Punkten von seinen Vorgängern. Insbesondere ist dabei zu beachten, dass der Protagonist keinerlei Verbindung zu der Geschichte und dem Geschehen im Videospiel hat, so wie es bei den anderen Protagonisten der Fall ist, sei es in Form einer Suche nach einem verschollenen Familienmitglied wie in *Silent Hill* und *Silent Hill 2*, oder in Form eines persönlichen Rachefeldzuges wie in *Silent Hill 3*. Der Protagonist aus *Silent Hill 4: The Room* gerät ohne sein eigenes Verschulden oder eine persönliche Motivation in die albtraumhafte Welt und ist insofern als unschuldiges Opfer einer Art „Fluches" einzustufen.

Ein weiterer Punkt, welcher neu in der Serie ist, ist die Thematisierung von gesellschaftlichen Problemen, wie z. B. das Aussetzen eines neugeborenen Kindes aufgrund von finanziellen Problemen oder die Misshandlung von Kindern im Waisenhaus.

Der „Fluch", der sich ein unschuldiges Opfer sucht, und die Thematisierung von gesellschaftlichen Problemen sind typisch für das Genre *J-Horror*, das mit Filmen wie *The Ring* (1998) und *Ju-On* (2002) internationale Beliebtheit erreichte. Kalat schreibt in *J-Horror* (2007) dazu:

> Horror movies of the past were built on a logical cause-and-effect sequence: If you do something risky, then bad things occur. Go into a haunted house, for example, and you get what you deserve. In J-Horror, that cycle is broken. In its place, ghosts are free to attack anybody at any time for no real reason. (Kalat 2007: 67)
> The Haunted School [wie Kalat die „Bewegung" *J-Horror* auch bezeichnet] is not so much about monsters, not in the literal sense. Instead the monsters serve to highlight alienation, how modern society disrupts traditional family structures and leaves the most vulnerable of us alone in an unfriendly world. […] In each of those films we find some departure from the established traditions of how men and women are „supposed" to relate to one another and form families. (Kalat 2007: 13, 14)

Im Folgenden wird auf die Frage eingegangen, ob in *Silent Hill 4: The Room* neben der Beschäftigung mit Themen wie Kindesmisshandlung auch noch auf das brisanter werdende Thema *hikikomori* angespielt wird.

3 Analyse von Silent Hill 4

3.1 Die Reise durch den Geburtskanal

In der ersten *cut-scene*, nach dem Opening und der allgemeinen Einführung in das Videospiel, wird Henrys Situation in seinem Apartment von ihm selbst erläutert:

> Five days ago ... That's when I first had the nightmare. I haven't been able to get out of my room since then. The phone doesn't work, the TV doesn't work ... I can't even get anybody to hear me when I yell ... My whole world has suddenly turned insane ... My door's chained up, the windows are sealed shut ... And on top of that, someone chained the door from the inside. How am I going to get out of here ...? (*Silent Hill 4: The Room*, Konami 2004)

Die Einführung des Spielers in die Welt von *Silent Hill* macht ihm direkt deutlich, dass nur eine übernatürliche Erklärung für diese Vorkommnisse möglich ist, da Henry über die physisch möglichen Gegebenheiten hinaus von seiner Außenwelt abgeschnitten ist. Er kann die Tür, die Wände und das Fenster nicht einmal mit Rufen durchdringen, wie dies in der Realität möglich sein sollte. Außerdem ist sein Apartment von innen mit einer Kette verschlossen worden, was ja nur er selbst getan haben könnte.

Bereits in diesem Motiv, dem von innen verschlossenen Raum, kann man eine Anspielung auf das Thema *hikikomori* erkennen, weil bereits zu diesem Zeitpunkt nicht klar ist, ob der Protagonist wirklich das Apartment nicht verlassen kann oder sich selbst in diesem Apartment eingeschlossen hat. Diese Ungewissheit wird bewusst für den Spieler konstruiert. Die Tatsache, dass die Tür von innen verschlossen wurde, wird als letzter Punkt in dem oben zitierten Segment genannt und wird verstärkt durch die Worte „on top of that".

Der erste kleinere Spannungshöhepunkt findet im Spiel statt, als Henry bei der Untersuchung seines Apartments von einem lauten Geräusch unterbrochen wird, welches aus seinem Badezimmer kommt. Navigiert man als Spieler dann die Spielfigur in jenes Badezimmer, findet Henry dort ein Loch in der Wand, welches vorerst den einzigen Ausweg aus dem versiegelten Apartment darstellt. Henry beschließt, das Apartment durch diesen Tunnel zu verlassen.

Steigt die Videospielfigur in diesen Tunnel ein, so sieht man das Geschehen nun, anders als in der Szene zuvor, aus der Ego-Perspektive. Der Spieler wird also mit der Spielfigur gleichgesetzt und sieht das Geschehen aus ihrer Sicht. Die Veränderung der Akustik markiert sehr offensichtlich eine Wende. Anstatt der spärlichen Geräuschkulisse, wie sie im Inneren des Apartments vorhanden war, hat der Spieler nun ein andauerndes Rauschen in den Ohren. Die visuelle Untermalung des ersten Übergangs in die Außenwelt im Spiel gleicht zudem einem Geburtskanal. Der Tunnel ist sehr eng und kreisförmig, die Spielfigur kriecht auf dem Bauch liegend dem Ausgang in Form eines weißen Lichtes entgegen. Es ist außerdem zu bemerken, dass im Gegensatz zu späteren Transitionsszenen, die alle dieselbe visuelle Darstellung des Geburtskanals enthalten, hier fortwährend der Spieler auch den Richtungsknopf in Richtung Ausgang gedrückt halten muss. In den späteren Szenen läuft die Reise durch den „Geburtskanal" sehr viel schneller und automatisch ab.

Betrachtet man die bedrückende Geräuschkulisse und die Beengtheit des Tunnels, so wird klar, dass mit dem Design dieser Szene ein Gefühl der Klaustrophobie hervorgerufen werden soll. Zudem ist das Hinkriechen auf den Ausgang auch ein unangenehmes oder zumindest unsicheres Moment, da man sich nicht klar ist, was auf der anderen Seite liegt. Diese Szene ist durch ihr eindrucksvolles Design bewusst als einer der ersten Spannungsmomente im Spiel gewählt. Man kann in ihr die Analogie zur Geburt erkennen. Verfolgt man diese Allegorie, so ist das Apartment als sicherer Uterus zu sehen, aus dem der Protagonist in eine ungewisse Welt geboren wird.

Auch wenn das Apartment zuerst auch als unangenehmer Ort empfunden wird, da man ja in ihm gefangen ist, so wird dem Spieler doch durch seine erste Transition in die Außenwelt und die Gefahr, die dort lauert (wie noch im weiteren Spielgeschehen ausgeführt wird), vermittelt, dass das Apartment an sich ein sicherer Ort ist. Der Spieler zieht sich auch gerne im Laufe des Spieles in das Apartment zurück, da dort in der ersten Spielhälfte die Lebensenergie[4] der Spielfigur wiederhergestellt wird.

---

[4] Die „Lebensenergie" zeigt im Spiel an, wieviele Treffer in Konfrontationen mit Spielgegnern die Spielfigur noch erhalten kann, bevor das Spiel beendet ist.

Zumindest zu Beginn des Spieles ist das Apartment also für den Spieler ein sicherer Rückzugsraum. Symbolisch gesehen wird das Apartment mit dem Uterus gleichgesetzt. Diese Uterus-/Geburtssymbolik findet sich an vielen Stellen des Spieles wieder, welche im Folgenden noch weiter erläutert werden sollen.

3.2 Wände aus Fleisch: Das Apartment als Uterus

Innerhalb des Spieles benutzt man das Portal in der Badezimmerwand, um nacheinander in verschiedene albtraumhafte Welten zu reisen, wo Rätsel gelöst und Gegner besiegt werden müssen. Alle diese Welten befinden sich in unmittelbarer Nähe zu Silent Hill oder South Ashfield. Es sind Orte, die Walter Sullivan als kleiner Junge oder als Erwachsener besucht hat. Außerdem sind es die Orte, an denen die letzten Ritualmorde, deren Zeuge man wird, stattfinden.

Eine dieser Welten ist die sogenannte „Apartment-Welt". In dieser Welt befindet sich die Spielfigur im South Ashfield Apartment-Komplex, also sozusagen direkt außerhalb des Apartments, welches man so lange versucht hat zu verlassen. Beim ersten Mal, als man diese Welt besucht, betritt man sie durch das Portal in der Badezimmerwand, wie die anderen Welten auch. Beim zweiten Mal öffnet sich endlich im Spielverlauf die verschlossene Tür. Der Protagonist eilt nach draußen, nur um festzustellen, dass dies nicht die „normale" Außenwelt ist, sondern die selbe albtraumhafte Welt, in die er durch die Portale gereist ist.

Das Leveldesign dieser „Apartment-Welt" ist außerdem ein interessanter Faktor. Die Wände des Korridors und des Treppenhauses sind rot wie Fleisch, von Adern durchzogen und pulsieren, als ob sie lebendig wären. Henry erkennt in der räumlichen Struktur das Gebäude wieder, kann sich aber die Veränderung nicht erklären: „It looks like my apartment … What the hell is this?" (*Silent Hill 4: The Room*, 2004).

Das Motiv der fleischartig aussehenden Wände wird auch in einer der möglichen Endszenen für das Spiel aufgegriffen. Dieses Ende trägt den Titel „21 Sacraments". Es stellt die Ausgangsmöglichkeit des Spieles dar, in der Walter Sullivan das Ritual der „21 Sakramente" erfolgreich abschließt und somit in das Apartment zurückkehren kann. Nach dem Endkampf wechselt die Szene zurück zu Henrys Apartment.

Das Apartment sieht jedoch nicht so aus, wie man es verlassen hat, sondern die Wände und Oberflächen aller Möbel weisen eine ähnlich fleischartige Struktur auf, wie dies in der äußeren „Apartment-Welt" der Fall war. Auf dem Sofa im Wohnzimmer liegt die jüngere Verkörperung des Antagonisten Walter Sullivan. Er rollt sich in Embryonalstellung zusammen und sagt: „Mom ... Mom ... I'm home ... I won't let anyone get in my way ... I'm gonna stay with you, forever ..."(*Silent Hill 4: The Room* 2004). Währenddessen steht die ältere Verkörperung des Antagonisten neben ihm.

In dieser Szene wird die Gleichsetzung des Raumes mit dem sicheren Mutterschoß sehr deutlich. Die Figur des jungen Walter Sullivan hat im Spielverlauf niemals Interesse daran gezeigt, seine leiblichen Eltern wiederzufinden, sondern war immer fixiert auf die Rückkehr in das Apartment. Wird diese Rückkehr realisiert, wie es in diesem möglichen Ende der Geschichte der Fall ist, dann wird deutlich, dass der Raum selbst als sicherer Mutterschoß wahrgenommen wird.

Dies wird durch das Design der Räume in der „Apartment-Welt" und in dem Apartment selbst unterstrichen, indem die Wände der Räume aus Fleisch zu sein scheinen und dadurch die direkte Gleichsetzung mit dem Uterus geschieht. Auch in diesem Design finden wir die Suggestion des Zimmers als sicheren Mutterschoß wieder.

3.3 Das wiederkehrende Motiv der Nabelschnur

In *Silent Hill 4: The Room* findet man immer wieder das Motiv der Nabelschnur. Zum einen sind riesige Nabelschnüre Teil des Designs verschiedener Levels, wie etwa der „U-Bahn-Welt" und der „Wassergefängnis-Welt". Diese Nabelschnüre erfüllen keinen besonderen Zweck. Sie sind zwar offensichtlich lebendig, weil sie pulsieren und sich langsam bewegen, stellen aber keine Bedrohung für die Spielfigur dar. Sie können angegriffen, aber nicht besiegt und somit nicht beseitigt werden. Im „Silent Hill Wiki" werden sie wie folgt beschrieben:

> They link all of Walter's worlds, spanning dimensions like umbilical cords. They represent Walter's dismay of being separated from his mother and her "magic cord". (The Silent Hill Wiki 2009)

In *Silent Hill 4: The Room* wird die Nabelschnur häufig als „magische Verbindung" zwischen Mutter und Kind bezeichnet. Wie etwa in einem Text, den man
in einem alten Bilderbuch im Spielverlauf findet:

Old Picture Book
There was once a baby and a mother who were connected by a magical cord.
But one day the cord was cut, and the mother went to sleep. The baby was left
all alone. [...]
The baby cried and cried and cried. When he thought of the mother, he re-
membered the feeling of being connected to her through the magical cord.
Just then, a ray of light came down from the sky. The light was very warm and
made the baby feel good. When the baby looked into his hand, he saw that the
magical cord was lying there.
With the cord clutched in his hand, the baby went happily to sleep. (The Lost
Files, 2006)

Diese kurze Erzählung ist eine Allegorie auf die Lebensgeschichte des Antagonisten. Walter Sullivan wurde als Kind von seinen Eltern im Apartment 302
des South Ashfield Heights Apartment-Komplexes zurückgelassen. Sein Leben
lang hat er versucht, diese „magische Verbindung" zu seiner Mutter bzw. dem
Apartment, das er mittlerweile als Ersatz für den Mutterschoß ansieht, wieder
herzustellen. Betrachtet man das mögliche Spielende, das im vorigen Kapitel erläutert wurde, dann ist das im Bilderbuch beschriebene Ergebnis eingetreten.

Außerdem kommt Walter Sullivans Nabelschnur auch noch im konkreten Sinne im Spiel vor. Der Hausmeister des Apartment-Komplexes, Frank Sunderland,
bewahrt Walters Nabelschnur in einer Kiste in seinem Apartment auf. Eigentlich
ist es eine japanische Tradition, dass die Nabelschnur des Kindes in einer Holz-
kiste innerhalb der Familie aufbewahrt wird. Da Walter Sullivan in der Form
keine Familie hatte, ist dies als ein Akt des Mitleids seitens des Hausmeisters zu
sehen. Offensichtlich hat er am Schicksal des Kindes Anteil genommen:

Superintendent's Diary (Umbilical Cord)
The red box seems even stranger today. It's giving off a terrible smell.
It's disgusting, but I just can't throw it away.
It must have been around 30 years ago.
That young couple was living in the apartment, but one day they just suddenly
disappeared. Ran off just like thieves in the night.

I don't know why. It must have been money troubles, or maybe they got themselves into some kind of danger. The problem came after that. They left their newborn baby when they took off. I even found the umbilical cord.
I called the ambulance right away and I heard the baby survived, but I don't know what happened to him. Although a few years later, I often saw a young kid hanging around the apartment.
One day he just stopped coming by.
Now that I think of it, I'll bet he was that abandoned baby.
It's a horrible story.
Abandoning a newborn baby …
That all happened in Room 302 …
And the umbilical cord I found there …
Well, I still can't get myself to throw it away. (The Lost Files, 2006)

Dieses wiederkehrende direkte oder indirekte Motiv der Nabelschnur, welches sich im wahrsten Sinne des Wortes durch den gesamten Spielverlauf rankt, ist eine weitere Betonung der starken Beziehung zwischen Mutter und Kind. Des Weiteren ist es ein Sinnbild dafür, dass das Kind die Mutter nicht loslassen kann, die Verbindung nicht durchtrennen möchte. Dies stimmt überein mit dem Streben des Antagonisten, in das Apartment, also in den Mutterleib, zurückzukehren.

4 Schlussfolgerung

Bei dem Videospiel *Silent Hill 4: The Room* liegt die Thematisierung des *hikikomori*-Phänomens nicht direkt auf der Hand. Im gesamten Spielverlauf wird der Begriff *hikikomori* nicht einmal erwähnt. Betrachtet man jedoch die Symbolik, die sich durch das gesamte Videospiel zieht und deutet die Motive, dann wird die Anspielung auf das Thema *hikikomori* offensichtlich. Charlie Baratt, Chefredakteur der Microsoft-Sparte bei dem Online-Spielemagazin *GamesRadar*, beschreibt die Anspielungen auf das Thema *hikikomori* in *Silent Hill 4: The Room* wie folgt:

Silent Hill 4 stands out from the rest, though, by using its genre – and its unique setting – to comment on real life nightmares such as agoraphobia (a fear of the outside), hikikomori (extreme social withdrawal, affecting thousands of Japanese teens), clinical depression and severe loneliness. Is the game's protagonist truly trapped inside his own apartment, or has he isolated himself from the world? Are neighbors actually out of reach, or has he disconnected from them because of mistrust and discomfort? The answers wouldn't be clear to those suffering from any of the ailments above, and they're not obvious in Silent Hill 4. (Barratt 2008: 2)

Auch wenn die Auseinandersetzung mit dem Thema *hikikomori* nicht offen innerhalb der Handlung des Videospiels angesprochen wird, so zeigt die Analyse der einzelnen Motive im Hauptteil dieser Arbeit doch, dass eine Anspielung auf das Thema *hikikomori* vorhanden ist. Die Gleichsetzung des Raumes mit dem sicheren Mutterschoß ist eines der markantesten Motive innerhalb des Videospiels.

Auch Walter Sullivans Streben, in das Apartment zurückzukehren, kann man nur verstehen, wenn man ihm eine indirekte Bedeutung zuordnet. Es gibt keinen Grund, warum ein Junge jegliches Interesse an seiner leiblichen Mutter verliert und stattdessen auf das Zimmer an sich als sicheren Mutterschoß fixiert ist. Dieses Element in der Geschichte gewinnt nur an Bedeutung, wenn man es mit *hikikomori* und ihrer Wahrnehmung des Zimmers als sicheren Ort und der Außenwelt als bedrohliche Welt gleichsetzt.

Aber der Antagonist Walter Sullivan ist nicht der einzige Mensch, der innerhalb des Videospiels diese *hikikomori*-Tendenzen aufweist. Wie auch Barratt im obigen Zitat anspricht, kann man das Verbleiben des Hauptcharakters Henry Townsend in seinem Apartment hinterfragen. Liegt dafür wirklich eine äußere Gegebenheit zugrunde, oder sind Ängste gegenüber den Mitmenschen und der Außenwelt der Grund dafür, dass Henry das Apartment nicht mehr verlassen kann?

Dieser Aspekt ist besonders brisant, da der Spieler ja selbst in die Rolle des Protagonisten schlüpft. In manchen Sequenzen des Videospiels ist er sogar direkt mit ihm gleichgesetzt, sieht das Geschehen mit den Augen von Henry. Besonders in der ersten Hälfte des Videospieles wird, wie bereits erläutert, das Apartment als sicherer Rückzugsraum charakterisiert. Dem Spieler selbst wird suggeriert, dass der Raum mit dem sicheren Mutterschoß gleichzusetzen ist.

Später im Videospiel wird das Apartment aufgrund von auftretenden Geistererscheinungen allerdings als mehr und mehr bedrohlich empfunden und ist offensichtlich kein sicherer Rückzugsraum mehr. Das Streben in die Außenwelt wird so zum wichtigsten Ziel des Spieles. Dies kann man auch als Metapher dafür sehen, dass die gesellschaftlich anerkannte „Heilungsmethode" für *hikikomori* ja einzig und allein ist, sich wieder in die Außenwelt zu begeben, am gesellschaftlichen Leben teilzuhaben und somit das Zimmer zu verlassen.

In *Silent Hill 4: The Room* wird also das *hikikomori*-Phänomen nicht nur in Mutterleibs-Symbolik thematisiert, sondern auch allegorisch durch die Handlung und das Spielziel.

Außerdem ist zu beachten, dass nicht nur eine Anspielung auf das Thema stattfindet, sondern dass *Silent Hill 4: The Room* als Videospiel wahrscheinlich auch einen großen Anreiz für Jugendliche besitzt. Was *hikikomori* in ihrem Zimmer tun, ist in Statistiken und dergleichen wohl schwer zu erfassen, aber eine gewisse Affinität für Dinge wie Internet, Fernsehen und Videospiele wird ihnen nachgesagt (vgl. Dziesinski 2003: 16, 22).

Beachtet man diesen Aspekt, so ist *Silent Hill 4: The Room* vielleicht auch als Identifikationsangebot für Jugendliche, die sich aus der Gesellschaft zurückgezogen haben, zu sehen. Die starke Fixierung auf das Zimmer an sich, der Umgang mit der als bedrohlich empfundenen Außenwelt und am Ende das Verlassen des Zimmers und die Rückkehr zur Normalität sind alles Motive, in denen sich diese Jugendliche wiederfinden könnten.

So ist *Silent Hill 4: The Room* als Allegorie für die Probleme der *hikikomori* und die Welt, in der sie sich befinden zu sehen. Gleichzeitig bewertet das Videospiel allerdings diesen Lebensstil: In Form des Antagonisten, der sich zurückziehen will, was als schlecht und verderblich bewertet wird und in Form des Protagonisten, der zurück in die Außenwelt gelangen will, was als gut und erstrebenswert bewertet wird. Während *Silent Hill 4: The Room* zwar mit seinen Motiven und seiner Thematik ein Identifikationsangebot für jugendliche *hikikomori* darstellt, folgt es aber der gesellschaftlich anerkannten Bewertung dieses Phänomens und zeigt als Lösung auch nur den Weg zurück in die Außenwelt auf.

Literatur

CRAWFORD, Chris (2003): „Interactive Storytelling". In: Wolf, Mark J.P. (Hg.): *The video-game theory reader*, New York: Routledge. S. 259–273.

DEGLER, Frank (2004): „Erspielte Geschichten Labyrinthisches Erzählen im Computer-spiel". In: Neitzel, Britta (Hg.) „*See? I'm real...*" – *multidisziplinäre Zugänge zum Computerspiel am Beispiel von Silent Hill*. Münster: Lit. S. 58–71.

KALAT, David (2007): *J-Horror*. New York: Vertical.

ZIELENZIGER, Michael (2006): *Shutting out the sun: how Japan created its own lost generation*. New York: Vintage Books.

Videospiel

Silent Hill 4: The Room, Konami 2004.

Internetquellen

BARRATT, Charlie (2008): „Mature games that are actually mature." http://www.gamesradar.com/f/mature-games-that-are-actually-mature/a-20081014 113316766003/p-2 [Stand: 8.9.2009].

DZIESINSKI, Michael J. (2003): „Hikikomori – Investigations into the phenomenon of acute social withdrawal in contemporary Japan." http://towakudai.blogs.com/hiki komori.research.survey.pdf [Stand: 8.9.2009].

SPIEGEL ONLINE (2006): „Einsiedler im Kinderzimmer". http://www.spiegel.de/wissen schaft/mensch/0,1518,430843,00.html [Stand: 8.9.2009].

THE LOST FILES (2006): „Silent Hill 4: The Room (PS2)". http://thelostfiles.50webs.com/sh4.htm [Stand: 8.9.2009].

THE SILENT HILL WIKI (2009): „Greedy Worm". http://silenthill.wikia.com/wiki/Greedy_Worm [Stand: 8.9.2009].

Yōkai als Repräsentanten von Heimat und Japaneseness im Anime *Miyori no mori*

Timo Thelen

1 Einleitung

Das Werbeplakat für den Anime-Film *Miyori no mori* („Miyoris Wald"[1], 2007): Ein unauffälliges junges Mädchen sitzt auf einem Ast inmitten eines grünen und blühenden Waldes, unter ihr fließt ein Bach, im Hintergrund ist das Strohdach eines alten Hauses zu sehen (vgl. Abb. 1). Dieses Bild könnte bis hierhin auch die Werbung für eine Reise in irgendeine ländliche Region in Japan sein.

Ein wichtiger Aspekt wurde jedoch bisher nicht genannt: Um das Mädchen herum tummeln sich unzählige überaus seltsame Kreaturen; die meisten sehen zwar freundlich aus, aber sie erinnern doch an Kobolde, Trolle oder andere Fabelwesen. Wie passen diese mysteriösen Gestalten in das idyllische Landschaftsbild?

Es handelt sich bei diesen Wesen um sogenannte *yōkai*. Diese japanischen Fabelwesen oder Monster – wenn man *yōkai* vereinfacht mit einem deutschen Wort beschreiben will – sind seit der Edo-Zeit (1603–1868) ein fester Bestandteil der japanischen Kultur. Sie blicken damit zwar auf eine lange Tradition in der Kunst und Literatur zurück, jedoch werden sie seit Beginn der Moderne (Meiji-Zeit, 1868–1912) auch gerne in neue Kontexte integriert, und es wird ihnen so eine neue Identität verliehen. So haben sie seit den 1970er Jahren auch die modernen Populärmedien Anime und Manga erobert.

Der Manga-Zeichner Mizuki Shigeru wird mit seinem Hauptwerk *GeGeGe no Kitarō* als ein wichtiger Auslöser für den gegenwärtigen *yōkai*-Boom genannt, der seit den 1990er Jahren durch den Anime-Regisseur Miyazaki Hayao mit seinen Filmen wie „Mein Nachbar Totoro" (*Tonari no Totoro*, 1988) und „Chihiros Reise ins Zauberland" (*Sen to Chihiro no kamikakushi*, 2003) noch größer wurde.

Das Ziel dieses Aufsatzes ist es, anhand eines konkreten Beispiels aufzuzeigen, wie *yōkai* in der gegenwärtigen Populärkultur dargestellt und verstanden

---

[1] Eine Veröffentlichung außerhalb Japans liegt noch nicht vor.

Abbildung 1: Das Werbeplakat zum Film *Miyori no mori* zeigt die Protagonistin inmitten einer Schar von unheimlichen Wesen. (Quelle: Yuu's World 2009: Internet)

werden. Es wird untersucht, wie diese ehemals furchterregenden Kreaturen eine positive Umbewertung erfuhren, die sie nun für neue Rollen qualifiziert, die vom niedlichen Kuscheltier bis zum Vermittler einer konservativen Wertehaltung reichen. Dazu wird zunächst als Grundlage kurz beschrieben, wie *yōkai* vor der Moderne wahrgenommen wurden. Anschließend wird über die neueren Tendenzen in der *yōkai*-Kultur referiert, bei der auch die japanischen Konzepte von Heimat (*furusato*) und Japaneseness („Japanizität") eine wichtige Rolle spielen werden. Im zweiten Teil wird der Anime-Film *Miyori no mori* als Untersuchungsgegenstand in den Fokus gerückt. Nach einer Inhaltsangabe werden die auftretenden *yōkai* und anderen übernatürlichen Wesen in ihrer Darstellung analysiert und interpretiert.

2 Die *yōkai*-Kultur

2.1 Die unheimliche *yōkai*-Kultur vor der Moderne

Zuallererst muss kurz geklärt werden, was überhaupt unter *yōkai* zu verstehen ist. Komatsu Kazuhiko, der derzeit wohl engagierteste japanische Forscher auf diesem Gebiet, problematisiert, dass der Begriff *yōkai* sehr vage sei. Er bietet folgende Definition an, die auf den verwendeten Schriftzeichen des Wortes basiert: „[...] ein Phänomen oder eine Existenz, ein Lebewesen, zu dem die Attribute mysteriös, sonderbar, wundersam und unheimlich passen" (Komatsu 2007: 10). Komatsu vermutet, dass viele *yōkai* als Erklärungsversuche für Phänomene (*genshō*) entstanden sind, die den Menschen seltsam oder unerklärlich erschienen, wie beispielsweise das Geräusch eines umstürzenden Baumes bei Nacht, der am folgenden Tag jedoch nicht entdeckt werden kann (*tengudaoshi*). Dadurch, dass man solche Erscheinungen als übernatürliche (*chōshizenteki*) Wesen deklarierte und ihnen einen Namen verlieh, konnten diese Phänomene von einer individuellen zu einer Gruppenerfahrung werden.

Man muss dabei den im alten Japan weitverbreiteten Animismus als Hintergrund sehen, nach dem überall in der Natur Seelen (*reikon*) existieren. Wenn diese Seelen sich durch Opfer und/oder Gebete besänftigen ließen, sprach man von *kami* („Gott" oder „Geist"), wenn sie sich keinesfalls vom Menschen kontrollieren ließen, nannte man sie *yōkai*. Bis diese *yōkai* aber eine feste visuelle und damit wiedererkennbare Gestalt (*zōkei*) erhielten, dauerte es bis zur Edo-Zeit. Zwar mögen bereits davor vereinzelt grafische Darstellungen existiert haben, aber erst durch die Verbreitung des Druckhandwerks und die lange Friedensperiode in der Edo-Zeit entstand die berühmte japanische *yōkai*-Kultur (vgl. Komatsu 2006: 12-17).

Als wichtiger Akteur bei dieser Entwicklung wird Toriyama Sekien (1712–1788) mit seinen vier *yōkai*-Bildbänden[2] gesehen. Er war stets bemüht, die *yōkai* in seinen Zeichnungen in ein überaus dunkles Licht zu rücken und sie zu fürchterlichen Gestalten zu stilisieren. Obwohl in seinem letzten Bildband auch humoristische Ansätze auftauchen, zeigt sich doch in den meisten Fällen beim Vergleich mit älteren Darstellungen – sofern es sich um überlieferte und keine neu erfundenen *yōkai* handelt – deutlich, dass es Sekiens Anliegen war, seine Kreaturen möglichst unheimlich erscheinen zu lassen. Zahlreiche Holzschnittkünstler wie Kitagawa Utamaro (1753–1806), Katsushika Hokusai (1760–1849), Utagawa Kuniyoshi (1797–1861), Tsukioka Yoshitoshi (1839–1892) und Kawanabe Kyōsai (1831–1889) orientierten sich an seinen Arbeiten und übernahmen die visuellen Merkmale der einzelnen *yōkai*, wodurch diese zu bekannten und bis heute immer wieder aufgegriffen Archetypen wurden. Dementsprechend verbreitete sich auch die Vorstellung von *yōkai* als vornehmlich unheimlichen Geschöpfen (Komatsu 2006: 12-17).

2.2 *Yōkai* und *furusato*

In der Meiji-Zeit bemühte sich Inoue Enryō (1858–1919), *yōkai* als wissenschaftlich erklärbare Phänomene darzustellen und sie damit „auszurotten". Nach Enryō mussten die Japaner, um zu zivilisierten und modernen Menschen (*kindaijin*) werden zu können, begreifen, dass *yōkai* lediglich Chimären (*kakai*) seien (Komatsu 2006: 20f). Mit dieser Forderung schafft er gleichzeitig die Vorstellung, dass *yōkai* im Gegensatz zur Moderne und zum Fortschritt stehen, sie also in die Sphäre der Vergangenheit gehören (Foster 2009b: 114).

---

[2] *Gazu hyakki yakō* („Bilder der nächtlichen Parade der hundert Dämonen", 1776), *Konjaku gazu zoku hyakki* („Bilder der hundert Dämonen von früher und heute", 1779) und *Konjaku hyakki shūi* („Ergänzung zu den hundert Dämonen von früher und heute", 1880) und *Hyakki tsurezure bukuro* („Nutzloser Beutel mit hundert Gegenständen", 1784).

Der Volkskundler Yanagita Kunio (1875–1962) griff diese Tendenz in seiner Sammlung von Volkserzählungen *Tōno Monogatari* („Die Geschichten von Tōno", 1910) auf, wo von einem idyllischen Provinzdorf berichtet wird, in dem verschiedene *yōkai* auftreten. Kunio entwickelt so einen rückwärtsgerichteten Gegenentwurf zur damaligen Realität, die durch die Modernisierung bzw. Anpassung an den Westen geprägt war (Foster 2009b: 139-143). Diese Vorstellung einer Rückkehr zum Leben auf dem Land gehen in Richtung des *furusato*-Diskurses. Der Begriff *furusato* lässt sich annähernd mit „Heimat" übersetzen und kann sowohl auf eine persönliche wie auch eine nationale Ebene angewandt werden. Er wurde durch die Menschen geprägt, die im Zuge der wachsenden Wirtschaft in den 1960er und 70er Jahren aus ländlichen Gebieten in die Großstädte, vornehmlich Tōkyō, gezogen sind. Angesichts der neuen, oftmals als kalt und abweisend empfundenen urbanen Umgebung begannen sie sich nach ihren Wurzeln zu sehnen. Eine komplexe wertbehaftete Dichotomie zwischen Stadt (Tōkyō) und Land (*furusato*) entstand, die viele Sphären umfasst, wie beispielsweise die Zeit (Zukunft vs. Vergangenheit), die Nation (Ausland/Internationalisierung vs. „authentisches Japan") und das gesellschaftliche Leben (Anonymität/ Egoismus vs. Gemeinschaft) (vgl. Chida 2007: 108-111).

So entstand das Bild eines besseren, aber auch verlorenen Lebensmodells, das gleichzeitig die Unzufriedenheit und Angst gegenüber der Gegenwart ausdrückte (vgl. Robertson 1988: 504). Diese Thematik wurde bald zu einem medialen Gegenstand, der besonders im Volkslied (*enka*) und in der Werbung aufgegriffen wurde (vgl. Robertson 1988: 496). Ein weiterer kommerzieller Bereich, auf den der *furusato*-Diskurs einen großen Einfluss ausgeübt hat, ist der Binnentourismus. Projekte wie *furusato-zukuri* („*furusato* erschaffen") und Themenparks wie *furusato-mura* („*furusato*-Dorf") helfen wirtschaftlich schwachen Regionen zur Erschaffung eines touristischen Potentials. Es ist dadurch ein symbolisches und konsumierbares *furusato* entstanden (vgl. Creigthon 1997: 249), das auch die jüngeren Generationen anspricht, die selbst keine Vergangenheitserfahrung vom Landleben besitzen. Dieser *furusato*-Boom in der japanischen Kultur hält bis heute an und ist mittlerweile auch häufig im populären Film und Fernsehen sowie im Manga und Anime zu entdecken.

2.3 *Furusato* und Japaneseness

Der Diskurs um die Einzigartigkeit der japanischen Kultur und Gesellschaft (Japaneseness) wurde ebenfalls von Yanagita entscheidend geprägt. Er erkannte das besondere, ursprüngliche Japanische in der ländlichen Gemeinschaft mit ihren Umgangsformen, Erzählungen und Bräuchen und erhob diese lokale Kultur zur nationalen Kultur, die bereits zu seinen Lebzeiten durch die sich ausbreitende, westlich geprägte Verstädterung bedroht schien (vgl. Morris-Suzuki 1995: 765ff). Als Reaktion auf die Angst vor einem Identitätsverlust entstand bereits in der ersten Hälfte des 20. Jahrhunderts das literarische Genre *nihonron* oder *nihonjinron* („Abhandlungen über die Japaner/über Japan") (Heise 1990: 7). Dessen Ziel ist die Konstruktion und Behauptung eines homogenen „japanische[n] Ich[s]", von dem angenommen wird, dass es „singulär" und „diskursiv [für den Westen] nicht zugänglich" sei (Heise 1989: 78f). Die beiden Diskurse *furusato* und Japaneseness gehen somit auf ähnliche Ursprünge zurück und sind eng miteinander verbunden.

Ivy erkennt, dass alle Diskussionen um nationale kulturelle Identität, Gemeinschaft und Heimat in Japan sich reduzieren lassen auf die Hauptaussage: „[...] ,we Japanese are modern, but we have kept our tradition'" (Ivy 1995: 26). Bis in die Gegenwart erfreut sich so auch der Japaneseness-Diskurs großer Beliebtheit, denn gerade in der sich globalisierenden Welt, die von modernen Massenmedien und einer stärkeren Migration geprägt ist, wächst in Japan die Angst vor dem Verlust vermeintlicher kultureller Homogenität und gesellschaftlicher Stabilität (Burgess 2004: Internet). Ironischerweise verdankt aber der Anime als eines der bekanntesten Kulturexportgüter Japans – nach Meinung einiger Wissenschaftler – seinen internationalen Erfolg vor allem seiner „Staatenlosigkeit". Er vertrete für die Ausländer weder Exotik noch Japan, sondern lediglich das moderne Zeitalter (vgl. Berndt 2008: 67). Aber wie im Folgenden analysiert wird, ist diese Annahme nur begrenzt richtig, denn es existieren viele Anime-Filme und -Serien, die sich bewusst an ein japanisches Publikum wenden und diesem eine zeitgenössische Interpretation der eigenen Kultur und Tradition vermitteln wollen.

2.4 Die freundliche *yōkai*-Kultur in der Gegenwart

2.4.1 Mizuki Shigeru

Der Manga-Zeichner Mizuki Shigeru (*1922) wurde in großem Maß von Sekien und Yanagita beeinflusst. Ihre Werke dienten ihm nicht nur als Grundlage für viele Charaktere seiner *yōkai*-Manga-Serien, er zeichnet sogar neue Versionen von Sekiens Bildbänden und Illustrationen zu den Romanen von Yanagita (vgl. Foster 2009b: 69-73). Das wichtigste Werk von Mizuki ist aber *GeGeGe no Kitarō* bzw. *Hakaba Kitarō* („Der Dämonenjunge vom Friedhof", erste Veröffentlichung 1957 als ausleihbarer Manga), so der ursprüngliche Titel. Der gleichnamige Protagonist ist ein auf dem Friedhof geborener Halb-*yōkai* (seine verstorbene Mutter war ein Mensch, der Vater ein *yōkai*) mit menschlicher Gestalt, der zwar unter Menschen aufgewachsen ist, jedoch eindeutig als Verbündeter der *yōkai* betrachtet werden kann. Das Szenario ist sehr düster gehalten; die menschlichen Figuren werden von vielen verschiedenen *yōkai* angegriffen und sind ihnen meist unterlegen. Diese erste Version der Serie fand nur wenig Beachtung (vgl. Komatsu 2006: 101). 1968 wurde eine TV-Anime-Adaption ausgestrahlt, gleichzeitig wurde die Serie in einer wöchentlichen Manga-Zeitschrift in überarbeiteter Form veröffentlicht. Der Titel wurde für diese beiden neuen Formate in *GeGeGe no Kitarō* geändert und der Inhalt für ein breiteres Publikum angepasst.

Die auftretenden Charaktere, egal ob Menschen oder *yōkai*, können leicht in gute und böse Figuren unterteilt werden. Auch der Protagonist Kitarō hat eine klare Rolle: Er wird zum gutherzigen Verbündeten der Menschen und friedvollen Mediator zwischen Menschen und *yōkai*. Zusammen mit einer Gruppe von gleichgesinnten *yōkai* agiert er gegen böse Menschen oder *yōkai*, wobei viele *yōkai* erst durch das Fehlverhalten von Menschen böse geworden sind; die „Bösen" sind damit also fast immer die Menschen (vgl. Komatsu 2006: 101-104). Die Anime-Adaption umfasst mittlerweile einige Kinofilme und fünf Staffeln mit über vierhundert Episoden und ist (dank zahlreicher Wiederholungen) seit vierzig Jahren ein ständiger Teil der japanischen Fernsehlandschaft. In den letzten Jahren kamen noch zwei Realverfilmungen ins Kino, und es gab eine TV-Anime-Serie, die sich am düsteren Original-Manga orientiert. Ferner gibt es zahllose

Merchandising-Produkte wie Spielzeug, Videospiele und sogar Nahrungsmittel, aber auch Ausstellungen und Freizeitparks.

> In contemporary Japan, Mizuki's yōkai images are so deeply ingrained in the cultural imagination that you would be hard-pressed to find a child or adult unfamiliar with Kitarō or Mizuki's other paradigmatic creations. (Foster 2009a: 164)

Bei *GeGeGe no Kitarō* sind auch nostalgische Elemente zu finden. So wohnt Kitarō beispielsweise an einem idyllischen See mitten in einer menschenverlassenen Natur in einem Baumhaus ohne Elektrizität oder sonstige Produkte der modernen Zivilisation. Kitarōs Vater, ein Auge mit winzigem menschlichem Körper, badet immer in einem improvisierten *ofuro* (traditionelles heißes Bad), einer mit heißem Wasser gefüllten Teeschale. Foster verweist ferner auf Mizukis enge Bindung zu seiner Heimatstadt Sakaiminato in der Präfektur Tottori: „Mizuki lionizes Sakaiminato as a pure furusato or hometown, a nostalgic space metonymic of a time all but forgotten in postwar and postindustrial Japan." (Foster 2009a: 165). Dort gibt es mittlerweile im Rahmen von *furusato-zukuri*-Maßnahmen viele *yōkai*-Attraktionen wie einen *yōkai*-Schrein und eine Mizuki-Shigeru-Road mit zahlreichen Statuen von den Charakteren aus *GeGeGe no Kitarō* (vgl. Foster 2009a: 169f).

2.4.2 Miyazaki Hayao

Der erste Film, in dem der international bekannte Anime-Regisseur Miyazaki Hayao (*1941) *yōkai* auftreten ließ, ist *Tonari no Totoro* aus dem Jahre 1988. Dort zieht eine Familie aus der Stadt in ein idyllisches japanisches Dorf, wo die beiden Töchter (zehn und vier Jahre alt) Bekanntschaft mit dem *yōkai* Totoro machen. Totoro ist ein Mischwesen aus Katze, Eule und Marderhund, das keinen volkstümlichen Ursprung besitzt. Er lebt im Inneren eines alten Baumes im Wald und ist freundlich zu Kindern (Erwachsene können ihn nicht sehen). Miyazaki charakterisiert dieses Wesen in einem Interview mit dem amerikanischen Anime-Fanportal Anime-Club wie folgt:

> Totoro ist eine Personifikation von Japans Natur [...] und mein Ziel bei diesem Film war es, den Menschen zu zeigen, dass Japan schöner sein sollte. Die Menschen zu warnen, dass sie vorsichtiger sein sollten, oder ihnen zu sagen, dass

Japan ursprünglich wunderschön war. (Nieder 2004: 65; Übersetzung durch Julia Nieder)

Der erfundene *yōkai* Totoro ist also als ein Repräsentant der Natur und der Vergangenheit zu verstehen, die Miyazaki als besser einschätzt bzw. so darstellt. Die Geschichte um Totoro spielt daher auch in den 1950er Jahren und damit etwa dreißig Jahre bevor der Film gedreht wurde (vgl. Napier 2001: 473). Dies war genau die Zeit, in der viele Menschen durch die Landflucht ihre Heimat verließen und ihr bald nachtrauerten, wie bereits in Kapitel 2.2 erwähnt wurde. Diese Nostalgie wurde in *Tonari no Totoro* erneut verarbeitet und macht diesen Anime wohl zu einem der ersten und bekanntesten, der das *furusato*-Motiv thematisiert. Auch heute noch ist Totoro ein omnipräsentes Geschöpf, vor allem in der Merchandise- und Spielzeugindustrie, und wird für viele japanische Kinder – neben *GeGeGe no Kitarō* – den ersten und dadurch prägenden Kontakt zu *yōkai* darstellen. Dabei wird sich nicht das Bild einer unheimlichen Kreatur, sondern das eines naturverbundenen und herzensguten Kuscheltiers festsetzen.

Sen to Chihiro no kamikakushi aus dem Jahre 2001 brachte Miyazaki den internationalen Durchbruch. In diesem Film gelangt das Mädchen Chihiro in eine wundersame Parallelwelt und arbeitet dort in einem traditionellen Badehaus, um ihre in Schweine verwandelten Eltern zu retten. Diese Parallelwelt kann als eine magische Version der japanischen Vergangenheit bezeichnet werden – obwohl sie auch einige westliche und chinesische Elemente enthält (vgl. Napier 2006: 290). Chihiro dient dabei als Identifikationsfigur für den Zuschauer, dem diese traditionelle Sphäre mit volkstümlichem Charakter (*matsuri*) und *yōkai* ebenso fremd sein mag. Miyazaki erklärt im Begleitheft zum Film: „Die [heutigen] Kinder sind von Hightech umgeben und verlieren inmitten der oberflächlichen Produkte ihre Wurzeln. Wir müssen ihnen vermitteln, wie reich unsere Tradition ist." (Komatsu 2006: 115).

Gegen dieses Vergessen der „eigenen Wurzeln" betreibt Miyazaki laut Napier eine „activist nostalgia" (Napier 2006: 293), die zur Revitalisierung der japanischen Tradition aufruft und die in direkter Verbindung zum *furusato*-Diskurs steht: „Miyazaki's vision of Japanese traditional Culture is clearly linked to the notion of furusato" (Napier 2006: 293). Figal hebt bei dieser Nostalgie im besonderen Maße das „Wundersame" hervor. Er sagt, *Sen to Chihiro no kamika-kushi* habe die Tendenz „[to] fetishize the fantastic, reifying fragments of fushigi [„wundersam"] into whole cultural manifestations that could then be identified as authentically Japanese." (Figal 1999: 220f). Diese „wundersamen" und gleich-zeitig „rein japanischen" Elemente stellen im Wesentlichen die *yōkai* dar, die wie bei Mizuki nicht nur als Bestandteil, sondern auch als Übermittler der Vergan-genheit angesehen werden können.

3 Miyori no mori

Der Anime *Miyori no mori* basiert auf dem gleichnamigen Manga von Oda Hi-deji (*1962), der 2003 zunächst als Serie in einer Zeitschrift erschien, danach aber im gleichen Jahr auch als einbändige Ausgabe. Der hier betrachtete Anime-Spielfilm wurde unter der Regie von Yamamoto Nizō (*1953) für den Fernseh-sender Fujiterebi gedreht und am 25.08.2007 zur Primetime ausgestrahlt sowie Ende desselben Jahres auch als DVD veröffentlicht. Auffällig sind das für einen TV-Anime verhältnismäßig hohe Budget von 210 Million Yen (etwa 1,5 Mil-lionen Euro), die dreijährige Produktionsdauer und die Beteiligung von vielen Mitgliedern des berühmten Anime-Studio Ghibli, dem auch Miyazaki angehört. Die Fernsehausstrahlung hatte jedoch trotz einer großen Werbeoffensive nur ei-ne mittelmäßige Zuschauerquote von 15,8% in der Kansai- und 17,2% in der Tōkai-Region (vgl. Cinema Topics 2010: Internet).

3.1 Inhalt

Nach der Trennung der Eltern (die Mutter ist ausgezogen) bringt der Vater die etwa zwölfjährige Miyori zu ihren Großeltern in ein ländliches Dorf. Zunächst ist sie mit ihrer neuen Umgebung sehr unzufrieden und will zurück nach Tōkyō. In der Schule wird sie zwar größtenteils freundlich aufgenommen, aber sie hasst den Rummel um ihre Person als Mensch aus der Stadt. Als ihr eines Nachts einige friedliche *yōkai* begegnen, läuft sie verängstigt weg. In einem Gespräch mit ihrer Großmutter, die von den Dorfbewohnern als gute Hexe (*majō*) bezeichnet wird, erfährt sie, dass auch sie von den *yōkai* weiß und dass Miyori ihre Nachfolge als

„Schutzgöttin des Waldes" (*mori no mamorigami*) antreten soll. Daraufhin öffnet sich Miyori den *yōkai*, erinnert sich an eine erste Begegnung mit ihnen in ihrer frühen Kindheit und schließt mit ihnen Freundschaft.

Eines Tages gelangt sie im Wald an eine Quelle, die von dem Geist einer verstorbenen Frau besetzt wird, der im Konflikt mit den *yōkai* steht. Diese Frau hatte einst an der Quelle Selbstmord begangen, weil sie von Männern betrogen wurde. Von diesem Geist erfährt Miyori, dass der Wald und das Dorf bald durch einen Dammbau überflutet werden sollen. Die *yōkai* bestätigen ihr dies. Miyori erzählt einem Mitschüler von der Quelle, der anschließend dorthin geht. Miyori eilt ihm hinterher, kann ihn vor dem wütenden Geist retten und ihn schließlich erlösen.

Um den Wald zu retten, wollen Miyori und ihre Schulfreunde in der Umgebung Steinadler (*inuwashi*) suchen, die als stark bedrohte Art gelten und deren Existenz den Dammbau aufgrund von Artenschutzvorschriften verhindern würde. Miyori beauftragt auch die *yōkai*, einen Steinadler zu suchen, aber sie muss bald erkennen, dass keine mehr in diesem Wald leben. Miyoris Mutter erscheint plötzlich im Dorf und will ihre Tochter überreden, mit ihr zusammen zurück nach Tōkyō zu gehen. Nach vielen Streitigkeiten einigen sie sich darauf, dass Miyori nur wiederkommt, wenn ihre Eltern wieder zusammen leben. Die Mutter verspricht ihr daraufhin, noch einmal mit dem Vater zu reden.

Einige Fremde tauchen im Dorf auf, die anscheinend mit dem Dammprojekt in Verbindung stehen. Als man ihnen von den Steinadlern erzählt, suchen sie auch nach ihnen. Ein *yōkai* verwandelt sich in einen Steinadler und erscheint vor den Männern, die daraufhin mit Gewehren auf ihn schießen. Es stellt sich heraus, dass es in Wahrheit Jäger sind, die die bedrohten Tiere des Waldes töten sollen, damit der Dammbau ohne Hindernisse stattfinden kann. Miyori ruft alle *yōkai* zusammen und will mit ihrer Hilfe die Jäger verscheuchen, die in der folgenden Nacht mit Verstärkung wiederkehren. Bei ihrer Rückkehr werden sie von den *yōkai* und Miyori als ihrer Anführerin erschreckt und vertrieben. Die verängstigten Jäger werden am Waldrand von der Polizei aufgegriffen. Nach ihrem Erfolg beschließen die *yōkai*, zeitweise als Steinadler aufzutreten, um den Wald in Zukunft zu schützen. Weil Miyori jedoch voraussieht, dass die Menschen in einigen Jahren oder Jahrzehnten wieder versuchen werden, den Wald zu zerstören, will sie für immer dort bleiben und ihn verteidigen.

3.2 Yōkai oder *seirei*?

Zunächst stellt sich die Frage, ob die auftretenden übernatürlichen Geschöpfe überhaupt noch unter die Kategorie *yōkai* fallen. Im Film bezeichnen sie sich selbst als *seirei* (39:00) („Elementargeist", „höherer Geist"), Miyori nennt sie *mori no sei* („Waldgeister", 39:00), und sie zeigen sich ihr gegenüber in ihrer „harmlosen" Gestalt. Beim Treffen mit den Jägern nehmen sie hingegen ihre „unheimliche Form" (*kowaku hengen suru*, 1:32:00) an, um diese zu erschrecken. Die Jäger sprechen deswegen von *bakemono* (1:36:00), was etwa bedeutungsgleich mit *yōkai* ist. Man mag lange darüber streiten können, welcher Begriff insgesamt für diese Gestalten der passendste ist. Wenn man sich an Komatsus Definition orientiert, die in Kapitel 2.1 erläutert wurde, nach der übernatürliche Wesen in *kami* und *yōkai* durch das Unterscheidungskriterium, ob sie sich durch Gebete und/ oder Opfer besänftigen lassen, eingeteilt werden können, würde es sich um *yōkai* handeln. Es ergibt sich aber das Problem, dass der historische Kontext dieser Einteilung nach Komatsu heute nicht mehr gegeben ist, denn es wird von eher unheimlichen und böse gesinnten *yōkai* ausgegangen, wie sie in der Edo-Zeit und davor gesehen wurden. Die wundersamen Waldbewohner sind stattdessen in der neueren Tendenz, die durch Mizuki und Miyazaki geprägt wurde, einzuordnen, nach der *yōkai* meist als freundliche und niedliche Geschöpfe dargestellt werden.

Noch ein wichtiges Argument spricht für die Bezeichnung *yōkai*: Viele der Waldbewohner sind an bekannte *yōkai*-Darstellungen angelehnt. Kanoko (auf Abb. 1 rechts neben Miyoris Kopf) ist deutlich als *kappa*, eine Art Flusskobold, zu erkennen. Er wacht nach der Erlösung des Geistes über die Quelle und attackiert am Ende die Jäger aus dem Wasser, er versucht, sie hineinzuziehen; dieses Verhalten kennt man aus Überlieferungen vom *kappa* (vgl. Foster 1998: 6). Auch gibt es ein *zashiki warashi* mit Namen Washirashi (auf Abb. 1 links neben Miyoris Arm), einen Hausgeist, der in regionalen Erzählungen auftaucht. Ein Waldbewohner, Bokuriko (auf Abb. 1 rechts neben Miyoris Arm), besitzt die

Gabe des Gestaltenwandelns (*bakeru*), die im Volksglauben viele *yōkai* wie zum Beispiel der *tanuki* (Marderhund) und der *kitsune* (Fuchs) beherrschen (vgl. Harada 1976: 1). Somit gibt es mehrere Argumente dafür, bei den übernatürlichen Wesen in *Miyori no mori* von *yōkai* zu sprechen.

3.3 Onryō und *kannon*-Buddha

Neben den *yōkai* treten noch zwei andere übernatürliche Wesen auf. Eines ist der Geist, der die Quelle besetzt. Leider wird er während des Films nur als „Frau" (*onna*, 39:00) bezeichnet, allerdings wäre *yūrei* oder *shiryō* (beides bezeichnet den Geist eines Verstorbenen), bzw. *onryō* (nicht ruhender Rachegeist) eine passendere Beschreibung. Diese „Frau" entspricht dem klassischen Bild des weiblichen Rachegeistes in der japanischen Kultur. Sie trägt ein langes weißes (Toten-) Kleid, ist barfuß und kann schweben. Sie hat einst an dieser Stelle Selbstmord begangen, weil sie von Männern ausgenutzt und betrogen wurde, und aufgrund ihres grausamen Todes und ihres großen Zorns (*urami*) konnte ihr Geist keine Ruhe finden. Die Menschen scheinen von diesem Geist zu wissen, Miyoris Mitschüler erzählen von ihm und an der Stelle, wo die Frau gestorben ist, hängen Papierzacken (*shide*) – ein Shintō-Brauch, um Orte, an denen Geister oder Götter leben, zu kennzeichnen. Als Miyori ihr alleine begegnet, besitzt sie eine menschenähnliche, nicht unheimliche Gestalt, durch das weiße Kleid aber auch ein typisches Merkmal für einen Geist. Erst als ein Mitschüler von Miyori an die Quelle gelangt, verändert sich ihr Gesicht, sie bekommt eine schauderhafte Fratze mit spitzen Zähne und Hörnern. Diese Darstellung erinnert sehr an die standardisierte Maske eines weiblichen Geistes (*hannya*) im Nō-Theater. Miyori kann sie besiegen und erlösen, indem sie ihr ihren tragischen Fehler vor Augen führt. Nicht die Männer waren schuld an ihrem Tod, sondern ihre eigene Schwäche. Mit dieser Erkenntnis kann ihr Geist in die Totenwelt einkehren; sie bedankt sich bei Miyori und verschwindet.

Das zweite übernatürliche Wesen, das nicht unter die Kategorie *yōkai* fällt, ist der „Geist (oder die Göttin) des einzelnen Kirschbaumes" (*ippon sakura no sei*, 1:23:00). Die *yōkai* nennen sie ihre „Ratgeberin" (*washi-ra no hosasha*, 1:23:00) und sie war es auch, die Miyori zur „Schutzgöttin des Waldes" erkoren hat. Ihr

Aussehen ähnelt der Ikonographie eines *kannon*-Buddhas . Ihre Kleidung, vor allem der Schmuck auf dem Kopf, an den Armen und die Halskette sowie die Frisur erinnern an diesen Buddha-Typus, wenn auch einige kleinere Unterschiede zu erkennen sind, z.B. dass der *kannon*-Buddha zumeist mit einer Lotusblüte in der Hand dargestellt wird, was hier nicht der Fall ist. Zudem trägt sie Blüten am Kopfschmuck, was ihre Verbundenheit zur Natur symbolisiert und womit man sie ebenfalls im Kontext der mutterähnlichen Figur des *kannon*-Buddhas sehen kann oder auch im Rahmen der westlichen Mythologie als eine Art „Mutter Natur". Obwohl sie eines der mächtigsten Wesen des Waldes zu sein scheint, ist sie beim Kampf gegen die Jäger nicht beteiligt. Sie heilt lediglich den verwundeten *yōkai*, der in Gestalt eines Steinadlers angeschossen wurde. Im Gegensatz zu den *yōkai* scheint sie, wie auch der *onryō*, von den Menschen wahrgenommen und verehrt zu werden, denn um den Stamm ihres Kirschbaumes ist ebenfalls ein Seil mit *shide* gebunden. Sie fällt, obwohl sie als *sei* bezeichnet wird, am ehesten unter die Kategorie göttliches Wesen (*kami* oder Buddha).

3.4 *Furusato*-Motive

In *Miyori no mori* lassen sich die beiden gegensätzlichen Welten Stadt (Tōkyō) und Land (Dorf) eindeutig erkennen. Auch wenn der Schauplatz des Anime lediglich das Dorf ist, wird durch die Erinnerungen von Miyori sowie durch die Figuren ihrer Eltern der zweite Ort, Tōkyō, mit seinen charakteristischen Merkmalen indirekt konstruiert. Das Leben in Tōkyō bzw. die Menschen dort werden dabei äußerst negativ dargestellt. Miyoris Eltern können als stereotype Vertreter der Stadtmenschen gesehen werden, die keinen Vor- oder Nachnamen besitzen und immer nur Mutter und Vater genannt werden. Sie streiten sich in Miyoris Erinnerungen ständig, meist weil ihr Vater neben seiner Arbeit keine Zeit für die Familie findet und weil die eigensüchtige Mutter es bedauert, für den Kinderwunsch ihre eigene Karriere aufgegeben zu haben. Die Mutter fühlt sich im ländlichen Dorf sehr unwohl, sie mag das Essen nicht und will bei jedem Besuch schnellstmöglich wieder wegfahren. Sie raucht, ist westlich gekleidet, hat gefärbte Haare, wirkt arrogant und oberflächlich. Sie verlässt ihre Familie plötzlich und flieht damit auch vor ihrer (traditionellen) Rolle als Hausfrau und Mutter. Miyoris Vater mag zwar das Dorf, in dem er früher gelebt hat, aber sagt bei jedem Besuch, dass er wegen seiner Arbeit nicht lange bleiben kann. Er trägt immer Hemd und Brille und erscheint wie ein stereotyper *salaryman*[3], der nur für seine Arbeit lebt und sich deshalb auch nicht um die Erziehung von Miyori kümmert. Die anderen Menschen in Tōkyō erscheinen ebenfalls als tendenziell schlecht und egoistisch. In einer Erinnerungssequenz wird Miyori in ihrer damaligen Schule gemobbt (*ijime*), und sie sagt später zu den Menschen im Dorf, dass sie keine Freunde in Tōkyō hatte. Die Jäger als stereotype Menschen, die die Natur nicht schätzen, kommen ebenfalls aus Tōkyō.

Die Dorfbewohner hingegen werden als äußerst positive Menschen präsentiert. Sie nehmen die fremde Miyori überaus freundlich in ihre Gemeinschaft auf (ein Junge mobbt sie zwar zu Beginn, aber nach dem Zwischenfall mit dem Geist an der Quelle werden auch sie Freunde). Diese Gemeinschaft umfasst Menschen jeden Alters, denn in der Schule scheinen alle – trotz verschiedenen Alters – zusammen Sportunterricht zu haben und verbringen auch die Freizeit zusammen. Die Großeltern von Miyori, die wie ihre Eltern nicht mit Namen vorgestellt werden, sind ein harmonisches Paar, das ein gewisses Ansehen im Dorf besitzt; die Großmutter hat den Ruf, eine gute Hexe zu sein. Eine ähnlich positive Gemeinschaft bilden auch die *yōkai* im Wald, die meist in großen Gruppen auftreten und die untereinander keine Konflikte haben (abgesehen vom Streit mit dem Geist an der Quelle). Das in 2.2 beschriebene komplexe Gegensatzpaar Tōkyō – *furusato* kann besonders im Punkt des gesellschaftlichen Lebens wiedererkannt werden (Anonymität/Egoismus vs. Gemeinschaft).

Die Idylle des Lebens auf dem Land wird ebenfalls deutlich betont. Lange Sequenzen des Anime zeigen die unberührte Natur des Waldes, der auch auf dem Titelbild ein großer Raum zugesprochen wird. Das Dorf mit seinen alten Strohdachhäusern aus Holz und den fruchtbaren Reisfeldern wird oft als Panorama eingeblendet. Als Miyori dort ankommt, wirft sie ihr Handy weg, weil es keinen Empfang hat. Die einzigen modernen Produkte, die in dem Dorf auftauchen, sind die Autos von Miyoris Eltern und den Jägern, die also der antagonistischen

---

[3] Festangestellter in einer mittelständischen bis großen Firmen, lange Zeit gleichbedeutend mit einem erfolgreichen und der gesellschaftlichen Norm entsprechenden Lebensweg.

Sphäre Tōkyō angehören. Miyoris Großeltern wohnen in einem traditionellen Haus, das z.B. nicht über westliche Betten verfügt (bis der Großvater gegen Mitte des Films für Miyori eins baut), dafür aber über ein heißes Bad (*ofuro*) und eine offene Feuerstelle (*irori*). Auf dem Speicher lagern viele okkulte Gegenstände, nicht nur aus Japan, sondern auch aus Nordasien und Europa, über die der freundliche Hausgeist wacht.

Ein Leben in Harmonie mit der Natur und dem Spirituellen wird aufgezeigt, das die Menschen aus Tōkyō (Miyoris Mutter und die Jäger) in keiner Weise zu schätzen wissen. Diese traditionell-japanische dörfliche Welt steht im Kontrast zum modernen, technisierten und internationalisierten Tōkyō, das die ländlichen („authentisch japanischen") Wurzeln scheinbar verloren hat. Die in 2.2 beschriebenen Gegensatzpaare Vergangenheit vs. Zukunft und Japan vs. Ausland/Internationalisierung als erweiterte Sphären der *furusato*-Tōkyō-Dichotomie sind hier klar wiederzuerkennen.

3.5 Die Interpretation der *yōkai*

Die auftretenden *yōkai* sind nicht unheimlich, denn sie stehen kaum mehr in Verbindung zur *yōkai*-Kultur der Edo-Zeit. Stattdessen sind sie im Kontext der modernen Umdeutung, wie sie bei Mizuki und Miyazaki zu finden ist, anzusiedeln.

Sie sind zwar ein versteckter, nur für wenige Bewohner wahrnehmbarer Teil der dörflichen Gemeinschaft, aber ein entscheidender, weil durch ihre Hilfe der Wald und das Dorf vor dem Dammbau gerettet werden können. Sie repräsentieren den Wald und die Natur, die durch den Fortschritt der menschlichen Zivilisation gefährdet sind. Miyori übernimmt dabei die wichtige Rolle des Bindeglieds zwischen den Menschen und den *yōkai* bzw. der Natur. Genau genommen ist sie eine Art Überläuferin aus der modernen Welt (Tōkyō), die sich im Laufe der Geschichte immer bewusster für ein Leben auf dem Lande (*furusato*) entscheidet. Nur durch ihre menschliche Hilfe können der Wald und das Dorf gerettet werden, weil sie (neben ihrer Großmutter) die einzige Person ist, die noch einen Zugang zu der mächtigen Sphäre des Spirituellen in der Natur besitzt. Beim Kampf gegen die Jäger am Ende des Films trägt sie keine menschlichzivilisierte Kleidung mehr, sondern nur noch eine Art Fell und schlägt auf eine mystische Trommel. Ihr Aussehen erinnert dabei stark an San aus *Mononokehime* (dt. Titel: „Prinzessin Mononoke", 1997), einem Anime von Miyazaki, der im Mittelalter spielt und der den Kampf zwischen einer expandierenden Stadt und einem dadurch bedrohten Wald schildert. San ist in diesem Film die Anführerin der Waldbewohner (hauptsächlich Tiere, aber auch einige *yōkai*), ein Mädchen, das unter Wölfen aufgewachsen ist und sich in der Wildnis wohler fühlt als in der menschlichen Zivilisation. Auch in diesem Film siegt, allerdings nach einer wesentlich blutigeren Schlacht als bei *Miyori no mori*, am Ende die Natur.

Die Göttin des Kirschbaumes hat Miyori auserkoren, die „Schutzgöttin des Waldes" zu werden, obwohl – oder gerade weil – sie ein Mensch ist. Die Botschaft, die hier suggeriert wird, ist leicht verständlich: Der Mensch muss die Natur schützen und retten, die Natur kann dies trotz ihrer übernatürlichen Bewohner nicht alleine. Aber dieses Verhältnis ist noch komplexer, denn die Natur ist untrennbar mit dem ländlichen Dorf, dem Ort der japanischen Tradition und Vergangenheit, verbunden, der mit ihr zusammen zu verschwinden droht. Deswegen geht es nicht nur um eine bewusste Entscheidung für den Schutz und die Erhaltung der Natur, sondern auch um die Bewahrung der eigenen Traditionen wie der Religiosität (Glaube an *yōkai*, *onryō* und *kannon*-Buddha) und der sozialen Wertvorstellungen (Gemeinschaft und Familie als wichtige Einheiten und Bezugspunkte für die Menschen), die in der ländlichen Vergangenheit verwurzelt sind. Es geht also – mit anderen Worten – um die japanische Identität bzw. Japaneseness, die vor dem Fortschritt und damit vor dem Verschwinden geschützt werden soll. Damit schließt sich nicht nur der Bogen zu den Werken von Mizuki und Miyazaki, sondern bis zu Enryō und Yanagita, und es zeigt sich die noch immer während Aktualität des Diskurses über den Verlust einer japanischen Identität angesichts der Internationalisierung.

4   Fazit

Yōkai entwickelten sich in der menschlichen Vorstellung von unerklärlichen Naturphänomenen zu übernatürlichen Wesen, die in der Edo-Zeit eine feste und wiederkennbare Gestalt erhielten. Vor allem Sekien ist als wichtiger Akteur zu

nennen, der maßgeblich zum Entstehen der unheimlichen *yōkai*-Kultur beigetragen hat und der bis in die Gegenwart existente Archetypen geschaffen hat. Mit
dem Beginn der Moderne forderte der Intellektuelle Enryō die Abschaffung dieser Chimären, die seiner Meinung nach den Fortschritt der Nation behinderten.
Der Volkskundler Yanagita machte unter diesem Einfluss *yōkai* zum Bestandteil
einer urjapanischen Vergangenheit auf dem Lande, indem er sie in seinen ge-
sammelten Erzählungen als Bestandteil einer traditionellen Dorfgemeinschaft
charakterisierte. Nach dem Zweiten Weltkrieg kam es zu einem neuen *yōkai*-
Boom, für den im Wesentlichen Mizuki verantwortlich gewesen ist, der seinen
yōkai-Helden Kitarō zu einem friedvollen Verbündeten der Menschen machte. Miyazakis erfundener *yōkai* Totoro hat ebenfalls alles Unheimliche aus der
yōkai-Kultur der Edo-Zeit abgelegt und lebt, ähnlich wie Kitarō, in einer idyllischen Landschaft jenseits der modernen Großstädte. Der *furusato*-Diskurs muss
hierbei als wichtiger Hintergrund betrachtet werden. Seit den 1960er/70er Jahren entwickelte sich im Denken vieler Japaner eine komplexe und stark wertebe-
haftete Dichotomie zwischen der ländlichen Heimat (*furusato*) und der als kalt
empfundenen Großstadt (meist Tōkyō). Diese Nostalgie wird bis heute sowohl
im Binnentourismus als auch in den Medien thematisiert. Auch *Sen to Chihiro
no kamikakushi* von Miyazaki beschäftigt sich mit dem Heimats- und Identitätsverlust der modernen Japaner und begreift die *yōkai* als ein magisches Element
der traditionellen Vergangenheit.

Der Anime *Miyori no mori* steht im Kontext dieser neuen Tendenzen in der
gegenwärtigen *yōkai*-Kultur. In diesem Film lernt die junge Miyori das ländliche Japan als einen viel harmonischeren und schöneren Ort kennen als das
anonyme und feindliche Tōkyō. Diese lebenswertere Umwelt ist allerdings bedroht. Zur Rettung des Dorfes und des Waldes, die als Sinnbild für die Tradition,
Naturverbundenheit und Gemeinschaft gesehen werden können, erhält sie die
wichtige Unterstützung der *yōkai*. Diese *yōkai* sind gute Waldgeister, zu denen
die meisten Menschen keinen Zugang mehr besitzen, die aber ohne die Hilfe
der Menschen nicht weiter existieren können. Der Anime zeigt beispielhaft den
Konflikt zwischen den beiden Welten Tōkyō und *furusato* auf. Während Tōkyō
für eine internationale, entwurzelte und egoistische Zukunft steht, symbolisiert

furusato das „echte Japan" mit seiner ländlichen und traditionsreichen Vergangenheit, die nicht erst heute, sondern bereits seit Beginn der Modernisierung Japans Ende des 19. Jahrhunderts gefährdet ist.

Yōkai besitzen zwar seit der Edo-Zeit eine bekannte und konstante visuelle Form, ihr Inneres ist aber je nach Zeitgeist neu definierbar, da sie letztlich vom Menschen geschaffene Fantasiegeschöpfe sind. Damit ist zu erklären, dass die ehemals unheimlichen Kreaturen aus der Vormoderne nun als freundliche Vermittler der *furusato*-Ideale und Japaneseness-Vorstellung fungieren können. Diese Tendenz ist zwar nicht vollkommen neu, wie man an den Werken von Yanagita erkennt, dennoch erlebt sie besonders seit den 1990er Jahren ein beeindruckendes Revival. Dabei sollte auch der gesellschaftliche Kontext berücksichtigt werden, denn nicht nur Japan, sondern die ganze Welt befindet sich in einem stark globalisierten Zustand, in dem die Nationalstaaten zwar immer noch als starre Grenzen wahrgenommen werden, sich aber tatsächlich immer mehr einander anpassen und damit auch die Identität und die Vergangenheit einzelner Völker und Kulturen ineinander übergehen lassen. Deswegen wird gerade im heutigen Japan das Ideal einer „rein-japanischen" Heimat konstruiert, in das alles zu fallen scheint, was als traditionell oder nicht-ausländisch gilt. So eben auch die *yōkai*.

Filmographie

Tonari no Totoro, „Mein Nachbar Totoro". Regie: Miyazaki Hayao. Japan: Studio Ghibli, 1988.
Mononoke hime, „Prinzessin Mononoke". Regie: Miyazaki Hayao. Japan: Studio Ghibli, 1997.
Sen to Chihiro no kamikakushi, „Chihiros Reise ins Zauberland". Regie: Miyazaki Hayao. Japan: Studio Ghibli, 2001.
Miyori no mori, „Miyoris Wald". Regie: Yamamoto Nizō. Japan: Nippon Animation, 2007.

Literatur

BERNDT, Jaqueline (2008): „Zeichentrick-Japanisch: Japanimation und Anime". In: Berndt, Jaqueline; Richter, Steffi (Hg.): *Japan-Lesebuch IV: J-culture*. Tübingen: Konkursbuchverlag. S. 48-70.

CREIGHTON, Millie (1997): „Consuming Rural Japan: The marketing of Tradition and Nostalgia in the Japanese Travel Industry". In: *Ethnology* 36 no. 3. S. 239-254.

FIGAL, Gerald (1999): *Civilisation and Monsters - Spirits of Modernity in Meiji Japan.* Durham: Duke University Press.

FOSTER, Michael Dylan (2009a): „Haunted Travelogue: Hometowns, Ghost Towns, and Memories". In: *Mechademia*, Volume 4, 2009. S. 164-181.

FOSTER, Michael Dylan (2009b): *Pandemonium and parade - Japanese monsters and the culture of yōkai.* Berkley/Los Angeles: University of California Press.

FOSTER, Michael Dylan (1998): „The metamorphosis of the kappa: Transformation of folklore to folklorism in Japan". In: *Asian Folklore Studies*, Vol. 57, No. 1. S. 1-24.

HARADA, Violet H. (1976): „The badger in Japanese folklore". In: *Asian Folklore Studies*, Vol. 35, No. 1. S. 1-6.

HEISE, Jens (1989): „Nihonron - Materialien zur Kulturhermeneutik". In: Menzel, Ulrich (Hg.): *Im Schatten des Siegers: JAPAN Kultur und Gesellschaft.* Frankfurt a. M.: Suhrkamp. S. 76-97.

HEISE, Jens (1990): *Die kühle Seele - Selbstinterpretationen der japanischen Kultur.* Frankfurt a. M.: Fischer.

IVY, Marilyn (1995): *Discourses of the Vanishing - Modernity, Phantasm, Japan.* Chicago: University of Chicago Press.

KOMATSU, Kazuhiko (2006): *Yōkai bunka nyūmon.* („Einführung in die yōkai-Kultur"). Tōkyō: Serika shobō.

MORRIS-SUZUKI, Tessa (1995): „The Invention and Reinvention of Japanese Culture". In: *The Journal of Asian Studies* 54, No. 3. S. 759-780.

NAPIER, Susan J. (2006): „Matter Out of Place: Carnival, Containment and Cultural Recovery in Miyazaki's Spirited Away". In: *Journal of Japanese Studies* 32.2. S. 287-310.

NIEDER, Julia (2004): *Die Filme von Hayao Miyazaki.* Marburg: Schüren.

ROBERTSON, Jennifer (1988): „Furusato Japan: The Culture and Politics of Nostalgia". In: *International Journal of Politics, Culture, and Society*, Vol. 1, No. 4. S. 494-518.

Internetquellen

BURGESS, Chris (2004): „Maintaining Identities - Discourses of Homogeneity in a Rapidly Globalizing Japan", http://www.japanesestudies.org.uk/articles/Burgess.html [Stand: 5.3.2011].

CHIDA, Tomoko (2007): „Furusato ron saikō" („Nachdenken über den furusato-Diskurs"). In: Ochanomizu Joshidaigaku: Ochanomizu chiri, 37 (Ochanomizu-Frauenuniversität: Ochanomizu Geografie 37): 108-114. http://teapot.lib.ocha.ac.jp/ocha/bitstream/10083/12304/1/003710.pdf [Stand: 24.6.2010].

CINEMA TOPICS: „ミヨリの森DVD" (*Miyori no mori*); http://www.cinematopics.com/cinema/present/premora.php?number=1000 [Stand: 7.3.2011].

YUU'S WORLD (2009): „ミヨリの森" (*Miyori no mori*); http://blogs.yahoo.co.jp/setu_choko/466433.html [Stand: 4.5.2011].

Jungfrau in Gefahr oder mutige Kämpferin? Gender im japanischen Videospiel

Marvin Udzik

1 Einleitung: Videospiele und Geschlechterrollen

Diese Arbeit verfolgt das Ziel, die mediale Widerspiegelung des in der japanischen Gesellschaft wachsenden Bewusstseins für Differenzen darzustellen und auf ihre Bedeutung hin zu untersuchen. Der Schwerpunkt liegt dabei auf der Repräsentation von Geschlecht und damit der Wahrnehmung geschlechtlicher Differenz. Diese Entwicklung verfolge ich vor dem Hintergrund der zunehmenden Globalisierung sowie den damit einhergehenden Reaktionen – Öffnung auf der einen, Renationalisierung auf der anderen Seite – und werde in meiner Analyse diesen Linien folgen, d. h. die Reproduktion traditioneller Rollenbilder im Videospiel einerseits und das Verschwimmen der geschlechtlichen Differenzen andererseits thematisieren.

Der Grund dafür, dass ich mich zur Untersuchung solcher Repräsentationen innerhalb der Populärkultur für das Medium Videospiel entschieden habe, ist der große Anklang, den solche Spiele in der Bevölkerung finden. Wie aus Abb.1 hervorgeht, wurden von den beiden japanischen „Videospielgiganten" *Nintendo* und *Sony* allein in der ersten Hälfte des Jahres 2008 insgesamt weit mehr als sechs Millionen Konsolen- und Handheld-Verkäufe erzielt.

Auch was die Verkaufszahlen für Software angeht, haben Nintendo und Sony die Nase ganz vorn: Laut den „Japan Game Charts" wurden von den erfolgreichsten Nintendo-DS-Spielen bisher über fünfeinhalb Millionen Exemplare verkauft; andere Konsolen können Verkaufszahlen von knapp über drei Millionen (*Nintendo Wii*) bis hin zu fast vier Millionen Exemplaren (*Sony Playstation 2*) der beliebtesten Spiele für sich verbuchen (vgl. Japan Game Charts).

Da das Medium Videospiel hohe Verkaufszahlen aufweist, ist davon auszugehen, dass eine breite Masse der japanischen Gesellschaft von diesem populärkulturellen Produkt erreicht wird. Des Weiteren werden Videospiele im Vergleich zu anderen beliebten Produkten japanischer Populärkultur wie Manga,

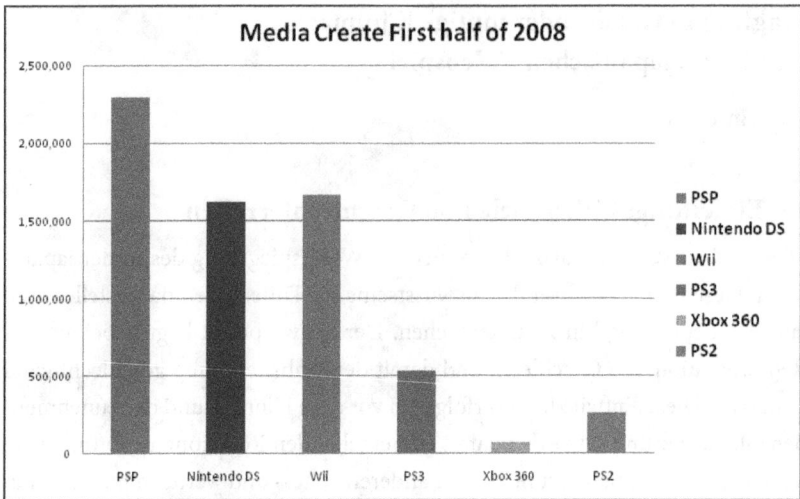

Abbildung 1: Hardware-Verkaufszahlen aus Japan vom 31.12.2007 bis zum 6.7.2008 (Quelle: *Media Create*)

Anime oder *dorama* nicht nur passiv konsumiert, sondern fordern Interaktion vom Benutzer (wie es auch analoge Spiele tun). Die Wahrscheinlichkeit einer Beeinflussung des Konsumenten durch das Produkt erscheint mir daher im Bereich des Videospiels höher als bei anderen Produkten, was solche Spiele zu einem interessanten Untersuchungsgegenstand in Bezug auf die Darstellung von (Gender-)Stereotypen und Differenzen macht. Für den weiteren Verlauf der Arbeit ist es daher sinnvoll, sich an zahlreich verkauften und oft gespielten Videospielen der beiden großen japanischen Konzerne Nintendo und Sony zu orientieren, um untersuchen zu können, auf welche Weise und vor allem zu welchem Zweck Charaktere in ihren Spielen Gender-Stereotypen verkörpern oder eben die gängigen Klischees hinter sich und damit Grenzen verschwimmen lassen.

Um dies tun zu können, bedarf es aber natürlich zuerst einmal einer Antwort auf die Frage, wie denn überhaupt die Vorstellungen von einem typischen Mann beziehungsweise einer typischen Frau innerhalb der japanischen Gesellschaft aussehen. Welche Attribute würde man ihnen zuordnen? Welche Eigenschaften werden für welches Geschlecht als wünschenswert angesehen? Zur Beantwortung dieser Fragen und zur Schaffung einer kontemporären Geschlechter-Typologie Japans, von der diese Arbeit ausgehen soll, beziehe ich mich auf die Untersuchung zur Entwicklung der Gender-Rollen in der japanischen Kultur von Sugihara Yoko und Katsurada Emiko (2002). In dieser wurden über mehrere Etappen hinweg unterschiedlich große Gruppen japanischer Männer und Frauen im Alter zwischen 18 und 78 Jahren gebeten, aus einer Liste von 296 Wörtern und Phrasen solche auszuwählen, die ihnen als wünschenswert für einen japanischen Mann beziehungsweise eine japanische Frau erschienen. Dabei ging es nicht darum, welche Eigenschaften die Befragten für sich selbst als wünschenswert erachten, sondern darum, was für die japanische Gesellschaft als wünschenswert erscheint (vgl. Sugihara/Katsurada 2002).

Als für Männer erwünschte Attribute wurden Punkte wie eine starke Persönlichkeit, Führungsqualitäten, ein starker Wille oder Courage ausgewählt, während auf Seiten der Frauen Punkte wie Liebenswürdigkeit, Höflichkeit, Gemütsruhe, die Liebe zu Kindern oder die Empfänglichkeit für die Nöte Anderer genannt wurden. Die Ergebnisse dieser Untersuchung scheinen eine eindeutige Sprache zu sprechen: Der japanische Mann soll verlässlich und widerstandsfähig sein, die japanische Frau familiär, einfühlsam und ruhig. Allein die von mir oben genannten Eigenschaften weisen sehr deutlich bekannte Dichotomien wie rational – emotional, aktiv – passiv, *soto* (Außenwelt) – *uchi* (Inneres, eigenes Heim) auf.

Es versteht sich dabei von selbst, dass die Ergebnisse dieser Untersuchung nicht unbedingt die gesellschaftliche Realität widerspiegeln. So liefert beispielsweise eine nachfolgende Untersuchung von Sugihara und Katsurada, in der sie die teilnehmenden Frauen und Männer darum baten, zu beurteilen, inwieweit die eigene Persönlichkeit der herausgestellten weiblichen oder männlichen Gender-Rolle entspreche, das Ergebnis: „about one third of men and women possessed gender typed personalities whereas two thirds of them had non-gender-typed personalities" (Sugihara/Katsurada 2002). Umso interessanter erscheint es daher zu untersuchen, wie und warum sich in den virtuellen Welten des japanischen Videospiels solche nicht unbedingt realitätsgetreuen gesellschaftlichen

Idealrollen widerspiegeln oder eben auflösen. Wie werden durch Verwendung dieses populärkulturellen Produktes – sowohl intentioniert als auch unbeabsichtigt – Vorstellungen von entsprechenden Stereotypen oder geschlechtlichen Differenzen vermittelt?

Im weiteren Verlauf meiner Arbeit soll unter Anwendung der oben genannten Ergebnisse als Ausgangspunkt für das typisch Weibliche und typisch Männliche zunächst die Typologie der Geschlechterrollen im Videospiel herausgearbeitet werden; obwohl der Schwerpunkt des Projekts auf Spielen ab dem Jahr 2000 liegt, sollen dabei auch kurz frühere Videospielwerke, die inhaltlich zum Thema beitragen können, Erwähnung finden. Im zweiten Teil der Arbeit sollen solche Charaktere herausgestellt werden, die nicht im eigentlichen Sinne den existierenden Stereotypen zuzuordnen sind, sondern beispielsweise die Rolle des anderen Geschlechtes übernommen haben oder komplett rollenüberschreitend handeln. Bedingt durch das von mir verwendete Material an Videospielen, das ich abhängig von Herausgeber und Erscheinungsjahr des Spiels und vor dem Hintergrund, möglichst mehrere Genres anschneiden zu können, ausgewählt habe, liegt vor allem im zweiten Teil der Arbeit ein gewisser Schwerpunkt auf der Rolle der Frau, während Aspekte zur Rolle des Mannes häufig nur zu Zwecken des Kontrastes herangezogen werden. Im Schlussteil der Arbeit schließlich sollen die erhaltenen Informationen unter Berücksichtigung des gesellschaftlichen Kontextes im Bereich der Videospiel- und Werbeindustrie zusammengetragen und mit einem Ausblick auf mögliche Entwicklungen in der Zukunft ausgewertet werden.

2 Typologie der virtuellen Geschlechter

2.1 Magie und Weiblichkeit

Für eine nähere Untersuchung der Gender-Typologie im japanischen Videospiel ist es unerlässlich, auch einen Blick auf die früheren Werke der Videospielgeschichte zu richten, da einige der modernen Darstellungen im Videospiel bereits auf eine gewisse Tradition zurückgeführt werden können. Innerhalb meines thematischen Rahmens erscheint mir dazu vor allem das Spiel *Lufia II – Rise of the*

Sinistrals[1] (jap. *Estpolis denki II* エストポリス伝記 II), ein 1995 auf dem *Super Nintendo Entertainment System* (SNES) erschienenes *RPG*[2], als Beispiel geeignet.

Die Geschichte von *Lufia* dreht sich um den Helden Maxim, einen Schwertkämpfer mit übernatürlicher Begabung, der dazu bestimmt ist, das Böse in Form der vier Sinistrals zu vernichten. Im Verlauf der Handlung trifft er auf andere Kriegerinnen und Krieger, die ebenfalls dazu auserwählt sind, mit ihm zusammen zu kämpfen; zu der Generalin Selan (jap. Serena) entwickelt Maxim sogar eine Liebesbeziehung, aus der auch ein Kind hervorgeht. Im finalen Kampf gegen die Widersacher muss das Paar schließlich sein Leben lassen, um dadurch den Untergang der Welt verhindern zu können.

Besonders interessant ist dabei die Entwicklung von Selan und ihrer Umwelt. In ihrer ersten Szene im Schloss ihrer Heimatstadt Parcelyte ist sie beim Training mit den anderen (ausschließlich männlichen) Soldaten zu sehen, die sie allesamt mit Leichtigkeit im Kampf besiegt. Auch in den nachfolgenden Szenen erscheint sie kampferprobt, mutig und selbstbewusst, bleibt dabei aber zunächst misstrauisch Maxim und den anderen Charakteren gegenüber. Auf Maxims Frage hin, wie er denn ihr Vertrauen gewinnen könne, gibt ihm Selan zu verstehen: „Strength is not the answer, I can tell you that."[3]

Dass ihr Charakter neben der starken, selbstbewussten Kämpferin weitere Facetten aufweist, zeigt auch eine andere Szene des Spiels, in der Selan zwei Spitz-

---

[1] Im Folgenden beziehe ich mich auf *Lufia*, SNES, PAL-Version, Neverland/Nintendo 1996. Hierbei handelt es sich um die europäische Version des Spiels, die – da der erste Teil in Europa nie veröffentlicht wurde – keine 2 in Namen trägt. Chronologisch ist das Spiel übrigens ohnehin vor dem ersten Teil der Serie angesiedelt.

[2] RPG (*Role-Playing Game*, dt. Rollenspiel) bezeichnet ein von der Grundidee her auf *Pen&Paper*-Rollenspielen basierendes Videospiel-Genre, in dem der Spieler einen Trupp mehrerer Helden steuert und in meist rundenbasierten Kämpfen Erfahrungspunkte gewinnen kann, um mit diesen die Attribute seiner Charaktere (abhängig vom Spiel mit unterschiedlich stark ausgeprägtem eigenem Handlungsfreiraum) wie Stärke, Resistenz, Intelligenz etc. zu verbessern. Inhaltlich folgen die meisten *RPGs* einer Haupthandlung (innerhalb derer sich der Hauptcharakter meist als auf die ein oder andere Art und Weise „auserwählt" entpuppt), während mit Fortschreiten dieser Handlung immer wieder so genannte *Sidequests* (dt. Nebenhandlungen, ebenfalls von unterschiedlicher Größe und Dauer) zu bewältigen sind.

[3] Für dem Spiel wörtlich entnommene Zitate verwende ich hier und im Folgenden eine digital einsehbare Mitschrift (http://forfeit.electromaz.com/lufia2/script/).

buben verjagt, die ein kleines Mädchen ärgern. Sie tröstet das weinende Kind mit den Worten: „It's not right for them to bully you, but girls shouldn't cry so easily either. [...] A woman's tears ... mean a lot more than a guy's." Beide Zitate lassen vermuten, dass ihr kämpferisches Erscheinungsbild viel mehr einen Schutz darstellt, um mit den Männern konkurrieren und sie so daran hindern zu können, ihre Gefühle zu verletzen. Dabei scheint sie die Emotionalität als den Frauen vorbehalten zu empfinden und sieht sie gleichzeitig als wichtiger an als bloße Stärke (diese Charakterzüge werden auch von ihren spieltechnischen Attributen unterstützt, die weiter unten noch Erwähnung finden).

Bis zu diesem Punkt erscheint Selan also noch als eigenständiger und komplexer Charakter, der um mehr als eine einzige Idee herum entwickelt ist und dessen Wesen von verschiedenen Eigenschaften bestimmt wird. Dies ändert sich jedoch mit der Liebesbeziehung zu Maxim. Etwa in der Mitte des Spiels heiraten die beiden und in wenigen Szenen, die nun auf dem Bildschirm abgespielt werden, vergeht im Spiel ein ganzes Jahr. Schon in der letzten Szene dieses ersten Ehejahres wird anhand eines Dialogs zwischen den Ehepartnern deutlich, dass Selan zumindest auf emotionaler Ebene ihre Unabhängigkeit eingebüßt hat:

Selan: Hey ... Do you love me?
Maxim [...]: Do I have to tell you?
Selan [turns away]: Yes.
Maxim: So you're going to make me say it.
Selan: I need to hear it sometimes ...

Kurz darauf wird schließlich der Sohn der beiden geboren und auch prompt von einem Handlanger des Bösen entführt. Bei der folgenden Rettungsaktion wird Selan aus Sorge um ihr Kind erstmals unachtsam und bringt beide in Gefahr. Auch in den Kämpfen erweist sich Selan nun als weniger nützlich als zuvor: War sie anfangs aufgrund ihrer relativ guten Balance zwischen physischer Stärke und magischer Angriffskraft eine der besseren Figuren, wird sie nun in beiden Attributen von anderen Charakteren übertroffen (siehe unten). Ihre Kräfte scheinen buchstäblich zu schwinden, und nach dem finalen Kampf am Ende des Spiels erscheint sie schließlich vollkommen kraftlos („I was hit [and] can barely speak...", etc.). Eine Rückentwicklung des komplexen, sowohl mit männlichen als auch mit weiblichen Attributen versehenen Charakters „Selan" zu einem Stereotyp für Emotionalität und Mütterlichkeit und die scheinbar aus dieser Entwicklung resultierende Schwäche treten hier deutlich hervor.

Dabei scheint Selans Nützlichkeit im Kampf nicht nur von der Handlung abzuhängen, sondern auch durch die Konstellation innerhalb der Gruppe, also in Relation zu den anderen Charakteren, konstituiert zu werden. So befindet sich Selan in den früheren Episoden des Spiels noch zusammen mit Tia, dem einzigen anderen weiblichen Charakter, sowie den Kraftprotzen Guy und Dekar (jap. Haidekka) in einer Gruppe. Bedingt durch die Unterschiede in der Verfügbarkeit der verschiedenen Waffen, Rüstungsteile und Zauber für die einzelnen Charaktere, bilden sich ganz unterschiedlich gewertete Charakterbilder heraus: So verfügen die männlichen Charaktere Guy und Dekar zwar über eine große physische Stärke, sind aber aufgrund zu geringen Intelligenz-Wertes nicht in der Lage, auch nur einen einzigen Zauber einzusetzen.[4] Dame Tia hingegen kennt sich mit Zauberei zwar aus, kann dafür im Kampf aber beispielsweise aufgrund mangelnden Abwehr-Wertes nicht sehr vielen gegnerischen Angriffen standhalten. In dieser Konstellation nimmt Selan eine vorrangige Position ein, da sie einerseits als Frau über eine sehr große Auswahl von Zaubern verfügt, die sic im Kampf dank hoher Intelligenz effektiv einsetzen kann, andererseits im Vergleich zu Mitkämpferin Tia – wenn auch nicht im Vergleich zu den männlichen Charakteren – über recht hohe Werte für Stärke und Widerstandsfähigkeit verfügt.

Anders erscheint Selan in der Konstellation der Charaktere nach der Hochzeitsepisode, also etwa ab der zweiten Hälfte des Spiels. Das liegt neben den immer stärker werdenden Waffen und Rüstungen für Guy, die seinen Nachteil, keine Magie verwenden zu können, größtenteils ausgleichen, vor allem an dem Elfen Arty, einem späten Neuzugang in der Gruppe. Als einziger nichtmenschlicher Charakter vereint Arty die Fähigkeiten der anderen Figuren in sich: So kann er in Sachen Stärke beinahe mit den männlichen Charakteren mithalten; außerdem verfügt er über ein noch höheres Arsenal an Zaubersprüchen als die weibli-

---

[4] Ausgenommen ist bei dieser Aufstellung der Hauptcharakter, da dieser in fast allen *RPGs* – so auch hier – als „Held" standardmäßig in vielen bis allen Bereichen überdurchschnittlich hohe Werte aufweist.

chen Charaktere. Der Unterschied zu Selan wirkt in dieser Zusammenstellung ähnlich wie der Unterschied zwischen Selan und Tia zuvor, nur dass dieses Mal Selan auf der schlechteren Position steht. Auch im Bereich der Kampftauglichkeit lässt sich also, bedingt durch die Umstände der voranschreitenden Handlung des Spiels, eine Art Rückentwicklung feststellen. An die Stelle des ambivalenten Charakters mit (videospieltypischen) Eigenschaften beider Geschlechter ist nun Arty getreten – als Elf ein nicht nur sehr androgynes, sondern in den Dialogen des Spiels auch wiederholt als den Menschen überlegen dargestelltes Wesen („I live longer than humans and sense certain patterns of energy that humans cannot", etc.); ihm lassen sich weder von seinen Statuswerten her noch auf handlungsbezogener Ebene typisch männliche oder typisch weibliche Attribute zuordnen.[5]

Was aber sollen uns diese Entwicklungen nun sagen? Lautet die Aussage hinter all dem, dass es nur übermenschlichen Wesen möglich ist, ein wirkliches Ausbrechen aus den bestehenden Geschlechterrollen zu vollziehen? Und lag es in der Absicht der Entwickler, diesen Umstand als gut zu schildern? Oder soll die Rückentwicklung Selans vielleicht als Strafe betrachtet werden, gewissermaßen als ein Aufruf für neue Geschlechterbilder?

Dies scheint mir nicht eindeutig zu beantworten. Sicher ist jedoch, dass klassische Werteverteilungen wie bei *Lufia* – Kraft und Widerstandsfähigkeit bei den männlichen, Intelligenz und Zaubervermögen bei den weiblichen Charakteren – absolut keine Seltenheit darstellen, sondern im *RPG* seit der Entstehung des Genres existieren. Im 1994 erschienenen sechsten Teil der wohl berühmtesten japanischen *RPG*-Serie *Final Fantasy*[6] beispielsweise, können Zauber nicht wie bei *Lufia* einfach käuflich erworben werden, sondern sind erst durch die Verbindung mit bestimmten gottähnlichen Wesen zu erlernen. Die einzigen beiden

---

[5] Obwohl Arty vom Spiel selbst als „männlicher" Elf vorgestellt wird, scheint es seit jeher Verwirrungen und Uneinigkeiten über das Geschlecht dieses Charakters zu geben. Dies mag unter anderem daran liegen, dass „Arty" in der amerikanischen Version des Spiels seinen Namen nur noch als Spitznamen trägt, aber eigentlich „Artea" heißen soll. Dies beeinflusste auch die europäischen Versionen; so wurde beispielsweise in der deutschen Version des Spiels der Name „Artea" komplett beibehalten.

[6] Ich beziehe mich auf *Final Fantasy* VI, Sony *Playstation*, PAL-Version, Square 2002. Es handelt sich hierbei um eine Neuauflage des ursprünglich für das SNES veröffentlichten Spiels.

Charaktere, die dabei eine Ausnahme bilden und aus sich selbst heraus die Fähigkeit zur Zauberei entwickeln, sind gleichzeitig auch die einzigen beiden Frauen. Es scheint so, als ob Frauen nicht mehr nur durch die ihnen üblicherweise zugeordnete Emotionalität punkten können, sondern durch Verwendung der Magie zu einer Art Spiritualität gelangen, die ihnen nun jenseits von physischer Stärke einen Raum zum Wirken gibt.

2.2 Damsel in Distress

Neben den magischen Frauen der vielfältigen *RPG*-Welten existieren aber auch solche Bilder, die weibliche Charaktere nahezu nutzlos oder sogar als störend erscheinen lassen. Ein häufig anzutreffendes Schema ist dabei das der *Damsel in Distress* (dt. etwa „Jungfrau in Gefahr"). Ursprünglich aus dem Mittelalter kommend und als Bezeichnung für Frauen in einer Notlage (vor allem durch Scheidung) verwendet (vgl. Forschungsinstitut für Mittelalter und Renaissance 1985: 147), ist das Phänomen seit langem in den virtuellen Welten der Videospiele gerade dann anzutreffen, wenn es in der Rahmenhandlung darum geht, in der Rolle eines männlichen Helden dessen geliebte Frau (meist eine Prinzessin, ähnlich den mittelalterlichen Rittergeschichten) zu erretten.

Dass sich dieses Prinzip oft über ganze Serien hinweg erstreckt und dabei nahezu unverändert bleibt, zeigt beispielsweise die *Super-Mario*-Serie des Entwicklers Nintendo. Die einzelnen Teile dieses *Jump'n'Run*[7]-Meilensteins lassen sich nämlich in ihrer Handlung in nur einem Satz beschreiben: Die Angebetete von Klempner Mario wird entführt und muss von ihm aus den Klauen eines bösen Widersachers gerettet werden – die Rettung selbst stellt dabei auch schon das Ziel des Spiels dar. Interessant ist, dass sich innerhalb der aus mittlerweile drei-

---

[7] Das Genre *Jump'n'Run* (dt. „Springen und Rennen") umfasst – wie der Name schon sagt – solche Videospiele, bei denen sich die Spielfigur laufend und springend fortbewegt. Im Gegensatz zum *RPG* ist dieses Genre also weniger auf Strategie, sondern eher auf Geschicklichkeit aus, weshalb das Bestehen der einzelnen Levels (Ebenen, die der Spieler durchschreiten muss) auch meist vor dem Erzählen einer Geschichte in den Fokus des Spiels rückt. Obwohl der Name des Genres aus dem Englischen stammt, ist er dort eher selten gebraucht; stattdessen findet der Begriff *Platform Game* oder einfach *Platformer* häufig Verwendung.

zehn Hauptteilen[8] bestehenden Serie (seit 1981[9]) zwar das *Damsel in Distress*-Prinzip gehalten hat, dabei aber die Rollen der zu errettenden Frau und des Bösewichts, der sie entführt, über die Zeit ausgetauscht wurden. So wird noch im allerersten Videospiel der *Mario*-Serie, *Donkey Kong*, Marios Freundin Pauline von dem Riesenaffen Donkey Kong gekidnappt; dies bleibt auch ihr einziger Auftritt.

In dem ebenfalls noch auf dem *Game Boy* erschienenen *Super Mario Land* schließlich ist es Prinzessin Daisy, die von dem übermächtigen Weltraummonster Tatanga entführt und als Geisel genommen wird. Obwohl damit auch ihr Auftritt innerhalb der Hauptserie abgeschlossen ist, hat Daisy immerhin nachfolgende Auftritte in diversen Sport-, Renn- und Kampfspielen, die als Spin-offs der Serie entstanden (z. B. *Super Mario Kart*, *Super Mario Tennis*, *Super Smash Bros.*). Als *Damsel in Distress* durchgesetzt hat sich schließlich aber die schon optisch klischeebeladene Prinzessin Peach[10], die durch ihr Talent, immer wieder in die Klauen von Echsenkönig Bowser (jap. Kuppa) zu geraten, sowie durch die scheinbar vollkommene Unfähigkeit, sich in irgendeiner Weise selbst aus der Klemme zu helfen, Mario überhaupt erst den Sinn seines virtuellen Lebens verleiht. Dass sich dabei über die Jahre hinweg weder das pinkfarbene Prinzessinnenkleid noch ihre Rolle als passive Maid in Nöten großartig weiterentwickelt hat, versteht sich dabei fast schon von selbst.[11]

Es ist natürlich klar, dass die Peach zu Grunde liegenden stereotypen Attribute einer Frau in Not, die von der Fähigkeit und dem Mut ihres Mannes abhängig ist,

---

[8] Zu den Hauptteilen werden ausschließlich die *Jump'n'Run*-Teile der Serie gezählt, d. h. nicht einbezogen sind nachfolgende *Spin-offs* in anderen Genres.

[9] Die Serie an sich existiert in Form von *Arcade*-Spielen, sprich: an Automaten in Spielhallen, schon seit 1981. Im Bereich der Heimkonsolen hatte sie 1985 mit *Super Mario Bros.* für das *Nintendo Entertainment System* (NES) ihr Debüt.

[10] Außerhalb Japans war Peach bis 1996/97 (mit dem Erscheinen von *Super Mario 64*) unter dem Namen Toadstool bekannt (vgl. http://en.wikipedia.org/wiki/Princess_Peach).

[11] Zu bemerken ist hier, dass sich dieses Prinzip nicht auf das komplette *Mario*-Universum anwenden lässt. So lässt sich Peach beispielsweise in *Super Mario RPG: Legend of the Seven Stars*, einem *RPG-Spin-off* der Serie, als spielbarer Charakter in die Gruppe wählen und kann so aktiv am Spielgeschehen teilnehmen. Auftritte dieser Art sind allerdings erstens selten und gehen zweitens immer mit der für Peach typischen Anbetung Marios als ihren Helden einher. Dies zeigt sich in *Super Mario RPG* beispielsweise an Aussagen wie „Mario, you're my knight in shining armor!"

unweigerlich an ihre Rolle als *Damsel in Distress* gebunden (und gewissermaßen ein Teil von ihr) sind. Dass sich das Klischeebild um die pinke Prinzessin aber auch dann nicht ändert, wenn sie mit ihrem geliebten Mario die Rollen tauscht, lässt sich seit dem Erscheinen ihres ersten eigenen Videospiels, *Super Princess Peach*, im Jahr 2006 erkennen, in dem sie erstmalig die Rolle der Protagonistin übernimmt und als solche diesmal Mario aus der Gefangenschaft zu befreien versucht.

Von der Grundidee her also eigentlich innovativ in Bezug auf die bisher gebildeten Gender-Rollen, bedient sich dieses Spiel dennoch der stereotypen Dichotomie „emotionale Frau versus rationaler Mann", ohne dabei wirklich die existierenden Geschlechterbilder zu durchdringen. Stehen Mario in seinen eigenen Abenteuern (je durch Einsatz eines bestimmten Objektes) Fähigkeiten wie das Schießen von Feuerbällen, das Werfen von Hämmern oder sogar temporäre Unverwundbarkeit zur Verfügung, muss sich Peach bei ihrer Rettungsaktion anscheinend ganz auf die Waffen einer Frau verlassen: ihre Emotionen. So ist es dem Spieler durch Einsatz des im *Nintendo DS* eingebauten Touchscreens möglich, auf Knopfdruck diverse Gefühle in der Prinzessin hervorzurufen. Dabei fällt die Wahl vor allem zwischen Freude (jap. 喜), die Peach in die Lüfte schweben lässt, Zorn (jap. 怒), der sie in eine wandelnde Flamme und damit eine gefährliche Waffe verwandelt, und Trauer (jap. 哀), die sie ganze Wellen von Tränen weinen lässt, um so diverse Pflanzen zum Wachsen oder Flammen zum Erlischen zu bringen.[12] Um den Nachschub an künstlich erzeugbaren Gemütsschwankungen zu gewährleisten, muss Peach im Laufe ihrer Mission immer wieder diverse Kristalle aufsammeln, die ihren Vorrat an emotionaler Energie wieder aufladen. Sollte gerade kein Schmuck in der Nähe sein, steht der Prinzessin als Waffe noch immer ihr gelber Schirm zur Verfügung – der jedoch in erster Linie zum sanften Gleiten durch die Lüfte gedacht ist.

Mit Blick auf *Super Princess Peach* lässt sich also nicht verleugnen, dass kontinuierlich gewisse Gender-Stereotypen bedient werden. Gonzalo Frasca, selbst

---

[12] Als vierte Emotion existiert weiterhin „Behaglichkeit" (jap. 楽, in der dt. Version „Sanftmut"), die allerdings lediglich die Lebensenergie von Peach regeneriert und keinen wirklichen Gefühlsausbruch herbeiruft.

Akademiker und Videospielentwickler, meint dazu: „What is shocking is that from all the possible design options available, the creators of this game had to frame the princess as an emotionally unstable person" (Ransom-Wiley 2006). Eine Entwicklung in diesen über Jahre aufgebauten Geschlechterrollen scheint dabei nicht zu erwarten zu sein.

Dass aber auch Weiterentwicklungen eines Charakters innerhalb der Rolle als *Damsel in Distress* möglich sind, zeigt uns beispielsweise die Videospiel-Serie *The Legend of Zelda* (jap. *Zeruda no densetsu* ゼルダの伝説). In dieser seit 1986 bestehenden vierzehnteiligen *Adventure*[13]-Serie ist es die namensgebende Prinzessin Zelda, die sich immer wieder entführen lässt, nur um anschließend vom tapferen Schwertschwinger Link gerettet zu werden. Zelda erweist sich jedoch als wesentlich nützlichere Spielfigur als Prinzessin Peach. Teil der vorgegebenen Handlung ist zum Beispiel, dass Zelda, bevor sie von den Klauen des Bösen ergriffen wird, noch schnell das sogenannte Triforce, ein innerhalb der Geschichte des Spiels äußerst mächtiges Artefakt, zerstört und die Einzelteile in alle Winde zerstreut.

In *Ocarina of Time* (jap. *Toki no okarina* 時のオカリナ) und *The Wind Waker* (jap. *Kaze no takuto* 風のタクト) greift Zelda darüber hinaus auch aktiv ins Spielgeschehen ein. So unterstützt sie Link bei *Ocarina of Time* im letzten Gefecht gegen den Erzrivalen Ganon, indem sie – durch den Einsatz von Magie – diesen an der Fortbewegung hindert, so dass Link mit seinem Schwert das Übrige tun kann. Anschließend sorgt Zelda (unter Mithilfe anderer Magier) dafür, dass der Bösewicht endgültig verbannt wird. In *The Wind Waker* schließlich tritt Zelda in Form der Piratenbraut Tetra auf, die Links Gegner während des Finalkampfes mit magischen Lichtpfeilen beschießt.

Dass im Vergleich zur *Super Mario*-Serie in *The Legend of Zelda* mit dem Klischee der Jungfrau in Not zumindest in Teilen gebrochen wird, zeigt sich einerseits an der aktiveren Rolle der Frau (Zelda trägt zur Handlung bei und

---

[13] Das Videospiel-Genre *Adventure* ist, ähnlich dem *RPG*, sehr auf Inhalt und Story fokussiert, weist dabei aber meist nur einen spielbaren Charakter auf und verläuft nicht in rundenbasierten (strategischen), sondern in direkten Kämpfen, bei denen Geschicklichkeit und Können eine Rolle spielen. Daher könnte man ein *Adventure*-Spiel also grob als Hybrid eines *RPGs* und eines *Jump'n'Runs* bezeichnen.

nimmt an Kämpfen teil, Peach tut nichts dergleichen) sowie an dem erneuten Einsatz von Magie, schon in frühen *RPGs* ein Zeichen von „Nützlichkeit" vor allem bei weiblichen Charakteren. Erwähnt werden muss jedoch, dass es sich in beiden Fällen in erster Linie um Figuren handelt, die dazu erschaffen wurden, dem männlichen Hauptcharakter den Sinn seines Abenteuers zu geben; unterschiedlich ist dabei lediglich der persönliche Einfluss und die Teilnahme dieser „Zweckfigur", ohne dass dabei eine wirkliche Gleichberechtigung existieren würde. Mit solchen weiblichen Charakteren, die in Schlüsselpositionen oder gar in der Hauptrolle zum Spielgeschehen beitragen, setzt sich der folgende Teil der Arbeit auseinander.

3 Grenzüberschreitungen

3.1 Eine erfolgreiche Revolution?

Bevor eine Überwindung der bisher dargestellten virtuellen Gender-Typologie anhand von einzelnen Videospielen beziehungsweise anhand des dort festzustellenden Verschwimmens der typischen Geschlechterrollen am Beispiel einzelner Charaktere untersucht wird, soll hier noch einmal der analytische Rahmen des Projekts durch bisher gewonnene Erkenntnisse ergänzt werden. Eine Tabelle zur Typologie des Weiblichen und Männlichen zeigt die Ergebnisse von Sugiharas und Katsuradas Studie (A) sowie die in dieser Arbeit bisher getroffenen Feststellungen zum Computerspiel (B) (vgl. Abb. 2).

Wie aus der Tabelle ersichtlich, kommt der männliche Charakter in den untersuchten Videospielen dem gesellschaftlichen Wunschtyp eines japanischen Mannes nahezu gleich: Es sind physische Stärke und ein starker Wille ebenso wie Courage und Furchtlosigkeit, die sein heldenhaftes Wesen begründen; es ist daher nicht verwunderlich, dass noch immer im Großteil der existierenden Videospiele die Hauptrolle von einem männlichen Charakter übernommen wird. In Bezug auf die weiblichen Charaktere hingegen scheinen fiktionale Figur und gesellschaftliches Ideal nicht komplett übereinzustimmen: Obwohl auch Punkte wie Naivität oder Unschuld in den Umfragen genannt wurden, scheint das Bild der sanften, emotionalen Frau, das für die Gesellschaft scheinbar als wünschenswert erachtet wird, im Videospiel eher in ein negatives Licht gerückt zu

	♀	♂
A	- Liebenswürdigkeit - Gemütsruhe - Empfänglichkeit für Sorgen anderer	- starke Persönlichkeit - Führungsqualitäten - starker Wille - Courage
B	- Spiritualität/Magie - Emotionalität bzw. emotionale Instabilität - Unbeholfenheit	- "Heldenhaftigkeit" - physische Stärke - Furchtlosigkeit

Abbildung 2: Tabelle zur Typologie des Weiblichen und Männlichen.

werden. Zwar wurde auch festgestellt, dass es die virtuellen Frauen in einigen Spielen – vorrangig durch Einsatz von Magie – zu einer gewissen Wichtigkeit und Nützlichkeit als Charakter bringen können, allerdings beschränkt sich diese Eigenschaft zumeist auf die spieltechnische Ebene. Eine wahre Gleichberechtigung müsste sich dabei aber auch auf die charakterliche Ebene ausweiten.[14]

Es ist also wichtig, bei der Analyse ambivalenter Charaktere, die Differenzen zu den geschlechtlichen Stereotypen aufweisen, darauf zu achten, dass sich diese Ambivalenz auch auf beiden Ebenen des Videospiels wiederfinden lässt. Ein weiblicher *RPG*-Charakter kann trotz hoher Werte für Stärke und Resistenz, die ihm spieltechnisch eher männliche Attribute verleihen würden, auf der charakterlichen Ebene, d. h. bei der Portraitierung seiner Persönlichkeit, nach wie vor einen femininen Stereotypen darstellen, wenn genannte Attribute vorhanden sind.

So liefert beispielsweise im Anime-RPG *Grandia II* die Dämonin Millenia zunächst eher untypische Werte: Mit hoher physischer und magischer Angriffskraft sowie ihrem großen Arsenal mächtiger Zaubersprüche erscheint sie, wie

---

[14] „Spieltechnische Ebene" meint alle Faktoren eines Videospiels, die sich mit der Spieltechnik an sich befassen, d. h. beispielsweise die Statuswerte der einzelnen Charaktere, die Nützlichkeit einer Figur im Kampf, figurenbezogene Spezialfähigkeiten, usw. Die Ebene, die sich mit der Persönlichkeit der Charaktere beschäftigt und damit, was sie innerhalb der Geschichte des Spiels sagen und tun, wird hier als „charakterliche Ebene" bezeichnet.

die frühe Selan, ein eher ambivalenter Charakter zu sein. Dass dies nicht über die spieltechnische Ebene hinausgeht, macht jedoch nicht nur ihr Erscheinungsbild deutlich.

Neben der Tatsache, dass sich Millenia gegen Ende zum Guten bekehren lässt, da sie sich zu Ryūdo, dem männlichen Helden des Spiels, hingezogen fühlt, weist sie auch während der gesamten Geschichte immer wieder stereotype Attribute in Form einer gewissen Unbeholfenheit auf. So gelingt es ihr beispielsweise nicht, ihre Zugehörigkeit zum Dämonenkönig Valmar, dem eigentlichen Widersacher des Protagonisten, lange zu verbergen:

Millenia: Serves you right to be toying with the "Wings of Valmar!"
Ryūdo: What was that? Who … or what … ARE you!?
Millenia: Oops! I said that out loud, didn't I? Never mind me.[15]

Neben Auftritten dieser Art scheint Millenia auch emotional instabil zu sein, wie zum Beispiel folgendes Gespräch zwischen ihr und Skye, Ryūdos sprechendem Hausvogel, deutlich macht:

Millenia: Aww … you're a sweetheart, aren' t ya? This should be fun! [...]
Skye: This woman is a couple eggs shy of a basket.
Millenia: Hey, BIRD! Just how badly do you want to be turned into charcoal!?

Obwohl aus spieltechnischer Sicht nicht erkennbar, macht Millenias gesamtes Auftreten aus ihr eindeutig einen Stereotypen auf charakterlicher Ebene. Ob und wie sehr die Entwicklung solcher Charaktere für Videospiele dennoch als progressiv zu bewerten ist, bleibt dabei wohl jedem selbst überlassen. Da die Veränderungen aber nicht die Persönlichkeit der Figur betreffen, liefern diese im Prinzip nur einen „Scheinausbruch" aus den gängigen Konventionen. Es können daher nur solche Figuren als wirklich rollenbrechend bewertet werden, die ambivalente Züge auf beiden Ebenen des Spiels aufweisen.

3.2 Ambivalenz und neue Geschlechterbilder

Dazu gehören zunächst auch solche Charaktere, die entweder die Rolle des anderen Geschlechts angenommen haben oder sogar typische Attribute beider Ge-

---

[15] Für dem Spiel wörtlich entnommene Zitate verwende ich hier und im Folgenden eine digital einsehbare Mitschrift (http://www.gamefaqs.com/console/ps2/file/530934/34789).

schlechter aufweisen. Ein gutes Beispiel für Erstere sind Mia und Elk aus dem Videospiel *.hack//infection* (jap. .hack//感染拡大Vol.1). So erscheint Mia als mutige und draufgängerische Kriegerin mit erstaunlich großer Klinge, die hauptsächlich im Bereich physischer Attribute hohe Werte aufweist. Elk hingegen wird als schüchterner junger Magier dargestellt, der zwar mit Zaubersprüchen gut umzugehen weiß, Gefahren generell aber lieber meidet und eigentlich nur in der Nähe seiner Angebeteten Mia sein möchte, weshalb er bereits früh im Spiel aufgrund ihres Interesses an Hauptcharakter Kite eine Art Eifersucht auf eben diesen entwickelt. Anzumerken ist hier, dass Mia zwar keine menschliche Figur, sondern eine Art Katzenwesen ist, es sich bei *.hack//infection* allerdings auch um ein simuliertes *MMORPG*[16] handelt, d. h. es werden fiktive Spieler, die wiederum in die Rolle der anzutreffenden Charaktere geschlüpft sind, assoziiert.

Solche Charaktere, denen Attribute beider Geschlechtertypologien innewohnen und die daher in beiden Rollen agieren, gehören im Bereich der Videospiele fast immer auch zu den „unvollkommenen" ambivalenten Figuren, da sich die Charaktere auf spieltechnischer Ebene innerhalb eines Spiels nur selten aus dem bekannten Muster lösen, sondern sich meistens nur innerhalb dessen entwickeln. Häufig anzutreffen sind hier weibliche Charaktere, die im spieltechnischen Bereich Werte einer typisch männlichen Figur aufweisen (d. h. hohe Werte im Bereich physischer Stärke und Resistenz, eher geringe magische Fähigkeiten und ggf. geringe Werte für Geschwindigkeit), auf der charakterlichen Ebene allerdings ambivalent dargestellt werden. Ein gutes Beispiel hierfür ist der Charakter Lin aus dem RPG *Breath of Fire: Dragon Quarter*. Sie beweist mit Führungsqualitäten, Mut und einem starken Willen eindeutig typisch männliche Qualitäten, ist aber andererseits auch typisch weiblich: sehr liebevoll und empfänglich für die Sorgen anderer. Interessant ist dabei, dass ihre männlichen Attribute hauptsächlich in Interaktion mit dem Hauptcharakter Ryū zum Vorschein treten, während ihr typisch Weibliches vor allem in Bezug auf Nina, dem dritten und letzten spielbaren Charakter, zur Geltung kommt.

---

[16] Ein MMORPG (*Massively Multiplayer Online Role-Playing Game*) gehört eigentlich zu den Computerspielen und beschreibt ein *RPG*, an dem viele Spieler aus aller Welt online teilnehmen und sich in virtuellen Welten treffen können. Mit Beginn eines solchen Spiels geht gewöhnlich die Auswahl oder auch das Entwerfen eines eigenen Charakters einher.

So findet bereits die erste Begegnung zwischen Lin und Ryū in einem Kampf statt, da beide aus zunächst unterschiedlichen Motiven heraus Nina unter ihren Schutz bringen wollen. Bereits das erste Gespräch zwischen beiden beginnt mit: „You can't help her. Go, and leave her with me."[17] Und obwohl Ryū sie von seiner Sichtweise zu überzeugen versucht, erwidert Lin nur: „I don't care. I've been a rebel from the start […]". Im weiteren Verlauf des Spiels jedoch einigen sich beide und versuchen Nina, die aufgrund einiger in der Vergangenheit an ihr durchgeführter Experimente immer schwächer wird, zu helfen. Auf der beschwerlichen Reise, die sie dabei antreten müssen, kümmert sich Lin nahezu mütterlich um das vom Spiel selbst noch als „Kind" bezeichnete Mädchen, wie auch an Aussagen wie „Just a little bit further, Nina. Are you okay?" oder „I'll watch over Nina" immer wieder deutlich wird.

Interessant ist hier die Tatsache, dass bei Lin – so wie bei allen weiblichen Charakteren ihrer Art – die als ideal weiblich herausgestellten Attribute nicht mehr, wie bei den stereotypen Charakteren, ins Negative verdreht sind, sondern dass diese Charaktere tatsächlich zumindest teilweise Idealeigenschaften eines japanischen Mannes und einer japanischen Frau besitzen. Allein die Tatsache, dass sie spieltechnisch betrachtet meist männlich-stereotyp sind, unterstützt dieses Auftreten nicht; dies scheint mir allerdings hauptsächlich durch die generelle Funktionsweise (und den für den Spieler gegebenen Rahmen innerhalb der verschiedenen Genres) von Videospielen begründet. Im direkten Vergleich zu allen bisher untersuchten Figuren erscheinen Bi-Gender-Charaktere wie Lin die am wenigsten stereotypen zu sein.

Die Suche nach neuen Geschlechterbildern im Videospiel, d. h. nach solchen Figuren, die weder typisch männliche, noch typisch weibliche – einschließlich der ins Negativ verkehrten – Attribute und Eigenschaften besitzen, gestaltet sich da schon schwieriger. Ein Charakter, der ein neues Geschlechterbild aufweisen kann, darf weder mutig und entschlossen, noch liebevoll und aufmerksam oder emotional instabil und unbeholfen sein, und sollte nach Möglichkeit auch auf spieltechnischer Ebene nicht die gängigen Werte-Schemata aufweisen. Da ein

---

[17] Für dem Spiel wörtlich entnommene Zitate verwende ich hier und im Folgenden eine digital einsehbare Mitschrift (http://www.dragon-tear.net/bofdq-englishscript.txt).

solches Profil aber generell sehr negativ anmuten und sich in Teilen auch selbst widersprechen würde, kann zunächst einmal gesagt werden, dass in den untersuchten elf Videospielen kein einziger Charakter zu finden ist, der wirklich komplett von den typischen Attributen gelöst auftritt (warum dies so ist, soll weiter unten geklärt werden). Des Weiteren kann gesagt werden, dass bei typischen Protagonisten und auch Antagonisten ein gewisser Mut und ein starker Wille, ein bestimmtes Ziel zu erreichen, eigentlich immer gegeben sind. Charaktere, die zumindest teilweise Aspekte neuer Geschlechterbilder aufweisen, sind daher normalerweise solche Figuren, die nur durch äußere Umstände in ein Abenteuer gezogen werden und daher zunächst keine eigenen Ambitionen haben.

So ergeht es zum Beispiel auch dem Charakter Mitsuru Kirijō in *Shin Megami Tensei: Persona 3* aus dem Jahr 2006. Deren Großvater hat vor seinem Tod einer Gruppe von Wissenschaftlern angehört, mit einer dunklen Macht experimentiert und so Unheil über die Welt der Gegenwart gebracht. Dass Mitsuru nun in den Kampf gegen dieses Unheil zieht, betrachtet sie selbst eher als Bürde: „Besides ... some of us were never given a choice. I ... [...] I guess you could say it's my way of atoning for the past."[18] Darunter leidet ihr Einsatz allerdings nicht, wie sich immer wieder an ihren Bemühungen im Kampf und auch an der Organisation der Missionen zeigt; ihre Ideale und Vorstellungen versucht sie in ihrer Rolle als Schülersprecherin auch an andere zu vermitteln, wie beispielsweise bei ihrer Ansprache zum neuen Schuljahr deutlich wird:

> As I begin my term as Student Council President, I'd like to share with you my vision for this coming year. It is my firm belief that each of us must accept the responsibility of bettering our school. However, change cannot occur without sustained effort and an unprecedented level of commitment. That is why we must restructure our daily lives to accommodate this lofty goal. I'd like each of you to dig deeply into your well of motivation, and re-evaluate your convictions ... To imagine a bold new future without losing sight of the realities around you. That is the key. I am certain that many of you have your own visions of the future ... For us to reap the full benefits of our education, your participation, ideas, and enthusiasm are essential. Thank you.

---

[18] Für dem Spiel wörtlich entnommene Zitate verwende ich hier und im Folgenden eine digital einsehbare Mitschrift (http://www.gamefaqs.com/console/ps2/file/932312/50852).

Schwieriger scheint es Mitsuru jedoch manchmal zu fallen, zwischenmenschliche Kontakte zu knüpfen. Zwar versteht sie sich mit Mitbewohner Akihiko, mit der mädchenhaften Yukari hingegen kann sie zunächst nicht viel anfangen: „To tell you the truth, you're not the easiest person to relate to." Generell erscheint Mitsuru im Großteil des Spieles zwar freundlich, oft jedoch auch kühl und uninteressiert am Leben der Anderen. Dies gipfelt gegen Ende des Spiels im Tod von Mitsurus Vater, woraufhin diese kurzzeitig jegliche Motivation verliert: „Why are you still concerned about me? Our days of fighting together are over. We have no common goal to fight for, no enemies to defeat … no reason to be friends." Schließlich ist es aber Yukari, die Mitsuru beisteht und ihr zu neuen Perspektiven verhilft („I'll never look back again", etc.).

Obwohl Mitsuru also typische Eigenschaften wie Führungsqualitäten und Mut aufweist, kommen mit ihr auch ganz neue Attribute zum Vorschein: Verantwortungsbewusstsein, Vernunft, Fleiß und auch eine gewisse emotionale Distanz. Damit ist ihr zumindest partiell ein Ausbruch aus dem Bekannten gelungen, auch wenn teilweise noch Überschneidungen bestehen. Interessant ist außerdem, dass Mitsuru am Ende des Spiels – nach dem Gespräch mit der recht stereotypen Yukari – emotional offener und aufmerksamer wird, also Attribute des typisch Weiblichen annimmt. Dadurch erscheint Mitsuru schließlich auch wie ein sehr ambivalenter Charakter, der in beiden Rollen agieren kann, aber ohne dabei ihre untypischen Eigenschaften aufzugeben. Mitsuru verkörpert also, wie andere Charaktere ihre Art, immer auch einen Teil des Typischen, welches aber mit dem Ansatz für eine neue Geschlechterrolle verbunden ist und ihn stützt.

4 Resümee: Gendersynkretismus mit Innovation

Zusammenfassend kann gesagt werden, dass in den untersuchten Videospielen hauptsächlich zwei verschiedene Typen von weiblichen Charakteren auftauchen: Auf der einen Seite die liebevolle, emotionale Frau, die von der Liebe und Fürsorge eines Mannes abhängt und auf dessen Mut baut, dabei ggf. auch selbst unterstützend mitwirkt (z. B. die späte Selan, Peach, Zelda), auf der anderen Seite die starke und selbständige Frau, die in ihrer Gender-Rolle ambivalent auftreten und teilweise Aspekte neuer Geschlechterbilder umschließen kann – ohne aber dabei ein vollkommen neues Bild zu verkörpern. Interessant daran ist, dass erstere schon seit dem Ursprung moderner Videospiele in den 1980ern auftauchen, letztere hingegen erst seit dem Ende der 1990er beziehungsweise mit Beginn des neuen Jahrtausends vorzufinden sind.

In dieser Entwicklung spiegelt sich auch ein Wandel in den Ansichten der Menschen innerhalb der japanischen Gesellschaft wider, der sich auch in einer Untersuchung des *Ministry of Foreign Affairs of Japan* (MOFA) zeigt. Laut dieser Studie ist der Prozentsatz von Japanern, die dem klassischen Konzept „Mann als Arbeiter und Ernährer, Frau als Hausfrau und Mutter" zustimmen, von 43,1% im März 1987 auf 25% im Jahr 2002 gesunken; dabei lehnen vor allem jüngere Frauen das bekannte Konzept ab (vgl. MOFA 2002). Es wird also deutlich, dass immer mehr Japanerinnen arbeiten wollen und sich in der einstigen Männerdomäne zu behaupten versuchen.

Diese emanzipatorische Entwicklung war auch im Videospiel durch das Erscheinen der starken, ambivalenten Frau ersichtlich; doch genauso wie sich auch heute noch Japanerinnen dafür entscheiden können, „nur" Ehefrau und Mutter zu sein, ist auch im Videospiel das klassische Bild weiblicher Charaktere nicht verloren gegangen. Im Gegenteil lässt die Videospielindustrie gerade in den letzten Jahren immer wieder genau dieses Bild zu Vermarktungszwecken aufleben, wie zum Beispiel im Falle des *Nintendo DS* (Handheld aus dem Hause Nintendo, 2004) deutlich wird. Dieser nämlich setzt auf Spiele, die geradezu auf Mädchen und Hausfrauen zugeschnitten scheinen. So wundert es nicht, dass neben *Super Princess Peach* vor allem Titel wie *Cooking Mama* (2006) oder *Nintendogs*, bei denen es darum geht, kulinarische Köstlichkeiten auf den Tisch zu bringen oder seine eigenen Hundewelpen zu erziehen, für den Handheld erschienen sind. Sie dienen sozusagen als „Training" für die japanische Hausfrau oder als Anreiz für junge Mädchen, in verschiedene Rollen – von der einfachen Hundehalterin bis hin zur pinken Prinzessin – schlüpfen zu können. Und schließlich lassen die bunten, schrillen Werbespots mit ihren Anime-Figuren im *kawaisa*-Stil[19] jeg-

---

[19] Siehe beispielsweise den japanischen Werbespot zu *Cooking Mama* auf http://www.youtube.com/watch?v=FkaRzgfyDrg.

lichen Zweifel daran verschwinden, dass es sich bei solchen Spielen um klares Zielgruppen-Marketing handelt.

Das Videospiel als modernes Medium japanischer Populärkultur schafft es also, verschiedene Lebensweisen widerzuspiegeln und zeigt den Strukturwandel der Gesellschaft mit unterschiedlichen Vorstellungen zum Geschlechterbild auf. Da das Videospiel ein interaktives Medium ist, ist das Ansprechen verschiedener Zielgruppen und die Erfassung möglichst vieler (teils auch konträrer) Vorstellungen ein essentieller Faktor für Vermarktung und Verkauf durch mögliche Identifikation der Spieler mit dem Dargestellten. Daraus erklärt sich auch, dass gewisse Attribute, die auf neue Geschlechterbilder schließen lassen, in den virtuellen Figuren nicht vollständig zu finden sind: Das Videospiel als populärkulturelles Produkt versucht in erster Linie zu unterhalten und nicht zu instruieren. Es soll nicht unbedingt Kritik an vorhandenen Rollenvorstellungen ausgeübt werden; vielmehr sollen die Wünsche und Vorstellungen der Zielgruppe(n) berücksichtigt werden (vgl. Sugihara/Katsurada 2002). Solche Charaktere, die sich nicht einmal ansatzweise in gewünschte Rollenbilder einordnen lassen können, erfüllen diesen Zweck nicht und sind somit für den Erfolg eines Videospiels eher hinderlich.[20]

Es bleibt abzuwarten, ob sich das Verhalten der Videospielindustrie in den kommenden Jahren ändern wird. Da sich aber auch ambivalente Bi-Gender-Charaktere wie „Lin" in den Videospielen des letzten Jahrzehnts stark durchgesetzt haben und es eben solche Charaktere sind, die – wie „Mitsuru" – auch bereits Ansätze neuer Geschlechterbilder in sich tragen, erscheint mir eine optimistische Zukunftsprognose wahrscheinlich. Vielleicht wird man mit dem Medium Videospiel dann nicht mehr hauptsächlich die Koexistenz verschiedener Gender-Auffassungen, sondern auch Innovationen im Bereich der Geschlechterrollen in Verbindung bringen können.

---

[20] Hierbei muss berücksichtigt werden, dass diese Arbeit vor allem solche Videospiele untersucht hat, die den großen Videospiel-Konzernen Nintendo und Sony zugehörig sind und außerdem in Japan (und weltweit) zu großer Popularität gekommen sind. Weitere Untersuchungen zu eher unbekannteren Videospielen oder solchen Spielen kleinerer Firmen führen möglicherweise zu anderen Resultaten.

Literatur

FORSCHUNGSINSTITUT FÜR MITTELALTER UND RENAISSANCE (1985): *Das Ritterbild in Mittelalter und Renaissance*. Düsseldorf: Droste.

SUGIHARA, Yoko und KATSURADA, Emiko (2002): „Gender Role development in Japanese culture: Diminishing gender role differences in a contemporary society." In: *Sex Roles: A Journal of Research* (November 2002). (Via http://findarticles.com/p/articles/mi_m2294/is_2002_Nov/ai_97728458; [Stand: 15.4.2009]).

Videospiele

Lufia, SNES, PAL-Version, Neverland/Nintendo 1996
Final Fantasy VI, Sony Playstation, PAL-Version, Square 2002
Donkey Kong, Game Boy, Nintendo 1994
Super Mario Land, Game Boy, Nintendo 1990
Super Mario RPG: Legend of the Seven Stars, SNES, NTSC-Version, Square/Nintendo 1996
Super Princess Peach, Nintendo DS, TOSE/Nintendo 2006
The Legend of Zelda: Ocarina of Time, Nintendo 64, PAL-Version, Nintendo 1998
The Legend of Zelda: The Wind Waker, Nintendo Gamecube, PAL-Version, Nintendo 2003
Grandia II, Sony Playstation 2, PAL-Version, Game Arts/Ubisoft 2002
.hack//infection, Sony Playstation 2, PAL-Version, Bandai 2004
Breath of Fire: Dragon Quarter, Sony Playstation 2, PAL-Version, Capcom 2003
Shin Megami Tensei: Persona 3, Sony Playstation 2, PAL-Version, Atlus 2008

Internetquellen

DRAGON TEAR (o.J.): http://www.dragon-tear.net/bofdq-englishscript.txt [Stand: 5.5.2011].

FORFEIT ISLAND (2011): „Lufia II: Rise of the Sinistrals". http://forfeit.electromaz.com/lufia2/script/ [Stand: 4.5.2011].

GAME FAQs (2005): „Grandia 2 Text Script". http://www.gamefaqs.com/console/ps2/file/530934/34789 [Stand: 4.5.2011].

GAME FAQs (2007): „Persona 3 Script". http://www.gamefaqs.com/console/ps2/file/932312/50852 [Stand: 5.5.2011].

JAPAN GAMECHARTS (2010): „Japan Gamecharts". http://www.japan-gamecharts.com [Stand: 5.5.2011].

RANSOM-WILEY, James (2006): „Mario & Peach can't shake gender stereotypes." http://www.joystiq.com/2006/11/16/mario-and-peach-cant-shake-gender-stereotypes/ [Stand: 4.5.2011].

WIKIPEDIA (2011): „Princess Peach". http://en.wikipedia.org/wiki/Princess_Peach [Stand: 5.5.2011].

WIKIPEDIA (2011): „nintendogs". http://ja.wikipedia.org/wiki/Nintendogs [Stand: 5.5.2011].

Tugendhafte Armut:
Konstruktionen von Männlichkeit in *Celeb to binbō tarō*

Bastian Nonnenberg

1 Einleitung

Dieser Aufsatz beschäftigt sich mit der Frage, welche Männlichkeitsbilder in der japanischen Fernsehserie *Celeb to Binbō Tarō*[1] präsentiert werden. Ferner soll diskutiert werden, ob diese Darstellungen von maskulinen Charakterzügen eine konservative Ideologie verkörpern, ob neuartige oder gar unkonventionelle Lebensweisen aufgeführt werden, oder ob die Serie eine Verbindung aus beidem konstruiert. Dazu soll zunächst eine knappe Einführung zu den Konzepten von Männlichkeit in der japanischen Gesellschaft gegeben werden, mit besonderem Fokus auf Männlichkeit im Kreis der Familie. Anschließend wird kurz auf die Bedeutung von audio-visuellen Medien für gesellschaftliche Diskurse eingegangen. Darauf folgen eine komprimierte Zusammenfassung der Fernsehserie *Celeb to Binbō Tarō* und eine Kategorisierung der Männlichkeitsbilder.

2 Männlichkeit und Familie in Japan

Im Zuge der gesellschaftlichen Umbrüche im Japan der Nachkriegszeit sowie im Laufe der darauf folgenden Phase des wirtschaftlichen Aufschwungs wurde das bis dahin gültige Idealbild von Männlichkeit in Gestalt des Samurai abgelöst durch das des karriereorientierten Büroangestellten (*salaryman*). Dies bedeutet nicht, dass das Stereotyp des Samurai gänzlich verschwand. Allerdings ist dieses Bild aus dem Fokus des zeitgenössischen Männerideals gerückt und spielt zwar noch eine wichtige, aber untergeordnete Rolle. Anzutreffen ist der Samurai noch in der Vorstellung, der *salaryman* sei wie die Helden der Vormoderne ein tapferer Krieger. Dieses Bild des „Firmensoldaten" ist auch heute immer noch präsent. So beschreibt Himeoka die Rolle des Mannes vor den 1990er Jahren in Japan wie folgt: „Men were transformed into corporate soldiers, leaving more

---

[1] Im Original lautet der Titel des *doramas Serebu to Binbō Tarō* セレブと貧乏太郎 („Die Prominente und der mittellose Tarō", Übers. des Verfassers).

and more of the household affairs and childrearing to women." (Himeoka 2008: 247).

Spätestens mit dem Platzen der Bubble-Economy in den 1990er Jahren und den damit einhergehenden drastischen Änderungen in Wirtschaft und Gesellschaft veränderten sich allerdings auch die festen familiären Strukturen.

> Die wirtschaftlichen und soziostrukturellen Veränderungen Japans während der vergangenen zwei Jahrzehnte haben viele Spuren im Alltagsleben hinterlassen und eine Diversifizierung von Lebensstilen und Lebenshaltungen hervorgebracht [...]. (Platz 2009: 244)

Das über lange Zeit dominante Modell der Kernfamilie und die darin verwurzelten Idealrollen von Mann und Frau sahen sich nun einer Realität gegenüber, die diesem Wunschbild nicht entsprach. Der massive Zuwachs von NEET und Freetern[2] bedeutet, dass es sehr viele junge Menschen, besonders Männer, gibt, denen die finanziellen Mittel fehlen, zu heiraten und eine Familie zu versorgen.

Während im Zeitraum von 1995 bis 2005 die Anzahl von Haushalten von kinderlosen Ehepaaren, alleinerziehenden Elternteilen und Singlehaushalten stetig anstieg, verringerte sich nur die Gesamtsumme der Kernfamilienhaushalte.[3] Zu diesem Zeitpunkt hatte auch der *salaryman* schon längst an Attraktivität verloren. Nicht bloß ökonomische Faktoren wie sinkende Löhne und das Wegfallen einer Zusicherung auf lebenslange Anstellung waren hierfür verantwortlich, besonders auch die Aufopferung für die Firma und die Absenz in der Familie wurden zunehmend kritischer betrachtet. „Der Grundgedanke hat Eingang in die erzieherischen Überlegungen heutiger Eltern gefunden und dazu geführt, dass die Väter ihre Rolle als solche sichtbarer als ihre eigenen Väter wahrnehmen wollen [...]" (Platz 2009: 247/48). Dies wurde nun oft zu negativ konnotierten Themen von Romanen, Filmen und *dorama*[4] (vgl. Goerke 1998). Auch in Wer-

---

[2] *NEET* steht für „not in education, employment or training" und bezieht sich vor allem auf junge Menschen, die weder Arbeit haben, noch in Ausbildung sind und auf die Unterstützung anderer, meist der Familie, angewiesen sind. *Freeter* ist eine Wortkomposition aus dem englischen Wort „free" und dem deutschen Wort „Arbeiter" und bezeichnet Leute, die sich in keinem geregelten Arbeitsverhältnis befinden, sondern nur Aushilfsjobs haben.

[3] Vgl. hierzu die Internetseite des Statistics Bureau of Japan (Tōkeikyoku seisakutōkatsukan tōkeikenshūjo: Internet).

[4] Ein *dorama* ist ein japanisches Fernsehsendeformat, das in der Regel eine in sich abgeschlossene Geschichte erzählt und durchschnittlich aus zirka zehn Folgen besteht (vgl. Gössmann 1998).

bedarstellungen lässt sich erkennen, dass sich das Männerideal verändert hat. So erkannte Kawasoe schon 1999 in ihrer Untersuchung zu japanischen Werbeanzeigen:

> Allerdings habe ich den Eindruck, dass dieses Bild [des erfolgreichen, tüchtigen Geschäftsmannes] in den letzten zehn Jahren stark an Bedeutung verloren hat und ein neuer, modernerer Typ dessen Position übernommen hat. Der berufliche Erfolg ist nicht mehr alles, auch nicht vordergründig; der neue Mann ist kultiviert, er strahlt Ruhe und Gelassenheit aus. Japanische Männer definieren sich nicht mehr ausschließlich über ihre beruflichen Leistungen, ihre Wertvorstellungen haben sich verändert: Erfolgreich ist der, der neben seinem anstrengenden Arbeitsalltag auch noch Zeit für Freizeitaktivitäten findet. (Kawasoe 1999: 19–20)

Eine Diskrepanz zwischen filmischen Idealbildern von Familie und der Wirklichkeit erkannte zum Beispiel auch Carol Ota:

> In addressing audience of tensions caused by internal and external pressures on Japan, films participate in public contemplation of changes in the places of Japan as well as in the place of Japan in the world. Such films as Rainbow Kids [The Great Kidnapping] (1992) and Tonari no Totoro [My Neighbor Totoro] (1988), for example, nostalgize the rural homestead, which economic forces have increasingly peripheralized. In reviving and reconstructing rustic modes of experience, these films elevate the familial virtues of village communities to near mythic proportions, while their elegiac undertones acknowledge that the future of Japan is fixed towards high-tech urbanism. (Ota 2007: 12–13)

Dieses Beispiel zeigt, dass in manchen Filmen ein nostalgisches Bild von Familie und Dorfgemeinschaft kreiert wird, welches insbesondere in der Großstadt nicht mehr oder nur noch begrenzt anzutreffen ist. Folglich ist zunehmend weniger klar umrissen, was als eine „richtige" Familie verstanden werden kann, und es exisiteren eine Vielzahl von Weiblichkeits- bzw. Männlichkeitsmodellen (vgl. Himeoka 2008: 250–252). Auch Raymo und Iwasawa (2008) verweisen auf einen drastischen Wandel und führen weiterhin aus:

> As in other industrialized countries, patterns of family formation and dissolution have changed dramatically in Japan. Marriages are taking place at later ages, are increasingly likely to follow cohabitation and pregnancy, and are increasingly likely to end in divorce.[…] It is important to stress that our emphasis on gender-asymmetric work and family roles does not imply that Japanese

women are rejecting a primarily domestic role for themselves. Rather it high-
lights the importance of [...] a greater attention to heterogeneity in young Japanese men's and women's attitudes toward marriage and family. (Raymo, Iwasawa 2008: 271)

Ob die Kernfamilie in ihrer Ordnung bestehen bleiben kann, bleibt abzuwarten. Festhalten lässt sich zumindest, dass trotz des sozialen Wandels die allgemeine Auffassung von Geschlechterrollen, die sich in der zweiten Hälfte des letzten Jahrhunderts herauskristallisiert hat, bis heute stark vertreten ist. Während
Frauen in der Arbeitswelt immer noch stark benachteiligt werden, ist es auch
Männern oft nicht möglich, vom Ernährer-Modell abzuweichen, um z. B. Er-
ziehungsurlaub zu nehmen oder die Rolle eines Hausmannes zu übernehmen.
Auch dies sind Themen, die in modernen *dorama* oft auftauchen.[5]

3   Gesellschaftliche Diskurse und Medien

Gesellschaftliche Diskurse finden immer auch Eingang in die Massenmedien,
sei es als Gegenstand von Berichten und Diskussionen oder als Hintergrund für
fiktionale Werke. Es können auch gängige Idealisierungen oder gar Utopien wi-
dergespiegelt werden, die mit der realen Situation nichts zu tun haben. Wie Medien einen Diskurs aufgreifen können, zeigt sich auch bei Raymo und Iwasawa
(2008), die der Frage nachgehen, warum sich das Heiratsalter in Japan systema-
tisch nach oben verschiebt.

Another explanation for delayed marriage popularized in the massmedia em-
phasizes the material benefits of extended coresidence with parents. Using
catchy terms such as dokushin kizoku (aristocratic singles) and parasaito shin-
guru (parasite singles), this hypothesis suggests that young men and (especially)
women are increasingly taking advantage of free room and board to enjoy a rel-
atively luxurious lifestyle while remaining in the parental home. Despite popular endorsement, most empirical studies have found little or no support for this
hypothesis. (Raymo, Iwasawa 2008: 271)

---

[5]   Beispiele für *dorama*, in denen ein Ehemann und Vater eine vom Breadwinner-Modell abweichen-
de Rolle einnimmt, sind *At Home Dad* (2004) oder *Samurai High School* (2009). Und *dorama* wie
Seigi no Mikata (2008) und *Hotaru no Hikari* (2007) haben Protagonistinnen, die dem Ideal der
Hausfrau nicht entsprechen wollen.

Diese Beobachtungen zeigen auch, dass die am häufigsten vertretenen Meinungen nicht unbedingt der Wahrheit entsprechen müssen und dass es vorkommen kann, dass Gegebenheiten fehlinterpretiert werden und trotzdem zur gängigen Ansicht werden. Während journalistische Texte sich mit einer mehr oder weniger klar vorhandenen Realität auseinandersetzen müssen, können die Autoren von Filmen und *dorama* auch Szenarien kreieren, die mögliche Lösungsvorschläge zu vorhandenen gesellschaftlichen Problemen bieten. „Concerning the relation between popular culture and dramas such [...] demonstrate that dramas do not always reflect already existing social conditions" (Gössmann 2000: 218). Das Fernsehen als das Medium, über das die Serien verbreitet werden, kann damit auch eine zentrale und gewichtige Rolle in der Bildung neuer gesellschaftlicher Szenarien und Identitätskonstrukte spielen. Von Bedeutung ist in dieser Hinsicht auch folgende Feststellung von John Fiske:

> Television broadcasts programs that are replete with potential meanings, and [...] it attempts to control and focus this meaningfulness into a more singular preferred meaning that performs the work of the dominant ideology. (Fiske 1987: 1)

Für Fiske, der seine Theorie auf Semiotik und Kommunikationstheorie stützt, ist diese dominante Ideologie eine Ansicht oder Vorstellung, die von einer bestimmten Gruppe von Menschen als „Norm" angesehen wird, d.h. sie gilt als selbstverständlich und wird nicht weiter hinterfragt. Besonders der Vorgang der Naturalisierung ist für diesen Aufsatz ein wichtiger Faktor. Ein Beispiel finden wir in Folge 3 der japanischen Fernsehserie *Celeb to Binbō Tarō*: Als die reiche Alice sich unvermittelt in der Armengegend Itabashi wiederfindet, kann sie nicht verstehen, warum sie dort nicht mit ihrer Kreditkarte zahlen kann. Umgekehrt kann die ältere Dame, der der Kiosk gehört, nicht begreifen, was die junge Frau mit der Plastikkarte will. Hier treffen zwei naturalisierte Ideologien aufeinander: Die von Alice, die es gewohnt ist, überall mit ihrer Kreditkarte zu bezahlen und die der Kiosk-Besitzerin, die keine andere Art der Bezahlung kennt als Bargeld (Folge 3, 16:59).

Ein Beispiel für eine medial aufgegriffene Reaktion auf die eingangs erwähnte Absenz der Väter im Haus ist das häufige Auftauchen einer Wunschfamilie in den *dorama* der späten 1960er und frühen 1970er Jahre. Hirahara (1998: 112) schreibt dazu:

> Der Machtverlust des männlichen Familienoberhauptes in der Nachkriegszeit und die Abwesenheit des Vaters, der im „Wirtschaftskrieg" zum „Unternehmenskrieger" (kigyō senshi) des Wirtschaftswachstums wurde, hat eine solche Wunschfamilie mit der Mutter als Zentrum hervorgebracht. In den Fernsehdramen der Jahre 1965 bis 1975 haben somit die Mütter den durch die Abwesenheit des Vaters in der Nachkriegsfamilie entstandenen Freiraum ausgefüllt.

Es kann auch davon ausgegangen werden, dass Autoren und Regisseure bewusst mit der Vorbildfunktion spielen, die Serienfiguren einnehmen können. Es ist daher durchaus möglich, dass ein von den Machern implizierter ideologischer Standpunkt starken Einfluss auf das Publikum haben kann. Gössmann (2000: 219) schreibt speziell bezogen auf die Wirkung des japanischen *dorama*:

> In comparison to former decades, there is no doubt that the range of role models for men and women found in Japanese television dramas has broadened greatly, and that dramas which advocate and help to legitimize social change have increased in number. In this sense, popular culture in the form of Japanese TV dramas, while not radical, can be considered quite progressive.

4 Die Serie *Celeb to Binbō Tarō*

Die Fuji-Television-Produktion *Celeb to Binbō Tarō* wurde im Herbst-Quartal[6] des Jahres 2008 ausgestrahlt. Das *dorama* besteht aus elf Folgen, welche jeweils dienstags von 21 bis 21:54 Uhr[7] auf Fuji TV zu sehen waren. Mit einer durchschnittlichen Einschaltquote von 13,1% in der Kantō-Region war es eine lediglich durchschnittlich erfolgreiche Serie, erfreute sich also eher mittelmäßiger Beliebtheit.[8]

Der Inhalt der Serie lässt sich zunächst dem öffentlichen Diskurs über die japanische Differenzgesellschaft (*kakusa shakai*) zuordnen. In den ersten Folgen

---

[6] Japanische Fernsehserien bestehen in der Regel aus acht bis 13 Episoden und laufen saisonal in den vier Quartalen: Winter (Januar–März), Frühling (April–Juni), Sommer (Juli–August) und Herbst (September–Dezember) (vgl. Gössmann 1998).

[7] Folge 1 und Folge 11 waren mit 64 bzw. 96 Minuten länger als die anderen Folgen.

[8] Die Daten zu den Einschaltquoten stammen von Video Research Ltd. (Kabushikikaisha bideorisāchi: Internet).

weist der Vorspann eindeutig auf die Differenzgesellschaft hin und die entsprechenden Sequenzen sind sogar mit Grafiken und kurzen pseudo-wissenschaftlichen Erläuterungen ausgestattet.

Erzählt wird in dem *dorama* die Geschichte von Satō Tarō[9], einem jungen Freeter, der im *dorama* jedoch als *working poor* präsentiert wird.[10] Er ist 30 Jahre alt und muss sich nach dem frühen Tod seiner Frau alleine um eine Tochter und zwei Söhne kümmern. Zusammen mit den Kindern und der Haushenne Asako bewohnt er ein heruntergekommenes, winziges Häuschen im Distrikt Itabashi in Tokyo. Sein soziales Umfeld besteht hauptsächlich aus seinen Nachbarn, ausnahmslos Zugehörige der japanischen Unterschicht. Alte Traditionen und Werte zählen für die Gemeinschaft der Nachbarn sehr viel, sie helfen sich gegenseitig und können sich auch darauf verlassen, dass ihnen geholfen wird, wenn sie in ernsthafte Schwierigkeiten gelangen.[11] Die dargestellte Welt von Itabashi ist klar dominiert von Männern, die einzige Frau, die eine größere Rolle spielt, ist Yasuda Sachiko, eine alte Schulfreundin von Tarō, die heimlich in ihn verliebt ist. Sachiko ist auch die Tochter von Yasuda Keiichi, dem Wirt des kleinen Restaurants „Daruma", welches Tarō und seinen Freunden als Erholungsort, Treff- und Stützpunkt dient, wenn es darum geht, Belange ihres Bezirks zu diskutieren und gemeinsame Entscheidungen zu treffen.

Gleich zu Beginn von Folge 1 ist Tarō verzweifelt auf der Suche nach einem Job, da ihm gerade gekündigt wurde und er nicht weiß, wie er seine Familie ernähren soll. Er bewirbt sich auf einen Posten als Chauffeur für die Besitzerin der Modefirma „Love Alice", einem internationalen Konzern mit Hauptsitz in Tokyo. Das enorme Gehalt von einer Millionen Yen lockt Tarō, beim Vorstellungsgespräch macht er aber keinen guten Eindruck. Als die Firmenchefin, Mitazono Alice, die Formulare sämtlicher Bewerber jedoch noch einmal persönlich

---

9 Im folgenden Verlauf des Textes werden Personennamen nach einmaliger vollständiger Nennung nur noch verkürzt angegeben und zwar in Form ihrer Rufnamen aus dem *dorama*.

10 Zu diesem Zeitpunkt trifft die Bezeichnung allerdings nicht zu, weil er nicht die gleiche Stundenzahl arbeitet wie ein Vollzeitangestellter.

11 Dieses romantisierte Bild vom traditionsbehafteten Shitamachi, das man immer wieder in Film- und Fernsehproduktionen beobachten kann, findet man z. B. auch in Reiseführern (Taito city culture guide book: Internet). Yamada Yōji nutzte Shitamachi als Hintergrund seiner Filmreihe *Otoko wa tsurai yo* (1969–1995) und ein Beispiel für eine Fernsehproduktion ist *Andō natsu* (2008).

durchschaut, entscheidet sie sich trotz der Einwände ihrer Mitarbeiter Midori und Gunji dafür, Tarō als ihren neuen Fahrer einzustellen. Tarō und Alice sind sich schon einmal begegnet: Die junge Prominente ist kurz zuvor in eine Baugrube gefallen, in der Tarō zufällig zur selben Zeit arbeitete.

Alice ist die Tochter von Mitazono Sōichirō, dem Besitzer einer weltweiten Hotelkette. Sie ist 23 Jahre alt, hat mit „Love Alice" ihr eigenes Fashionlabel gegründet und gehört mit einem Vermögen von 700 Millionen Yen Japans High Society an. Alice ist weltgewandt und hatte schon viele Partner, darunter auch Ausländer. Sie bewohnt mit ihrem Haustier, dem Löwen „Raion Maru", ein Luxusapartment in einem 5-Sterne-Hotel und ist es gewohnt, dass sie alles bekommt, was sie haben will. Ihren Vater sieht sie nur sehr selten, da dieser nicht in Japan wohnt und auch sonst immer geschäftlich unterwegs ist, und zu ihrer Stiefmutter Mitazono Makiko hat sie ein sehr schlechtes Verhältnis. Makiko drängt sie, endlich zu heiraten, um dem Familienunternehmen einen vorzeigbaren neuen Repräsentanten zu geben.

Alice hat kein Gespür für die Gefühle anderer und kümmert sich auch nicht wirklich darum. So nutzt sie Tarō als vermeintlichen Partner, um einen Heiratskandidaten abzuwimmeln. Dies stellt sich jedoch als problematischer heraus als gedacht, denn der Anwärter ist Gotōda Tsukasa, ein Ex-Freund von Alice, der fünf Jahre vor der Handlung Alices Herz gebrochen hat.

Tarō gerät auf diese Weise immer wieder zwischen die Fronten und verbündet sich schließlich mit Alice gegen Gotōda und damit auch gegen Makiko. Im Laufe der Geschichte vermittelt Tarō Alice die Bedeutung von Freundschaft und zeigt ihr das Leben der einfachen Leute, das als sehr gemeinschaftsbetont und familienorientiert dargestellt wird. Außerdem bringt er ihr das traditionelle Japan nahe, führt sie über das Stadtfest von Itabashi und lässt sie *tamagokake gohan* essen, gekochten Reis mit rohem Ei, was als das urtypische japanische Frühstück präsentiert wird. Alice gelingt es nicht, den Geschmack dieses Essens zu erreichen, als sie selbst zuhause versucht, es nachzukochen. Tarō erklärt dies wie folgt: Das Ei schmecke bei ihm zu Hause so wunderbar, weil die Henne Asako mit ganzer Kraft die Liebe, die sie von Tarōs Familie erhält, zurückgeben wolle. Ein Symbol für Tarōs Bemühen, Alice Hilfsbereitschaft beizubringen, ist das häufig wiederkehrende Motiv des Händereichens: Zum ersten Mal taucht es in Folge 1 auf, als Tarō Alice auffordert, ihm aus der Baugrube zu helfen (Folge 1, 8:40). Erst sträubt sie sich, später aber reicht sie ihm freiwillig die Hand (Folge 5, 41:04).

Im weiteren Verlauf der Geschichte öffnet sich Alice weiter und ist wieder fähig, anderen Leuten zu vertrauen und eine Beziehung einzugehen. Zunächst kommt sie wieder mit ihrem Ex-Freund Gotōda zusammen, was Tarō zwar betrübt, aber nicht bedeutet, dass er sie nicht weiter unterstützt. Kurz vor der geplanten Hochzeit zwischen Gotōda und Alice erfährt der Zuschauer, dass das Paar sich vor fünf Jahren nur aufgrund einer Intrige der Stiefmutter getrennt hatte. Nun steht für Alice eine weitere Enttäuschung ins Haus, denn Gotōda hintergeht sie und erscheint nicht zur Hochzeit. Während alle mit der Planung des Festes beschäftigt sind, kauft er im Geheimen sämtliche Marktanteile der Firma von Makiko und Alice auf und entreißt ihnen so ihr gesamtes Vermögen. Seine Tat gesteht er Alice vor den versammelten Hochzeitsgästen über eine Videoschaltung direkt in die Kirche. Als Motiv gibt er an, dass er sich nach der Intrige vor fünf Jahren geschworen habe, Rache an der Familie Mitazono zu nehmen.

Sämtlichen Vermögens beraubt, müssen sich Makiko und Alice fortan als Duett-Sängerinnen in einem Kabarettclub durchschlagen. Die Wege von Alice und Tarō trennen sich, da Alice Tarō nicht mehr bezahlen kann und sie zu stolz ist, um weiterhin Hilfe von ihm anzunehmen. Tarō jedoch will sich nun an Gotōda rächen: Nicht nur hat er Alice schändlich behandelt, er hat obendrein auch noch die Einkaufspassage in Itabashi verkauft. Tarō mobilisiert die gesamte Nachbarschaft von Itabashi sowie Makiko und Alice, und in einer gemeinsamen Aktion gelingt es ihnen, Gotōda sein ergaunertes Vermögen abzunehmen. Das Geld wird allerdings nicht wieder an Alice und Makiko zurückgegeben, sondern dafür gespendet, dass alle Kinder der Welt zu Weihnachten ein Geschenk erhalten.

Makiko beschließt, nach London zu fahren und dort mit Hilfe ihres Mannes einen Neuanfang zu starten, und Alice will sie begleiten. Am Tag vor ihrer Abreise will sich die junge Frau noch ein Feuerwerk anschauen, zu dem sie Tarō eingeladen hat. Kurz bevor sie den Schauplatz erreicht, explodiert einer der Feuerwerkskörper am Boden und Tarō verschwindet. Trotz einer Großaktion von Rettungskräften wird Tarō nicht gefunden und zu guter Letzt für tot erklärt. Auf seiner Trauerfeier gesteht Alice schließlich, dass sie sich in ihn verliebt hat. Sie zählt auf, was Tarō alles für sie getan hat, und erklärt, dass sie ohne ihn nicht wieder aufstehen hätte können nach dem Fall (Folge 11, 36:41). Auf dem Höhepunkt ihrer Rede taucht Tarō plötzlich wieder auf. Das *dorama* endet mit einer strahlenden Alice, die am Morgen das tägliche Ei von Asako holt, sich bei der Henne bedankt und anschließend für die wartende Familie und sich *tamagokake gohan* zubereitet.

5 Männlichkeitsbilder in Celeb to Binbō Tarō

Im Folgenden sollen die verschiedenen Männlichkeitstypen diskutiert werden, die im *dorama* zu finden sind. Dazu werden Kategorien von Männlichkeit vorgestellt, in die sich die Typen einordnen lassen, die im *dorama* am präsentesten sind. Diese sind der verwestlichte Mann sowie der Mann als Liebhaber, als Freund und als Vater. Diese Einteilung erscheint sinnvoll, da sie jene Positionen aufzeigt, in denen sich die Figuren von *Celeb to Binbō Tarō* befinden. Selbstverständlich gibt es noch viele andere Konstruktionen von Männlichkeit, diese sind für die Untersuchung aber nicht von Belang, da sie in dem *dorama* entweder gar nicht oder nur am Rande vorkommen.

Da verschiedene Charaktere auch verschiedene soziale Positionen einnehmen, kommt es vor, dass eine Figur mehreren Typen von Männlichkeit zugeordnet werden kann.

5.1 Der verwestlichte Mann

Allgemein lässt sich sagen, dass Reichtum in diesem *dorama* immer stark westlich konnotiert ist: Angefangen mit der Ausdrucksweise der reichen Stiefmutter Makiko, die beständig von Anglizismen Gebrauch macht, bis hin zu den Gesellschaften und Feiern, auf denen klassische westliche Musik gespielt wird und die Kleiderordnung offensichtlich Anzug und Abendkleid vorschreibt. Männer, die in der Gesellschaft Erfolg haben und zu Reichtum kommen wollen, müssen sich nach der Logik der Serie mit den Gepflogenheiten der internationalen Oberschicht auskennen und somit einem Männlichkeitsbild entsprechen, das man als „verwestlicht" charakterisieren kann. In diese Kategorie lassen sich Gotōda und zum Teil Gunji einordnen.

Gotōda ist die perfekte Verkörperung des verwestlichten Mannes. Er ist reich und gesittet und hat ein gepflegtes Äußeres. International kennt er sich aus, da er fünf Jahre in Amerika gearbeitet hat, um sich ein Vermögen aufzubauen. Er verhält sich zwar manchmal wie ein Gentleman, z. B. als er Sachiko sein Taschentuch schenkt, um die Wunde eines Sturzes zu säubern (Folge 8, 24:37), zeigt sonst aber nur ein einziges Mal Gefühle, und zwar als er sich auf seine Vergangenheit in Japan rückbesinnt und Sachiko erzählt, wie er zu der Zeit von einem japanischen Koch in einem Restaurant ausgehalten wurde und jeden Tag ein Omelett mit Reis gemacht bekam, obwohl er es nicht bezahlen konnte (Folge 9; 25:20).

Gotōda ist ein unerbittlicher Gegner, der sich nicht scheut, sich durch sein Geld oder unfaire Praktiken möglichst alle erdenklichen Vorteile zu verschaffen. Zum Schluss gesteht er sogar, dass er den Besitzer des Restaurants, der ihm immer ausgeholfen hat, als Ersten auf seinem Weg nach oben betrogen hat (Folge 9, 44:53). Ein weiteres Beispiel ist eine Situation, in der er die amerikanische Baseball-Nationalmannschaft einkauft, um sie als Gegner für Tarōs Mannschaft aus Itabashi aufzustellen (Folge 4, 17:31). Auch bei der Übernahme des Mitazono-Unternehmens greift er auf unfaire Mittel zurück, indem er allen vorspielt, er wolle Alice heiraten. Oft agiert er auch hinterhältig, um einen offenen Konflikt zu vermeiden. Er lässt Tarō auf einer Spendenvernissage dazu auffordern, ein Lied auf dem Flügel zu spielen, obschon er ahnt, dass dieser in Wirklichkeit kein Pianist ist (Folge 2, 30:45). Auch fragt er Tarō während des Essens, ob er Stäbchen haben wolle, da dieser sich beim Essen mit Messer und Gabel ziemlich ungeschickt anstellt (Folge 2, 29:31). Im Vergleich zwischen Tarō und Gotōda lässt sich nicht bloß ein Unterschied zwischen Reich und Arm ausmachen, sondern auch einer zwischen dem Westen und Japan. Als sich die beiden zum ersten Mal begegnen verbeugt sich Tarō, während Gotōda ihn nur anschaut (Folge 2, 16:36). Auch überreicht Gotōda seine Visitenkarte lediglich mit einer Hand, Tarō jedoch nimmt sie mit beiden Händen entgegen und verbeugt sich wieder (Folge 2, 16:48).

Es lässt sich auch argumentieren, dass Alices Vater Sōichirō westlich konnotierte Attribute aufweist, da er reich ist und im Ausland lebt, allerdings erfährt man nichts bezüglich seines Charakters und er taucht im *dorama* nicht ein einziges Mal als Person auf, so dass die Zuordnung in diese Kategorie rein spekulativ wäre. Gunji ist zwar nicht reich, aber er kennt sich als Alices Sekretär mit den Konventionen der Reichen aus. Er grenzt sich von einfachen Leuten wie Tarō ab und missbilligt es, wenn man sich nicht dem Umfeld gemäß verhält.

Insgesamt lässt sich feststellen, dass *Celeb to Binbō Tarō* in Bezug auf die Männlichkeit eine Verknüpfung von Reichtum, Westen und Erfolg herstellt, wobei als Nuance mitspielt, dass diese westlich geprägte Männlichkeit einen sehr rationalen Charakter annehmen kann, der bis hin zur Skrupellosigkeit geht.

5.2 Der Liebhaber

In diese Kategorie lassen sich Gotōda und Tarō einordnen, beide jeweils als Partner für Alice. Während Gotōda sich obendrein als idealer Wunschpartner für sämtliche weiblichen Angestellten in Alices Firma herausstellt, sind sie schockiert oder reagieren zumindest mit Unverständnis, als sie in der Klatschpresse erfahren, dass Alice und Tarō ein Paar sind (Folge 3, 6:10). Diese Ansicht spiegelt das Heiratsverhalten von vielen Frauen in Japan wider, die tendenziell Partner in der gleichen oder gar einer höheren gesellschaftlichen Schicht suchen. Die lächerliche Darstellung der Frauen, die sich Gotōda zu Füßen werfen und das Ergebnis von Alices Zusage zur Hochzeit mit ihm zeigen, dass die Serienmacher hier ein Negativbeispiel anführen wollen; wer bloß auf das Äußere achtet und nicht den wahren Charakter seines Partners kennt, wird ausgenutzt und bleibt am Ende verletzt und mittellos zurück. Dies zumindest ist die Botschaft, die das *dorama* vermittelt. Im Gegensatz zu dem reichen Antagonisten ist Tarō zwar arm, dafür aber gefühlvoll und aufopfernd. Während Gotōda, wie vorher erwähnt, durchweg mit als westlich geltenden Attributen ausgestattet ist, verkörpert Tarō das traditionelle Japan. Nicht nur ist er Bewohner von Tokyos Shitamachi, einem Ort, der häufig als Symbol für ein klassisches Japanbild herhält, ihm ist es auch wichtig, mit seinen Freunden das jährliche Straßenfest zu veranstalten, Baseball zu spielen und Werte wie Treue, Verlässlichkeit und Hilfsbereitschaft hochzuhalten.

Der traditionsbewusste Tarō steht im Kontrast zum weltgewandten Gotōda. Er beherrscht keine Etikette, ist laut und handelt immer moralisch richtig, wenn auch oft unbedacht. Gotōda hingegen hat seine Gefühle immer unter Kontrolle und handelt berechnend. Trotz ihrer divergenten Darstellung haben beide Männer jedoch eines gemeinsam, sie nehmen eine erzieherische Rolle gegenüber Alice ein – eine Haltung, die in der japanischen Gesellschaft nicht selten ist und zum Beispiel von dem Ethnologen Walter Edwards auch in Glückwunschreden auf Hochzeiten nachgewiesen wurde (vgl. Edwards 1989: 114).

In Bezug auf den Liebhaber stellt sich also heraus, dass der „verwestlichte" Mann aufgrund seines Erfolgs und Reichtums zwar durchaus attraktiv ist, die Serie konstruiert als das Idealbild eines Partners jedoch die von Tarō verkörperte Trias aus japanischer Tradition, Armut und Emotionalität.

5.3 Der Freund

Die Gemeinschaft aus Itabashi – die von Männern dominiert wird – stellt nicht nur eine Gruppe von Nachbarn dar, sondern auch von Freunden. Sie helfen sich gegenseitig, wenn jemand alleine nicht weiterkommt. Zum Beispiel bauen sie Tarōs Haus wieder auf (Folge 8, 41:12), nachdem es abgebrannt ist, obwohl er sie vorher gekränkt hat, indem er ihnen sagte, dass er ihre Hilfe nicht brauche, aus Angst, Makiko könnte ihnen schaden (Folge 8, 11:43). Sie halten Traditionen hoch, wie beispielsweise ein gemeinsames Fest vor dem Tempelplatz. Allerdings sind sie Fremdem gegenüber misstrauisch. Alice zum Beispiel nehmen sie erst auf, nachdem sie erkannt haben, dass sie für Tarō wichtig ist. Als Tarō einmal im Anzug und mit neuem Haarschnitt ins Restaurant „Daruma" kommt, zeigen sie sich sichtlich verstört und reagieren mit Unverständnis, als sie bemerken, dass er sogar Parfüm aufgetragen hat (Folge 2, 19:20).

Tarō ist allen Leuten, die ihm wichtig sind, ein guter Freund. Er besitzt Führungsqualitäten und steht als Erster auf, wenn es darum geht, Gerechtigkeit einzufordern. In einer Situation setzt er sogar ungeachtet der Folgen für sich und seine Familie seinen neuen Job aufs Spiel: Als Alice einen Erfolg mit Sachikos

Designentwürfen feiert, ohne zu wissen, wessen Arbeit sie den Triumph zu verdanken hat, verlangt Tarō von ihr, sich bei Sachiko zu bedanken (Folge 1, 43:09). Er ist sogar bereit, sich in letzter Instanz demütigen zu lassen, um seine Freunde zu retten. Als sich herausstellt, dass er den Wettkampf im Baseball nicht gewinnen kann, kniet er sich vor Gotōda hin, verbeugt sich und bittet unterwürfig darum, er möge die Einkaufspassage nicht zerstören (Folge 4, 42:25).

Er überredet auch seine gesamte Nachbarschaft dazu, ihm zu helfen, Alice aus dem Hotel zu befreien, in dem sie von Makiko festgehalten wird. Sie tüfteln gemeinsam einen Plan aus und führen ihn auch erfolgreich durch, damit Alice ihren Vater treffen kann (Folge 5, 11:46). Als Freund trägt Tarō Verantwortung für seine Freunde, scheut sich aber auch nicht, ihnen zu sagen, wenn sie falsch handeln.

5.4 Der Vater

Es lässt sich feststellen, dass in der Serie die Väter als Inbegriff des ‚Japanischen‘ konstruiert werden: Alle Vaterfiguren pflegen traditionelle japanische Werte. Interessant zu beobachten ist auch, dass sämtlichen leiblichen Vätern in *Celeb to Binbō Tarō* die Mutter ihrer Kinder verstorben ist oder im Fall von Sachiko aus ungeklärten Gründen nicht mehr da ist.

Gunji ist zwar Alices Sekretär, steht ihr aber auch immer mit Rat und Tat zur Seite und hält treu zu ihr. Dass Gunjis Position so gefestigt ist, dass er Alice sogar kritisieren kann, wird in der Szene deutlich, als er sie nach ihrer Flucht wiederfindet: Sie erwartet, dass ihr Sekretär ihr Vorwürfe machen wird. (Folge 5, 42:27). Gunji fühlt sich für Alice verantwortlich und erklärt Gotōda, dass er glaube, seit seinem ersten Arbeitstag immer die besten Entscheidungen für Alice getroffen zu haben (Folge 5, 22:25). Er besitzt ein ähnliches Treueverständnis wie Tarō, denn er ist bereit, Alice bis zuletzt zu unterstützen, auch wenn es für ihn persönlich fatale Folgen haben kann. Selbst Mitazono Sōichiro verkörpert auf eine Art den traditionellen Typ des *salaryman* als Vater, da er niemals als Figur präsent ist und fast keine Zeit für seine Familie hat.

Yasuda Keiichi ist seiner Tochter Sachiko ein guter Vater, er interessiert sich für ihre Wünsche im Leben und sorgt für sie, weil sie als Single noch bei ihm wohnt. Er hat Verständnis für ihre Gefühle bezüglich Tarō und kann mit ihr fühlen, auch wenn sie versucht, sich niemals anmerken zu lassen, dass sie unglücklich ist. Auch sucht er in Folge 7 einen Ehemann für Sachiko, allerdings ohne sie davon zu unterrichten.

Über Mitazono Sōichiro als Vater lässt sich nicht viel sagen, da er, wie schon erwähnt, nicht einmal als Figur in der Serie auftritt. Er ist immer sehr beschäftigt, auch wenn er schon am Anfang der Serie bekannt gibt, sich aus dem Geschäftsleben zurückzuziehen und das Finanzielle Makiko zu überlassen. Er tut was er will und ist nie mit Makiko oder Alice zu sehen. Trotzdem wird er von Alice geliebt. Sie setzt zum Beispiel alles daran ihn zu treffen, als er vorhat einen kurzen Zwischenstopp in Japan einzulegen, was aber daran scheitert, dass der Flug abgesagt wird (Folge 5, 42:37). Auch wünscht sie sich, dass er sie im Hochzeitskleid gesehen hätte (Folge 9, 38:57). Sōichiro kann als Paradebeispiel für einen Ehemann der Babyboom-Generation des wirtschaftlichen Aufschwungs gesehen werden. Er versorgt die Familie finanziell, ist aber sonst nicht zu Hause (vgl. Goerke 1998).

Tarō ist ein Vater, der finanziell nicht gut für seine Kinder sorgen kann. Das macht er aber wett, indem er ihnen viel Liebe und Aufmerksamkeit schenkt. Er ist bereit, das wenige Geld komplett für sie auszugeben, wenn einmal etwas übrig sein sollte (Folge 1, 1:50). Für ihn ist die Familie das Wichtigste, und verlassen will er seine Kinder nur, wenn er keine andere Möglichkeit mehr sieht, seine Kinder zu ernähren (Folge 8, 30:45).

Die im *dorama* vorgestellten Männer-Typen sind sehr facettenreich, allerdings haben sie alle gemein, dass sie ausnahmslos Formen starker Männlichkeit präsentieren. Sei es für andere oder für sich selbst, sie setzen sich im Rahmen ihrer Möglichkeiten mit ganzer Kraft für ihre Ziele ein.

6 Fazit

Die Fernsehserie *Celeb to Binbō Tarō* erweckt zunächst den Anschein, als würde mit der Person des Tarō ein untypischer Mann präsentiert. Trotz der schlechten Lebensumstände ist es ihm gelungen, eine Frau zu finden, mit der er drei Kinder zur Welt brachte. Nach ihrem Tod kümmert er sich alleine um die Kinder und versucht die Familie mit aller Kraft zu ernähren. In der ersten Folge sieht man ihn sogar das Kleid der kleinen Hanako nähen und das Haushaltsgeld verwalten. Danach scheint er nie wieder häusliche Arbeiten zu verrichten, wenn man davon absieht, dass er *tamagokake gohan* zubereitet, was sich aber sicher nicht dem Kochen zuordnen lässt. Zwar hängt auch mal frisch gewaschene Wäsche vor dem Haus, aber anders als in einigen anderen *dorama* der letzten Jahre[12], in denen Männer aktiv im Haushalt helfen oder ihn sogar alleine führen, wird nicht gezeigt, wer die schmutzigen Kleider wäscht, sie später von der Leine nimmt und wegräumt. Es besteht also zumindest potentiell die Möglichkeit, dass die Kinder sich um sämtliche Arbeiten kümmern, die in ihrem Heim anfallen.

Natürlich kann nun angenommen werden, dass das Führen des Haushaltes nicht im Fokus der Serie liegt, weil es nicht relevant für die Geschichte ist, zumal die Kinder, für die Tarō zu sorgen hat, obendrein ziemlich flache Charaktere sind, die einzig und allein dazu dienen zu unterstreichen, wie hart Tarōs Alltag und wie wichtig ihm Familie ist.[13] Allerdings wird explizit gezeigt, wie Sachiko Tarōs Familie unterstützt, indem sie zum Beispiel Essen vorbeibringt, das sie gekocht hat (Folge 6, 3:58) oder eine Bluse von Hanako näht, die Tarō nicht mehr flicken kann (Folge 6, 4:12). Mit Sachiko und später auch Alice ist also trotz der verstorbenen Mutter immer eine Frau da, die sich um Teile der Haushaltsführung kümmert. Sachiko kennt sich besser als Tarō mit der Zubereitung von Essen und dem Nähen aus und Alice nimmt ihm letztendlich das Kochen ab.

Celeb to Binbō Tarō vertritt klar eine konservative Position in Bezug auf den Gender-Diskurs. Präsentiert wird eine Welt, in der Männer Entscheidungen treffen und eine erzieherische Funktion übernehmen. Auch die Arbeitswelt ist männerdominiert. Es gibt zwar viele arbeitende Frauen in Alices Firma, dadurch

---

[12] Beispiele sind *At home Dad* (2004), *Hotaru no Hikari* (2007), *Seigi no Mikata* (2008), *Samurai High School* (2009).

[13] Nur bei einer Gelegenheit sind die Kinder unglücklich mit ihrer Situation und das ist, als die Familie ihr Heim verliert und auf der Straße leben muss (Folge 8, 21:22). Dass die Kinder keine bedeutende Rolle einnehmen, lässt sich auch daran erkennen, dass man ihre Namen erst im Laufe des *dorama* erfährt, in Folge vier den ersten Namen und zwar den von Hanako, der Tochter. Jiro, den Namen des jüngeren Sohnes erfährt man erst in Folge acht, als er krank wird und der Name des ältesten Sohnes, Ichirō, wird sogar erst gegen Ende des *dorama* genannt.

aber, dass sie ständig auf der Suche nach einem Partner sind, kann angenommen werden, dass sie eher dem rückständigen Stereotyp der Office Lady entsprechen, die nur so lange zu arbeiten gedenkt, bis sie einen Ehemann findet, um dessen Haushalt sie sich kümmern kann. Es ist wahrscheinlich, dass hierin auch ein Grund liegt, warum die Mütter abwesend sind. Frauen werden tendenziell als opportunistisch präsentiert, sie sind zum Großteil darauf bedacht, einen finanziell gut situierten Partner zu finden. Sie himmeln durch die Medien gefeierte Männer an und realisieren nicht, dass es für sie nahezu unmöglich ist, einen solchen Mann zum Partner zu bekommen.

Dass Frauen eine hohe Position in der Wirtschaft bekleiden, wird im *dorama* durchweg als negativ wiedergegeben. Entweder leiden sie darunter, dass sie keinen Partner finden, oder müssen erkennen, dass sie sich mit einem Mann nicht messen können. Alice und Makiko verlieren ihr Vermögen an Gotōda, Alice findet Zuflucht im Haus der Familie Satō, während Makiko reumütig zu ihrem Mann nach London zieht, um einen Neuanfang zu starten. Eine weitere Stelle, an der dieser Gedanke ganz klar zum Ausdruck kommt, findet man in Folge 7 (3:53), in der ein Fernsehbericht gezeigt wird, der argumentiert, dass immer mehr Frauen nur noch arbeiten wollten und dadurch die schlechte Wirtschaftslage zustande komme.

Das *dorama* geht sogar noch einen Schritt weiter und kehrt die von Goerke (1998) im Morgen-*dorama* des späten 20. Jahrhunderts entdeckte Absenz des Vaters im Haushalt um zu einer Fokussierung auf den Vater und die Absenz der Mutter. Die Männer sind mit der Erziehung ihrer Kinder allein gelassen und müssen sich obendrein mehr schlecht als recht um die Ernährung ihrer Familien kümmern. Erst die Bemühungen Tarōs, sich der von Japan entfremdeten Alice anzunehmen und ihr seine Werte anzuerziehen sowie Alices Einsicht ermöglichen schließlich, dass die beiden ein Paar werden. Die ausschlaggebende Prämisse dafür ist aber, dass Alice ihre Arbeit und ihr gesamtes Vermögen verliert, damit sie Tarō die Position des Familienernährers nicht mehr streitig machen kann. Zudem muss sie lernen, den Haushalt zu meistern. Das Motiv des Handreichens, um ihn wieder aufzurichten, reflektiert die altmodische Auffassung, dass die Frau dem Mann eine Unterstützung sein soll (vgl. Edwards 1989).

Das in *Celeb to Binbō Tarō* gezeigte Bild von Familie sowie die Konzeption der Genderrollen sind stark reaktionär. Die auftretenden Männer sind unabhängig von ihrer wirtschaftlichen Lage starke Charaktere, die über das Leben ihrer Frauen bestimmen. Es lässt sich noch nicht einmal sagen, ob mit der Figur des Tarō wenigstens dem Ruf der 1990er Jahre nach einem Vater, der sich öfter zu Hause aufhält, gefolgt wird, da er sich in einer Ausnahmesituation befindet und die Geschichte endet, bevor weitererzählt werden kann, wie sich die Situation entwickelt, nachdem Alice bei der Familie Satō eingezogen ist. Das Modell des Vaters, der der Familie fern bleibt, wird zumindest nicht negativ dargestellt, da Alice ihren Vater liebt und sich nie über sein Verhalten beschwert.

Literatur

EDWARDS, Walter (1989): *Modern Japan Through its weddings – Gender, Person, and society in Ritual Portrayal.* Stanford, California: Stanford University Press.

FISKE, John (1987): *Television Culture.* London/New York: Methuen & Co.

GOERKE, Marie-Luise (1998): „Der ignorierte Mann? – Zur Darstellung der Geschlechterrollen im NHK-Morgendrama." http://www.uni-hamburg.de/Japanologie/noag/noag163 _164_4.pdf [Stand: 5.1.2010].

GÖSSMANN, Hilaria (1998): „Realitätsspiegelung oder Idealisierung? – Das Bild der Ehe in Fernsehserien der Jahre 1992–1994". In: Gössmann, Hilaria (Hrsg.) *Das Bild der Familie in den japanischen Medien.* München: Iudicium, S.147–166.

GÖSSMANN, Hilaria (2000): „New role models for men and women? – Gender in Japanese Tv dramas." In: *Japan pop!: Insidethe world of japanese popular culture.* Craig, Timothy J. (Hrsg.) New York: An East Gate Book, S. 207–221.

HIMEOKA, Toshiko (2008): „Changes in family structure". In: Coulmas, Florian; Conrad, Harald; Schad-Seifert, Annette; Vogt, Gabriele (Hrsg.) The demographic challenge – A handbook about Japan. Leiden/Boston: Brill. S. 235–253.

HIRAHARA, Hideo (1998): „Macht und Ohnmacht des Familienoberhaupts. Entwicklungen im Genre Fernsehdrama von den Anfängen bis zur Gegenwart". In: Gössmann, Hilaria (Hrsg.) *Das Bild der Familie in den japanischen Medien.* München: Iudicium, S. 147–166.

Kabushikikaisha bideorisāchi [Gesellschaft für Videorecherche] (Übers. der Verfasser), http://www.videor.co.jp/top.htm [Stand: 3.11.2009].

KAWASOE, Noriko Katharina, „Der imaginierte Mann: Männerbilder in der japanischen Zeitschriftenwerbung." In: Akademischer Arbeitskreis Japan (Hrsg.): *Minikomi* 2/ 1999. S. 14–22. www.aaj.at/mini992.pdf [Stand: 3.5.2010].

OTA, Carol (2007): *The Relay Of Gazes – Representations of culture in the japanese televisual and cinematic experience.* Plymouth: Lexington books.

PLATZ, Anemone (2009): „Sutekina kurashi – Rückbesinnung auf Heim und Familie". In: Chiavacci, David; Wieczorek, Iris (Hrsg.) *Japan 2009 – Politik, Wirtschaft und Gesellschaft.* Berlin: VSJF, S. 243–272.

RAYMO, James M., Iwasawa Miho (2008): „Changing family life cycle and partnership transition – Gender roles and marriage patterns". In: Coulmas, Florian; Conrad, Harald; Schad-Seifert, Annette; Vogt, Gabriele (Hrsg.) *The demographic challenge – A handbook about Japan.* Leiden/Boston: Brill, S. 254–276.

Celeb to Binbō Tarō; Tokyo: Fuji Terebi (2008). Regie: Matsuda Hidetomo u.a.

Taito City: *Taito city culture guide book*; http://taito-culture.jp/customs/shitamachi/english/shitamachi_introduction_e_01.html [Stand: 26.2.2010].

Tōkeikyoku seisakutōkatsukan tōkeikenshūsho [Statistisches Amt und Generaldirektor für Raumordnungspolitik] (2008): „Shotai no jōkyō"; http://www.stat.go.jp/data/kokusei/2005/kihon1/00/04.htm (19. Dezember 2009).

„Unter der Maske der Liebe" – Häusliche Gewalt in *Last Friends*

Fauve Görlach

1 Einleitung

Es gibt ein Zitat von Leonardo da Vinci: „Wo die Liebe beginnt, hört die Gewalt auf. Liebe siegt über alles." (zit. nach Meyer 2009: 23). Genau umgekehrt verhält es sich bei der häusliche Gewalt – man könnte sagen, wo die Liebe beginnt, fängt auch die Gewalt an. Dieser Aufsatz macht es sich zur Aufgabe, das Thema häuslicher Gewalt in Japan zu beleuchten und aufzuzeigen, wie dieser Problemkreis in der Fernsehserie (*terebi dorama*) *Last Friends* verarbeitet wird.

Last Friends ist eine elfteilige Serie über Freundschaft, Liebe, häusliche Gewalt (*domestic violence*), soziale Erwartungen und auch Homo- bzw. Transsexualität. Fünf junge Menschen leben in einer Wohngemeinschaft (von ihnen *Share House* genannt) zusammen und werden dabei mit ganz unterschiedlichen Problemen konfrontiert. Michiru, die im Zentrum der Analyse dieses Aufsatzes steht, hat zuvor mit ihrem Freund Sōsuke zusammengewohnt, der sie seelisch und körperlich misshandelt hat. Für sie ist die WG ein Ort, an den sie sich geflüchtet hat. Die Mitbewohnerin Ruka hat sich in Michiru verliebt und kämpft um eine Anerkennung ihrer sexuellen Orientierung und damit auch ihrer Person. Gegen Vorurteile kämpft auch Takeru, der nicht dem gängigen Männlichkeitsideal entspricht. Weitere Mitbewohner sind Eri, die die wahre Liebe sucht und dabei ihre Ängste mit Frohsinn überspielt, und Ogurin, der auch auf der Suche nach der wahren Liebe ist, jedoch von seiner fremdgehenden Frau nicht loskommt. Am Ende der Serie findet jeder der fünf sein eigenes Glück und seinen inneren Frieden. Michiru gründet zusammen mit Ruka und Takeru eine kleine glückliche Familie, in der sie Sōsukes und ihr Kind behütet aufziehen kann.

Last Friends wurde vom 10. April bis zum 19. Juni 2008 donnerstags um 22 Uhr bei Fuji TV ausgestrahlt. Durchschnittlich haben 17,7% der Haushalte in der Kantō-Region das *dorama* verfolgt.[1] Die letzte Folge haben sogar 22,8% gesehen.

---

[1] Durchschnitt errechnet anhand der Daten von Video Research Ltd.

Die Spitzenquote von 25,9% wurde während der letzten Szene erreicht (vgl. To-kyograph 2008). *Last Friends* erhielt außerdem einige Auszeichnungen bei den *1st Tokyo Drama Awards*, bei den *57th Television Drama Academy Awards* und beim *12th Nikkan Sports Drama Grand Prix*. Das spricht für die positive Reso-nanz der Zuschauer und Kritiker.

Dass das Thema der häuslichen Gewalt so direkt angesprochen wird und auf positive Reaktionen trifft ist nicht selbstverständlich. Bis in die 1980er Jahre wur-de häusliche Gewalt in Japan als ein nicht vorhandenes Problem angesehen; erst durch den Einsatz von Frauengruppen entstand eine vermehrte Aufmerksamkeit und das Problem wurde anerkannt. Zunächst war das Phänomen auch begriff-lich schwer zu fassen, da in Japan unter „häuslicher Gewalt" eher die Gewalt von Kindern gegenüber ihren Eltern als die Gewalt zwischen Eheleuten oder ei-nem Paar verstanden wurde. Als die Öffentlichkeit auf das Thema der Gewalt zwischen Eheleuten aufmerksam wurde, wurde deshalb nach einem Begriff für diese Art von häuslicher Gewalt gesucht, und man einigte sich schließlich auf *domestic violence* (abgekürzt *DV*), das aus dem Englischen übernommen wur-de.

In dieser Arbeit wird analysiert, wie die häusliche Gewalt in *Last Friends* dar-gestellt wird und welche Ursachen dafür angegeben werden. Nach einer kur-zen Vorstellung der einzelnen Charaktere wird anhand einzelner Szenen un-tersucht, wie Gewalt in der Serie thematisiert wird. Die Analyse wird zeigen, ob und inwieweit die Darstellung an die Wirklichkeit angelehnt ist und welche Hintergründe für die Handlungen angegeben werden. Dadurch soll auch klar werden, welches Bild dem Zuschauer vermittelt wird und welche Auswirkungen dies möglicherweise haben könnte.

Der zweite Teil der Arbeit widmet sich der aktuellen Situation in Japan, indem die Gesetzeslage erläutert wird und die Ergebnisse einer landesweiten Kabinett-sumfrage diskutiert werden. Dieser Teil soll noch tiefere Einblicke in die Materie ermöglichen und die Lage der betroffenen Frauen verdeutlichen. So kann die Realitätsnähe der Darstellungsweise im *dorama* überprüft werden.

2 Die Charaktere

In diesem Abschnitt werden die Charaktere vorgestellt, die für das Thema der häuslichen Gewalt in dem *dorama Last Friends* relevant sind. Das sind zum einen Aida Michiru[2], die von der häuslichen Gewalt betroffene Frau, und zum anderen der Täter Oikawa Sōsuke.

2.1 Aida Michiru

Eine der drei Hauptfiguren des *doramas Last Friends* ist Aida Michiru, eine 22-jährige Friseurassistentin. Sie kommt aus einer zerrütteten Familie, da sowohl ihr Vater als auch die Mutter Alkoholiker sind und der Vater die Familie verlassen hat, als sie in der Mittelstufe war. Ihre Mutter ist mit ihr aus Tōkyō weggezogen und hat sie allein großgezogen. Als sie nach einigen Jahren wieder nach Tōkyō zurückziehen, trifft Michiru ihre Freundin Kishimoto Ruka wieder.

Ihre Mutter verbringt viel Zeit mit anderen Männern. Ihrer Ansicht nach ist es normal, dass der Mann die Frau schlägt (Folge 9, 19:00). Dies ist ein Relikt aus den Zeiten des *ie*-Systems[3], bei dem die Frau unter dem Mann stand und der Mann die Macht über die Frau hatte. Die Gedanken, die damit in Zusammenhang stehen, sind auch heute noch nicht gänzlich aus der japanischen Gesellschaft verschwunden: „In Japan, the idea of a male-dominated society is deeply rooted. There is still a tendency not to recognize the social status of women." (Watanabe 2002: 90). Genau deswegen hat die Serie einen aufklärenden Charakter: Sie spielt in der heutigen Zeit, behandelt die Probleme junger Menschen und macht sie so auch für die älteren Generationen verständlich.

Michiru wohnt zusammen mit ihrer Mutter, unterstützt sie finanziell und kümmert sich um den Haushalt. Sie hat einen Freund, Oikawa Sōsuke, und sie scheinen zu Beginn sehr glücklich miteinander zu sein. Als die Mutter, die sowieso kaum Interesse an ihrer Tochter zeigt, einen neuen Mann nach Hause mit-

---

2   Die Namen werden hier wie im Japanischen angegeben, d. h. zuerst wird der Nachname und dann der Vorname genannt.

3   Das *ie*-System (*ie* = Haus, Familie) war ein Ständesystem, das seit der Edo-Zeit (1603–1868) bis zum Ende des 2. Weltkrieges die Hierarchie in der Familie organisierte. So hatte das männliche Familienoberhaupt weitreichende Vollmachten über die Familienmitglieder, und Frauen waren sowohl ihren Vätern als auch Männern und Söhnen untergeordnet.

bringt, fühlt sich Michiru verlassen. Die einzige Person, auf die sie sich stützt, ist ihr Freund. Er hat Ähnliches erlebt und sie glaubt, dass er sie verstehen kann. Als dieser ihr den Vorschlag macht, in eine gemeinsame Wohnung zu ziehen, scheint alles eine gute Entwicklung zu nehmen. Jedoch kann man im Verlauf der Serie beobachten, wie die selbstsichere und fröhliche Michiru mehr und mehr in Schwierigkeiten kommt und an der Situation zerbricht.

2.2 Oikawa Sōsuke

Der 23-jährige Oikawa Sōsuke arbeitet bei der Kinderfürsorge des Bezirksrathauses und kümmert sich um Fälle, in denen Kinder allein zurückgelassen wurden. Wie Michiru ist er in ungewöhnlichen und schwierigen Familienverhältnissen aufgewachsen: Seine Mutter, die ihn allein großgezogen hat, reichte ihn in der Familie herum, nachdem sie einen neuen Liebhaber gefunden hatte. Nach außen hin wirkt der junge Mann sehr nett und fürsorglich: So kümmert er sich im Verlauf der Serie zum Beispiel um einen kleinen Jungen und bringt sich für ihn in Gefahr. Aus diesem Grund ist die Entwicklung dahin, dass er gegenüber seiner Freundin Gewalt anwendet, für den Zuschauer überraschend. Es ist zwar eine verbreitete Ansicht, dass man den Tätern ihre Verbrechen ansehen könne, aber die Erfahrung widerlegt dies: „Clearly, men who use violence are ordinary people regardless of their educational and social backgrounds, income levels, or ages." (Watanabe 2002: 90–91). Gerade dieser Aspekt, der Kontrast zwischen dem öffentlichen und privaten Auftreten des Täters, wird den Zuschauern der Serie in der Figur des Sōsuke deutlich gemacht.

3 Die Darstellung der Gewalt in *Last Friends*

Die Gewaltszenen in *Last Friends* werden bis auf die Vergewaltigungsszene vollständig gezeigt, und die Taten werden weder beschönigt, noch werden die Folgen verharmlost. Das einzige Mittel, das verstärkend eingesetzt wird, ist die Filmmusik. So bekommt Sōsuke im Laufe der Serie sein persönliches und sehr bedrohlich wirkendes Musikthema. Durch die angespannte Stimmung, die das Thema vermittelt, erkennt der Zuschauer sofort, dass die betreffende Person nichts Gutes im Schilde führt. Um diesen Kontrast noch zu steigern, wird einige Zeit keine

Musik eingesetzt, bevor Sōsukes Thema ertönt. Die Stille, in der man jedes Geräusch hört, steigert die Spannung, und die Musik wirkt dadurch wie ein Paukenschlag. Dies steigert die Wirkung um ein Vielfaches und geht dem Zuschauer durch Mark und Bein. *Last Friends* enthält also ein sehr detailliert ausgearbeitetes Musikkonzept für die Gewaltszenen.

3.1 Die Entwicklung der Gewalt

In dem *dorama* wird der Prozess der Gewaltentwicklung sehr deutlich gezeigt. Zuerst wird dem Zuschauer mit Michiru und Sōsuke ein glückliches Paar vorgestellt. Nachdem die beiden zusammenziehen, enden die Probleme, die am Anfang noch lapidar zu sein scheinen, schließlich aber in einer ersten Gewalthandlung. Sōsuke kontrolliert Michirus Handy, worauf diese ihn verwundert, aber freundlich anspricht. Sōsuke macht seinen Standpunkt klar: Er verdächtigt seine Freundin, ihn mit Ruka zu betrügen. Zur Aufklärung verlangt er von Michiru, die die Vorwürfe zu zerstreuen versucht, konkrete Beweise. Michiru versucht tatsächlich, diese gewünschten Beweise zu besorgen, wird aber noch während sie unterwegs ist von ihm angerufen und aufgefordert, auch ohne Beweise zurück zu kommen. Als sie dem nachkommt, empfängt er sie jedoch mit dem Satz: „Wo ist das Schulalbum [der Beweis]?" Als sie ihm sagt, sie habe es nicht, gerät Sōsuke in Rage. (Folge 1, 38:00).

An dieser Szene, in der zum ersten Mal das Thema der häuslichen Gewalt vorgestellt wird, erkennt man bereits das Muster, das sich durch die weiteren Folgen ziehen wird: Die Unberechenbarkeit des Täters, der seine Meinung sehr schnell ändert, und die Hilflosigkeit des Opfers, das, selbst wenn es versucht die Situation zu entspannen, aus der Sicht des Täters alles falsch macht. Der Zuschauer identifiziert sich mit dem Opfer, das die Reaktionen des Täters nicht nachvollziehen kann. Michiru ist verunsichert, und bei dem Versuch, die Ursache zu finden, ist sie verleitet zu denken, sie selbst sei der Grund. Da der Täter dies bestätigt, projiziert das Opfer die Schuld auf sich und beginnt immer mehr an sich zu zweifeln.

Phase 1:
tension building

Phase 2:
battering

Phase 3:
honeymoon

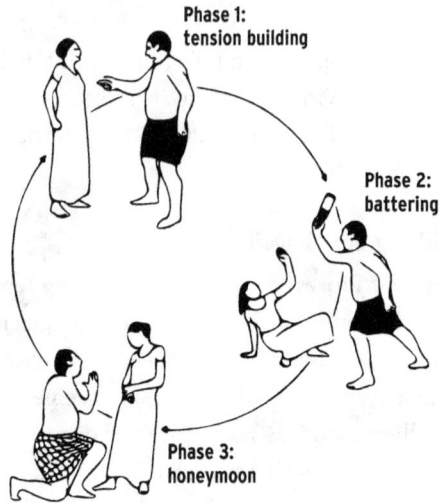

Abbildung 1: Gewaltspirale, Quelle: Coren 2005: 58.

3.2 Die Gewaltspirale

An dieser ersten und sehr detailiert dargestellten Gewaltszene ist die Darstellung der Gewaltspirale zu erkennen. Das Konzept der Gewaltspirale wurde 1980 von der amerikanischen Psychologin Dr. Leonore Walker entwickelt (vgl. Coren 2005: 57). Ihr Schema demonstriert, wie die Gewalt in Partnerbeziehungen abläuft. Diese gliedert sich meistens in drei Phasen, die in Abbildung 1 dargestellt sind. Die Phasen werden in dem folgenden Abschnitt kurz erläutert und danach auf die vorher erwähnte Szene bezogen.

Phase 1: Die Aufbauphase

Das ist die Phase, in der sich die Spannung aufbaut. Es gibt kleinere Streitigkeiten, Anschuldigungen oder geringe körperliche Gewalt, wie Schlagen oder Schubsen. Das Opfer versucht den Täter zu beruhigen und hofft, dass diese Phase vorbei geht (vgl. Coren 2005: 57). In *Last Friends* findet sich diese Phase der Gewaltspirale in der Szene mit dem Handy. Sōsuke kontrolliert das Handy seiner Partnerin und beschuldigt sie, ihn zu betrügen. Michiru versucht seine Anschuldigung zu entkräften und ihn durch einen Beweis zu beruhigen. Als ihr erster Versuch scheitert, baut sich die Spannung so weit auf, dass Sōsuke gegen den Tisch tritt. Erst als die verängstigte Michiru verspricht, einen Beweis zu besorgen, lässt er von ihr ab und beruhigt sich etwas. Als sie jedoch ohne Beweise wiederkommt, auch wenn es auf sein Geheiß war, treten in dieser Situation Aggressionen auf, die sich dann explosionsartig entladen. (Folge 1, 38:00-43:00). Hier findet sich bereits der Übergang zur zweiten Phase.

Phase 2: Die Explosionsphase

Die zweite Phase ist erreicht, wenn die Spannung in einem Punkt gipfelt, an dem sie in Gewalt umschlägt. Der Auslöser kann beispielsweise ein Wort des Opfers sein, das der Täter als Vorwand dafür nimmt, in Rage zu geraten und die Kontrolle zu verlieren. Der Täter kann dann z. B. Eigentum zerstören und Kindern, Haustieren oder dem Opfer Gewalt antun. Er rechtfertigt sich, indem er sagt, dass er nur seinen Standpunkt klar machen möchte oder dem Partner nur eine Lektion erteilen will. Dennoch dauert der Gewaltausbruch an, bis sich die Spannung gelöst hat, der Täter entkräftet ist oder eine dritte Person (z. B. Familie oder Nachbarn) einschreitet (vgl. Coren 2005: 57). Wenn dies wiederum auf die erste Gewaltszene übertragen wird, erkennt man, dass diese Phase beginnt, als Michiru ohne den „Beweis" in die Wohnung zurückkehrt. Er packt sie wütend und schubst sie, so dass sie zu Boden fällt. Die Rechtfertigung ist in der Frage „Warum hast du nicht das gemacht, was ich dir gesagt habe?" zu erkennen. Er beginnt ihr Ohrfeigen zu verpassen. Selbst als sie sich schützend auf dem Boden zusammenrollt und ihn anfleht aufzuhören, tritt er immer wieder zu. Erst als er außer Atem ist, hört er auf. Michiru liegt hilflos am Boden. (Folge 1, 43:00-45:00).

Wenn der Täter wieder die Kontrolle erlangt hat und bemerkt, was er getan hat, kommt es zur nächsten Phase, da er das Opfer bzw. die Kontrolle über dieses nicht verlieren möchte.

Phase 3: Die Versöhnung

Nach der Explosionsphase kommt die Phase der Versöhnung, die auch Phase der Beruhigung genannt wird. Der gewalttätige Partner versucht, seine Reue auszudrücken und es „wieder gut zu machen". Er entschuldigt sich und nimmt (oft unter Tränen) die Schuld auf sich. Er verspricht sogar, dass so etwas nie wieder passieren werde. Das Opfer wird überschüttet mit Geschenken, Blumen, Schmuck, spezieller Aufmerksamkeit und anderen Zeugnissen der Liebe. Aber diese haben immer die unterschwellige Botschaft des Besitzes und des Anspruchs („Du gehörst mir"). Das Opfer und auch die Personen um sie herum geraten in die Falle, sich bestärkt zu fühlen. Sie hoffen, dass sich das Verhalten des Täters ändert und friedlich wird. Das ist die Gefahr: Die Versöhnungsphase läuft aus, die Spannung baut sich langsam wieder auf und der Kreislauf beginnt von vorne (vgl. Coren 2005: 57-58).

In der besprochenen Szene aus dem *terebi dorama* scheint sich Sōsuke nach dem Gewaltausbruch wieder zu fangen. Er richtet die verängstigte Michiru auf, entschuldigt sich während er den Tränen nahe ist und drückt sie so fest an sich, dass sie keine Luft bekommt. Michiru löst sich von ihm, entschuldigt sich und sagt, sie suche weiter nach dem Beweis. Dann verlässt sie die Wohnung (Folge 1, 45:00-47:00). Dies ist aber nur ein Teil der Versöhnungsphase. Michiru flüchtet zu Ruka ins *Share House*[4].

Sōsuke versucht Michiru auf dem Handy zu erreichen und wartet nach der Arbeit auf sie. Er entschuldigt sich noch einmal und bittet sie, nach Hause zu kommen. Michiru zögert, aber willigt dann doch hoffnungsvoll ein, wieder mit ihm zusammenzuwohnen. (Folge 2, 4:00-7:00). Zusammenfassend sagt die Autorin Mariolein Coren:

> The cycle as presented here, can happen hundreds of times in an abusive relationship. Each phase lasts a different amount of time, with the total cycle taking from a few hours to days, weeks, months or more to complete. (Coren 2005: 58)

In der Sequenz aus *Last Friends* erstreckt sich der komplette Durchlauf der drei Phasen auf zwei Tage. Coren schreibt außerdem, dass man bedenken solle, dass nicht alle Beziehungen, in denen häusliche Gewalt auftritt, in dieses Schema passen. Es könne auch dazu kommen, dass, wenn der Missbrauch weiter geht, die

---

4 Das *Share House* ist die Wohngemeinschaft der Freunde.

Beruhigungs- bzw. Versöhnungsphase wegfällt und das Paar in einer konstant gewalttätigen Beziehung lebt. (Vgl. Coren 2005: 58).

3.3 Die Gewaltarten

Die Gewalt, die der Täter gegenüber dem Opfer anwendet, wird in vier Kategorien eingeteilt (vgl. MCADSV 2006: 4-5). Diese Kategorien sind physische, psychische, sozial interaktive und sexuelle Gewalt, das heißt die Kategorien sind nicht auf den körperlichen Aspekt beschränkt. Genau hier lag ein Problem bei der Gesetzgebung in Japan, wie im Kapitel „Die gesetzliche Lage" noch näher erläutert werden wird.

Die vier Gewaltarten werden auch in dem *dorama* gezeigt. Um eine Übersicht zu gewährleisten, liste ich sie geordnet nach den Kategorien auf und gebe in Klammern an, in welchen Folgen der Serie sich die entsprechenden Handlungen finden. So lässt sich nachvollziehen, welche Arten nebeneinander auftreten, und es wird sichtbar, ob es eine Steigerung in der Anwendung von Gewalt gibt. Die Auflistung bezieht sich allerdings nur auf die Gewalt, die explizit dargestellt ist. So wird hier z. B. nur die Ohrfeige vom Beginn der Gewaltszene aufgenommen, wenn die weiteren Handlungen nicht zu sehen sind; wenn im nächsten Schnitt eine verprügelte Michiru gezeigt wird, ist nicht erkennbar, welche Unterarten der Gewalt zu diesem Resultat geführt haben und diese können somit auch nicht mit einbezogen werden.

Physische Gewalt

- Schlagen (Folgen 1, 2, 3, 10)
- Schubsen (Folgen 1, 3)
- Schütteln (Folge 1)
- Treten (Folge 1)

Psychische Gewalt

- Beschuldigungen fremd zu gehen (Folge 1)
- Gewalt an Gegenständen oder mit ihnen werfen (Folgen 1, 5)

- Überwachung
  a) des Handys bzw. über das Handy (Folgen 1, 2, 5)
  b) bei der Arbeit (Folgen 2, 3)
- Täter verschafft sich ohne Erlaubnis Zutritt zur Wohnung der Mutter (Folge 2)
- Schuldzuweisungen (Folge 2)
- Aussperren des Opfers aus der gemeinsamen Wohnung (Folge 3)
- Täter verletzt sich selber (Folge 3)
- Täter besticht die Mutter des Opfers mit Geld (Folge 4)
- Drohung sich zu töten (Folge 5)
- Gewalt an Freunden des Opfers
  a) Ruka (Folgen 6, 7, 9, 10)
  b) Takeru (Folge 9)
- Drohung, den Freunden des Opfers Gewalt anzutun (Folge 10)

Sozial interaktive Gewalt
- Verbot, Männern die Haare zu schneiden (Folge 2)
- Verbot, Freunde zu treffen (Folge 3)
- Nimmt dem Opfer das Handy weg (Folge 6)
- Verbot zu arbeiten (Folge 6)

Sexuelle Gewalt
- Sexuelle Nötigung (Folge 5)
- Vergewaltigung (Folge 10)

Die Auflistung zeigt deutlich, dass der größte Teil der Gewalt psychisch ist. Diese Verletzungen sind nicht sichtbar und die Wirkung ist oft stärker. Das Opfer wird so nach und nach entmündigt, von anderen sozialen Kontakten isoliert und wird abhängig vom Täter.

Diese Mittel demonstrieren die Macht und Kontrolle des Täters über das Opfer. Dazu kommt noch die Versöhnungsphase der Gewaltspirale bzw. die Beteuerungen der Liebe und die Zusage, nicht noch einmal Gewalt gegenüber dem Opfer anzuwenden. Das Opfer wird immer unsicherer, unselbstständiger, nimmt die Schuld auf sich und hofft, dass sich alles zum Guten wendet. Die Möglichkeit der Unterstützung durch andere Menschen ist eingeschränkt und dadurch ist für das Opfer die Erkenntnis, selbst nicht die Schuld zu tragen, schwer zu erlangen. Selbst wenn sie zu der Erkenntnis gelangt, ist der Gedanke, dass private Sachen nicht in die Öffentlichkeit gehören, im Vordergrund. Das Opfer hat eine Hemmschwelle, die ihm von der Gesellschaft auferlegt wurde. Selbst wenn es diese überwindet, hält sich die Polizei bei privaten Angelegenheiten wegen des *uchi-soto*[5]-Verhältnisses zurück. Das Opfer ist wie in einem Spinnennetz gefangen und kommt durch eigene Kraft nicht mehr heraus. Darüber hinaus wird deutlich, dass die Vergewaltigung und die Gewalt an den Freunden die Höhepunkte der Gewaltausübung sind. Deshalb werden die Gewalthöhepunkte im kommenden Abschnitt genauer analysiert.

3.4 Die Gewalthöhepunkte

In diesem Kapitel werden die Höhepunkte der Gewaltausübung in der Serie mit steigender Intensität wiedergegeben. Die erste Szene ist die, in der Sōsuke Michiru anruft, weil er sie sehen will. Als sie das ablehnt, ruft er ein zweites Mal an und sagt, dass sie nicht mehr vorbeikommen brauche. Er werde sich jetzt töten. (Folge 5, 42:00-45:00). Michiru verlässt deshalb ihre Freunde und will Sōsuke retten. Diese Drohung war allerdings nur ein Trick, um Michiru wieder unter seine Gewalt zu bekommen. Er wartet unverletzt auf sie, nimmt ihr das Handy weg, verbrennt ihr Schulalbum, das sie mit Ruka verbindet, und sagt: „Du gehörst mir! Lass nur uns zwei zusammen sein." (Folge 6, 2:42). Danach lebt Michiru wie eine Gefangene. Sōsuke kündigt ihren Job. Sie darf nur mit seiner Erlaubnis das Haus verlassen und bekommt alle halbe Stunde einen Kontrollanruf. Überdies ist sie nun schutzlos den Gewaltattacken von Sōsuke ausgeliefert. Dies erfährt der Zuschauer im Nachhinein, als Takeru, ein Freund, Michiru besuchen kommt, weil dieser sich Sorgen macht. Diese Szene ist sehr wichtig, da dem Zuschauer vor Augen geführt wird, was ohne den unterstützenden Einfluss von Michirus Freunden Ruka und Takeru mit ihr passiert. Selbst wenn der Zu-

---

[5] *Uchi* (innen, Haus) und *soto* (draußen, außerhalb) bezeichnet verschiedene Gruppen und definiert ihre Zugehörigkeit. Dieses Verhältnis wird auch durch die Sprache deutlich.

schauer zuerst denkt, das Ganze sei nicht so schlimm und Michiru könne sich auch allein aus der Situation befreien, wird das mit dieser Sequenz widerlegt. Im Allgemeinen wird dadurch auch deutlich, wie wichtig Freunde und Familie in so einer Situation sind. Auf diesen Aspekt wird später noch genauer eingegangen.

Der zweite Gewalthöhepunkt wird ausgelöst, nachdem Michiru von Takeru befreit wurde. Sōsuke und Michiru begegnen sich zufällig in einem Kaufhaus. Sōsuke möchte, dass sie zurück kommt. Michiru erwidert, dass sie einen neuen Freund habe und nicht mehr zurückkommen werde. Sie läuft weg und Takeru, der zufällig vorbeikommt, begleitet sie zum Share House. Dabei werden sie jedoch von Sōsuke beobachtet (Folge 9, 24:00). Welche Folgen das nach sich zieht, sieht man in der Szene, in der Takeru früh morgens von der Arbeit kommt. Als er sein Fahrrad eine Treppe hinaufträgt, steht Sōsuke am Treppenabsatz. Er schlägt Takeru mit einer Krücke ins Gesicht, so dass dieser rückwärts die Treppe herunterfällt und sich unten noch einmal den Kopf an einem Eisengeländer anschlägt. Er bleibt dort bewegungsunfähig liegen, während Sōsuke die Treppe heruntersteigt. Sōsuke verprügelt Takeru weiter und tritt mit solcher Gewalt auf dessen Hand, dass diese bricht. Drohend sagt er am Schluss, dass er „seiner Michiru" (Folge 9, 32:00) nicht zu nahe kommen solle (Folge 9, 30:00-32:00). Hier sieht man, welche Folgen Sōsukes Eifersucht haben kann. Es wird zum ersten Mal gezeigt, dass auch die Personen aus dem Umfeld des Opfers in Gefahr sind. In diesem Fall verlässt die Gewalt die Grenze der Paarbeziehung.

Es gibt noch eine weitere Szene in der Sōsuke versucht, über Michirus Freundin Ruka Macht auszuüben. Sōsuke vereinbart telefonisch ein Treffen mit Ruka, woraufhin sie alleine zu ihm in die Wohnung geht. Er droht ihr, ihrer Familie zu schreiben, welche „Krankheit"[6] sie habe, wovon Ruka sich jedoch nicht einschüchtern lässt. Als er merkt, dass Ruka nicht entsprechend reagiert, ändert er seine Strategie und beschuldigt sie, am Scheitern seiner Beziehung mit Michiru Schuld zu haben. Sie streitet das ab und beschuldigt ihn, Michiru nicht richtig zu lieben. Dies führt dazu, dass Sōsuke Ruka schlägt, die sich daraufhin zwar wehrt, ihm aber kräftemäßig unterlegen ist. Sōsuke geht so weit, ihr die Kleider

---

[6] Hierbei handelt es sich um Homosexualität bzw. eine Geschlechtsidentitätsstörung.

vom Leib zu reißen (Folge 9, 40:00): Er erkennt ihre Schwachstelle und nutzt sie aus.

Auch hier wird der rivalisierende Charakter geschädigt. Nicht nur auf der physischen, sondern auch auf der psychischen Ebene. Das zeigt, wie sehr Sōsuke davon überzeugt ist, dass Ruka als Frau und Takeru als Mann mit anderen Männlichkeitsidealen in der Hierarchie unter ihm stehen und er Macht über sie ausüben kann. Wie auch in der Szene mit Ruka beschuldigt er die beiden, Michiru verunsichert und so zu der Trennung bewegt zu haben. Durch seine Handlungen versucht er, diese „Störfaktoren" zu eliminieren.

Die letzte für das Thema häusliche Gewalt wichtige Szene ist die, in der Michiru ihre Sachen aus der gemeinsamen Wohnung holen soll. Michiru findet bei dieser Gelegenheit einen Gegenstand, der Ruka gehört, und erfährt, dass sie in der Wohnung war. Als Sōsuke erzählt, dass er Rukas Stolz gebrochen habe, schlägt Michiru ihn, woraufhin Sōsuke in Rage gerät und zurückschlägt. Weil Sōsuke damit droht, ihren Freunden etwas anzutun, wehrt sie sich nicht mehr gegen ihn. Er sagt, dass er nicht zulassen werde, dass jemand anderes sie haben kann und vergewaltigt sie (Folge 10, 31:00).

Danach liegt Michiru leblos auf dem Bett und bittet unter Tränen darum, dass Sōsuke ihre Freunde in Frieden lassen solle. Er dürfe dann mit ihr machen was er wolle. Die Tränen machen Sōsuke aggressiv und er verlässt das Zimmer (Folge 10, 38:00). Im Wohnzimmer erkennt er durch Fotos mit ihren Freunden, was er Michiru durch sein Verhalten angetan hat und wie glücklich sie mit den anderen ist. Als Michiru aufwacht, findet sie Sōsukes blutüberströmten Körper und einen Abschiedsbrief, in dem steht, dass er sie frei lasse (Folge 10, 43:00 bis Folge 11, 3:00).

Diese Szene ist der absolute Höhepunkt der häuslichen Gewalt in *Last Friends*. Die Vergewaltigung ist das Schlimmste, was einer Frau angetan werden kann, aber sie lässt es über sich ergehen, um ihre Freunde zu schützen. Erst als der Täter das Opfer so sieht und erkennt, dass er seine Freundin nicht glücklich macht, sondern im Gegenteil zerstört, fängt er an zu begreifen, was er getan hat. Die Lösung, die die Serie suggeriert, ist der Freitod von Sōsuke. Dieses dramatische Ende mit dem Abschiedsbrief, in dem er erkennt, dass er Michiru so lange unterdrücken wird, wie er lebt und er sie durch seinen Tod frei gibt, ist eine Konstruktion der Drehbuchautoren, die neue Perspektiven ermöglichen soll. Diese Wendung gibt der Protagonistin die Möglichkeit, glücklich zu werden und gewährt einen Einblick in die Gefühlswelt des Täters.

Das Ende hat vor allem einen auflösenden Charakter. Es versucht den Zuschauern die Beweggründe des Täters näher zu bringen. Sōsuke hat seine Partnerin geliebt, aber konnte seine Liebe nur durch den Besitzanspruch demonstrieren. Am Schluss hat er erkannt, dass dies falsch war. So werden die Antipathien gegenüber dem Täter gemindert und der Zuschauer lernt neben der Sicht des Opfers auch die des Täters kennen. In der Serie markiert dies das Ende der Gewalt.

Man erkennt, dass die Intensität der Gewalthöhepunkte chronologisch ansteigt und mit dieser Katastrophe aufgelöst wird. So wurde über einen längeren Zeitraum der Spannungsbogen gehalten und der Zuschauer wurde an die Serie gebunden.

4 Daten und Fakten zu Domestic Violence in Japan

Um das Bild, das uns die Serie *Last Friends* vermittelt, zu bestätigen und zu unterstreichen, werden in diesem Teil der Arbeit die realen Daten und Fakten einbezogen. Als Hintergrund wird im folgenden Abschnitt die gesetzliche Lage zu diesem Thema erläutert und danach wird mit den Ergebnissen einiger Umfragen mit Gewaltopfern verdeutlicht, mit welchen Problemen sich die Opfer konfrontiert sehen.

4.1 Die gesetzliche Lage

Im April 2001 wurde nach jahrelangem Kampf einiger Frauengruppen das *haigū-sha kara no bōryoku no bōshi oyobi higaisha no hogo ni kansuru hōritsu* (das „Gesetz, das sich sowohl auf die Vorbeugung der Gewalt des Gatten als auch auf den Schutz des Opfers bezieht" (Ü. d. A.)) verabschiedet. Zum Schutz der Opfer stehen zwei Möglichkeiten zur Wahl.

> Entweder kann dem Partner ein sechsmonatiges Verbot auferlegt werden, [...]
> oder aber der Partner kann aus der gemeinsamen Wohnung ausgewiesen wer-

den und zwar zunächst für zwei Wochen. Ein Verstoß gegen diese Anordnungen wird strafrechtlich geahndet. (Okaue 2006: 188–89)

Bei Zuwiderhandlung wird eine Gefängnisstrafe von bis zu einem Jahr oder eine Geldstrafe von einer Million Yen (ca. 7.741,50 Euro[7]) verhängt.

Allerdings wurde die Gewalt in dem Gesetz nur als körperliche Gewalt verstanden und genauso definiert wie im Strafgesetz. Dennoch müsste das Gesetz auch gegen andere Gewaltformen, wie psychische Gewalt, Schutz bieten (vgl. Okaue 2006: 189). Ein weiteres Problem war, dass das Gesetz nur bei tatsächlich zusammenlebenden Ehepaaren Anwendung fand. Nicht erfasst waren z. B. geschiedene Paare. Deshalb wurde im Jahr 2004 das Gesetz verändert. Viele Kritikpunkte wurden in dem Reformgesetz bedacht und im Mittelpunkt steht das Ziel, dem Opfer zu einem autonomen Leben zu verhelfen, wenn dies vom Opfer erwünscht ist.

Als einer der wichtigsten Reformpunkte ist (1.) die weitergreifende Definition von Gewalt zu nennen. Sie umfasst nun sowohl Taten, die den Körper schädigen, als auch psychische Angriffe. Des Weiteren wird nun auch (2.) die Gewalt eines Ex-Ehemannes geahndet und es kann auch die erwähnte Schutzanordnung gegen ihn erlassen werden. Überdies wurde (3.) die Dauer der Ausweisung aus der Wohnung von zwei Wochen auf zwei Monate verlängert. Somit hat das Opfer mehr Zeit, ein neues Leben zu organisieren. In der neuen Fassung ist auch (4.) ein Zugangsverbot zu den Kindern von sechs Monaten enthalten, da diese als Druckmittel missbraucht werden könnten (vgl. Okaue 2006: 191–92).

Somit ist das Gesetz trotz einiger noch damit verbundener Probleme ein erster Schritt zur Bekämpfung der häuslichen Gewalt. Durch dieses Gesetz wird die Bedeutung der häuslichen Gewalt juristisch anerkannt und der Staat wird verpflichtet, die Gewalt in angemessenem Maße zu verhindern und das Opfer zu schützen. Dadurch sind es nicht mehr nur private Hilfsorganisationen, die den Opfern helfen. Der Staat ist stark eingebunden und muss zum Beispiel auch aufklärende Arbeit an der Allgemeinheit verrichten (vgl. Okaue 2006: 192). Dafür, dass sich das Wissen um das Problem verbreitet, ist das *dorama Last Friends* ein gutes Beispiel. Die Macher der Serie müssen von einem allgemeinen Interesse

---

[7] Wechselkurs vom 16.3.2009: 1 Euro = 126,601 Yen.

der Zuschauer ausgegangen sein, sonst hätte *domestic violence* nicht eines der Hauptthemen werden können. Das Positive daran ist, dass durch die Serie die Allgemeinheit noch weiter aufgeklärt wird.

Als eine Reaktion auf das Gesetz zitiert der Autor Roger Goodman die Daten von J. Gelb:

> As a direct response to the law, arrests in 2002 for spousal abuse were four times higher than in 1998; the National Police and other agencies recorded dramatic increase, up to 50 per cent in reports of domestic abuse. (Gelb 2003: 22, zitiert nach Goodman 2006: 153)

Durch diese Resonanz ist erkennbar, dass das Gesetz den Bedürfnissen der Bevölkerung entspricht und es in diesem Bereich noch viel Bedarf an Aufklärung und Hilfestellungen gibt. Um genau diesen Bedarf genauer zu erläutern, wird im kommenden Abschnitt auf eine landesweite Umfrage eingegangen, die die Probleme der Opfer wiedergibt.

4.2 Ergebnisse einer Umfrage zu häuslicher Gewalt

Im Jahr 2004 führte das Kabinettsamt eine landesweite Umfrage zum Thema häusliche Gewalt durch, deren Ergebnisse 2005 veröffentlicht wurden. Im Folgenden werden nun die Ergebnisse vorgestellt und die Probleme analysiert. Abbildung 2 spiegelt die Ergebnisse zu der Gewalterfahrung von Frauen in Japan wider. Es wird deutlich, dass fast jede sechste Frau (15,5%) schon einmal Gewalt erfahren hat und zwei Drittel dieser Frauen des Öfteren geschlagen wurden. Die beiden Fragen, die in den Abbildungen 3 und 4 wiedergegeben sind, weisen auf einige der Probleme hin, die das Opfer betreffen. Das ist ein wichtiger Punkt für diese Arbeit, da die Antworten in Bezug zu der Darstellung im *dorama* gesetzt werden können.

Die erste Frage, deren Auswertung Abbildung 3 ist, bezieht sich auf die Personen oder Organisationen, die die Opfer um Rat gefragt haben. Dabei waren Mehrfachnennungen möglich. Auffällig ist, dass fast die Hälfte der Opfer niemandem von der Gewalterfahrung berichtet hat oder berichten konnte. Der Großteil der Menschen, denen sich die Betroffenen anvertrauten, waren Freunde und/oder Familie. Dies ist eine Verbindung, die zu der Serie *Last Friends* gezo-

■ ein paar Mal   □ viele Male

Körperliche Gewaltanwendung {
Frauen 4,8%   10,7%   15,5%
1,0% 7,1% 8,1%

Drohung {
Frauen 1,5% 4,1% 5,6%
0,2% 1,6% 1,8%

Sexuelle Nötigung {
Frauen 3,4% 5,6% 9,0%
0,4% 0,9% 1,3%

Frauen   1.714
Männer   1.409

0%   2%   4%   6%   8%   10%   12%   14%   16%   18%

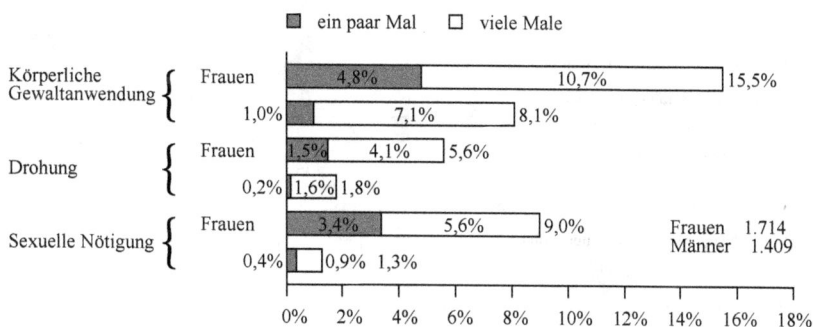

Abbildung 2: Gewalterfahrung in Japan; Quelle: Okaue 2006: 182.

Frage 1:   Wen haben Sie bei häuslicher Gewalt zu Rate gezogen?
(Kabinettsamt, Umfrage Okt.-Nov. 2004, veröffentlicht 2005)

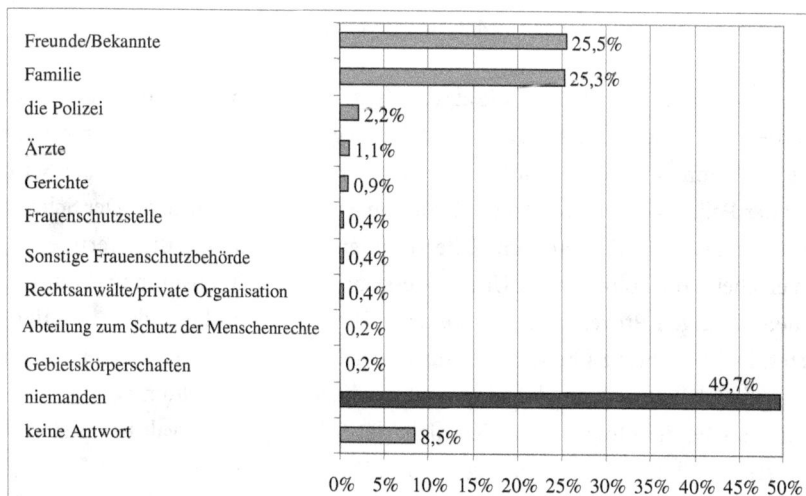

Freunde/Bekannte   25,5%
Familie   25,3%
die Polizei   2,2%
Ärzte   1,1%
Gerichte   0,9%
Frauenschutzstelle   0,4%
Sonstige Frauenschutzbehörde   0,4%
Rechtsanwälte/private Organisation   0,4%
Abteilung zum Schutz der Menschenrechte   0,2%
Gebietskörperschaften   0,2%
niemanden   49,7%
keine Antwort   8,5%

0%   5%   10%   15%   20%   25%   30%   35%   40%   45%   50%

Abbildung 3: Quelle: Okaue 2006: 186

139

Frage 2:   Warum haben Sie bei häuslicher Gewalt niemanden zu Rate gezogen?
(Kabinettsamt, Umfrage Okt.-Nov. 2004, veröffentlicht 2005)

Weil ich glaubte, daß die Gewalt geringfügig war	58,3%
Weil ich jede Beratung nutzlos finde	52,2%
Weil ich glaubte, daß es meine Schuld war	32,0%
Weil ich es aus Angst vor Schande niemandem offenbaren konnte	14,5%
Weil ich glaubte, daß ich es weiter ertragen müsse	14,0%
Weil ich keine Hilfe von Dritten wollte	6,6%
Weil ich alles vergessen wollte	5,3%
Weil ich nicht wußte, bei wem ich Rat holen sollte	4,4%
Weil ich die Öffentlichkeit scheue	4,4%
Aus Angst vor Rache und weiterer Gewalt	0,9%
Aus Angst vor Kritik seitens des Beraters	0,4%
sonstige Gründe	3,9%
keine Antwort	0,0%

N = 228

0%   10%   20%   30%   40%   50%   60%

Abbildung 4: Quelle: Okaue 2006: 187

gen werden kann, da die Freunde als das Zentrum der Unterstützung dargestellt werden. Sie beraten Michiru und sind der Gegenpol zu Sōsuke. Dadurch wird die vollkommene Inbesitznahme des Opfers verhindert. Es wurde in der Serie mit der Polizei gedroht, aber diese Drohung wurde nie verwirklicht. Der Schritt, eine Person von außerhalb um Hilfe zu bitten, wird offensichtlich vermieden. So erscheint die Polizei in der Umfrage erst auf der dritten Position und nur mit einem geringen Prozentsatz. Die weiteren Hilfsstellen sind erst danach aufgelistet. Es ist wichtig zu betrachten, aus welchen Beweggründen so viele Frauen angegeben haben, niemanden eingeweiht zu haben (vgl. Abbildung 4).

Zirka 58% der Opfer waren sich nicht der Schwere der Gewalt bewusst und weitere 52% fanden eine Beratung nutzlos. Das zeigt, wie wichtig es ist, die Bevölkerung über diese Art von Gewalt aufzuklären und zu verdeutlichen, dass eine Beratung etwas verändern kann. Dem Opfer wird geholfen und die Tat wird ernst genommen. Eine weitere Auffälligkeit sind Antworten, wie „Weil ich glaubte, daß es meine Schuld war" und „Weil ich glaubte, daß ich es weiter ertragen müsse". Diese Antworten zeugen davon, dass sich das Opfer selbst beschuldigt und das Selbstbewusstsein großen Schaden nimmt. Die Unsicherheit des Opfers vergrößert sich weiter, wenn es niemanden hat, der es unterstützt. Das ist einer der Hauptgründe, warum sich die Opfer aus der Umfrage niemandem anvertraut haben bzw. anvertrauen konnten. Dazu gehören auch die 4,4%, die nicht wussten, an wen sie sich hätten wenden sollen.

Der nächste Punkt, der mit der Angst vor der Reaktion der Außenwelt zusammenhängt, hat mit der schon erwähnten *uchi-soto*-Problematik zu tun. Das kann man hier an vier der Antworten erkennen. „Weil ich es aus Angst vor Schande niemandem offenbaren konnte", „Weil ich keine Hilfe von Dritten wollte", „Weil ich die Öffentlichkeit scheue" und „Aus Angst vor Kritik seitens des Beraters". Das sind zusammen mehr als 25%. Dieses Denken ist tief verwurzelt in der japanischen Gesellschaft.

Die Scham ist für den Täter ein wichtiger Faktor, da sie verhindert, dass sich das Opfer nach außen wendet. Wenn es dann aus verschiedenen Gründen keine Familie oder Freunde gibt, die das Opfer unterstützen, bleibt das Opfer mit seiner Verzweiflung allein. Einige dieser Punkte wurden auch in dem *dorama* dargestellt, vor allem der Aspekt, dass sich das Opfer die Schuld gibt. Auch die Scheu, sich an die Polizei zu wenden, geht aus dem *dorama* hervor. Durch das Einbinden solcher Hintergründe wirkt die Serie gut recherchiert und authentisch.

5   Fazit

Das *dorama Last Friends* gibt einen guten Einblick in die Problematik der häuslichen Gewalt und hat dadurch einen aufklärenden Charakter. Die Gewaltszenen zeigen die Ausmaße, die die Gewalt annehmen kann und beschönigen nichts. Dies und die Andeutung der Hintergründe und Probleme lassen das *dorama* sehr realitätsnah erscheinen. Dies könnte den Zuschauern ein Bewusstsein für Momente vermitteln, in denen ein Dritter einschreiten muss. Problematisch ist die weiterhin zu beobachtende Existenz von verharmlosenden Gedanken wie dass die Gewalt „ja nur geringfügig" sei oder dass der Mann das Recht zu solchen

Taten habe. Ich denke, um eine Diskussion über derartige Probleme auszulösen und viele Haushalte zu erreichen, ist das Medium des Fernsehens sehr gut geeignet. Anhand der Tatsache, dass die Serie viele Auszeichnungen bekommen hat, ist erkennbar, dass die dargestellten Themen gut aufgenommen wurden und eine positive Resonanz bekommen haben. Das *domestic-violence*-Problem wurde als wichtig genug erachtet, um eines der zentralen Themen des *dorama* zu werden – Eigentlich sogar in doppelter Weise, da man bei genauerer Betrachtung erkennen kann, dass eine weitere *DV*-Beziehung bei der *senpai*[8] von Michiru angedeutet wird.

Rechtlich hat sich, wie diese Arbeit gezeigt hat, für die Betroffenen in Japan einiges getan, wobei besonders die verstärkte Einbindung des Staates eine wichtige Rolle spielt, die einen großen Schritt zur Verbesserung bedeutet. Die Ergebnisse der Umfrage bestätigen, dass die häusliche Gewalt in *Last Friends* sehr realistisch dargestellt wird. So hat das *dorama* erfolgreich eine Brücke zwischen der Unterhaltung und der Aufklärung der Zuschauer geschlagen.

Literatur

COREN, Mariolein (2005): *Domestic Violence: a training manual to raise awareness*. Phnom Penh: GTZ.

GELB, J. (2003): „Domestic violence policy in Japan: a comparative perspective". Paper delivered at the International Sociological Association Meeting on Poverty, Social Welfare and Social Policy. University of Toronto, August 21–24.

GOODMAN, Roger (2006): „Policing the Japanese family: child abuse, domestic violence and the changing role of the state". In: Rebick, Marcus; Takenaka, Ayumi (Hg.): *The changing Japanese family*. London; New York: Routledge. S. 147–160.

MCADSV (= the Missouri coalition against domestic and sexual violence) (2006): „A framework for understanding: The nature and dynamics of domestic violence". http: //www.mocadsv.org/Resources/CMSResources/pdf/dv101.pdf [Stand: 29.3.2009].

MEYER, Dorothe (2009): „Gedanken historischer Persönlichkeiten". *Iwest news* Heft 1, S. 23.

MISTUTAKA, Endo; Moriwaki, TOMONOBU; Miyaki, SHOGO [Regie] (2008): *Last Friends*. Pony Canyon (DVD).

OKAUE, Masami (2006): „Häusliche Gewalt in Japan". In: *ZJapanR – Zeitschrift für japanisches Recht*, 11. Jahrgang, Vol. 11, Nr. 21. S. 181–197.

---

[8] *Senpai* ist eine ältere und/oder höhergestellte Person. In diesem Fall ist es eine Frau aus dem Friseursalon.

WATANABE, Noriyoshi (2002): „Japan [domestic violence]". In: Summers, Randal W.; Hoffman, Allan M. (Hg.): *Domestic violence: a global view*. Westport, Conn.; London: Greenwood Press. S. 83–95.

II. Gender trifft Kultur: Der Umgang mit dem Anderen

Multikulturelle Identität in *Swallowtail Butterfly*

Alexander Fegler

1 Einleitung

Once upon a time, when the yen was the most powerful force in the world, the city overflowed with immigrants, like a gold rush boom town. They came in search of yen, snatching up yen. And the immigrants called the city Yentown. But the Japanese hated that name. So they referred to those yen thieves as Yentowns. It's a bit puzzling, but „Yentown" meant both the city and the outcasts. If they worked hard, earned a pocketful of yen, and returned home, they were rich men. It sounds like a fairy tale, but it was a paradise of yen, „Yentown". And this is the story of Yentowns in Yentown. (*Swallowtail Butterfly*, 1996)

Diesen Text trägt eine Stimme aus dem „Off" vor, während Bilder rauchender Fabrikschornsteine gezeigt werden. Dies ist der Beginn des Films *Swallowtail Butterfly* (Regie: Iwai Shunji, 1996), den ich in dieser Arbeit als Beispiel nehme, um die Identitätsproblematik bei Einwanderern innerhalb einer multikulturellen Gesellschaft aufzuzeigen und zu diskutieren. Kann *Swallowtail Butterfly* zur Verbesserung der Kommunikation zwischen ethnischen Gruppen beitragen und die Idee einer pluralistischen Gesellschaft transportieren?

Dies sind die zentralen Fragen der Arbeit. Um sie beantworten zu können, werde ich zunächst einen Überblick über die geschichtliche Entwicklung der Immigration nach Japan seit den 1960er Jahren geben. In diesen Jahren begann sich das Land zu einer internationalen wirtschaftlichen Großmacht und dadurch zu einer beliebten Destination für Arbeitssuchende in der ostasiatischen Migrationsregion zu entwickeln. Darüber hinaus werde ich das Konzept des Multikulturalismus kurz besprechen und klären, wie die Problematik einer multikulturellen Gesellschaft in Japan gesehen wird, wo es traditionell viele Stimmen gibt, die behaupten, dass das Land eine homogene Nation sei.

Bei der Interpretation des Films *Swallowtail Butterfly* gehe ich von drei zentralen Aspekten aus: Zunächst werde ich die Darstellung des heterogenen Raums „Yen Town" im Gegensatz zu der Darstellung des homogenen Raums „Downtown" untersuchen. Des Weiteren gehe ich auf die Protagonisten des Films ein:

Wie gehen sie damit um, in einer Parallelgesellschaft wie „Yen Town" zu leben? Auf welche Weise konstruieren sie sich neue Identitäten und in welchem Maße wird dieser Vorgang von außen beeinflusst? Zuletzt versuche ich zu argumentieren, warum dieser Film einen wichtigen Beitrag zur Verbesserung der Verständigung zwischen ethnischen Gruppen leistet.

2 Theoretische Grundlagen

2.1 Historische Sicht auf die Migration nach Japan

Das 21. Jahrhundert wird geprägt von einer Globalisierung, die immer mehr Nationen umfasst und mit der einige Folgen im Zusammenhang stehen, die viele hoch entwickelte Industrienationen, darunter auch Japan, vor gravierende Probleme stellen. Eines davon ist die internationale und regionale Migration. Japan wird in die ostasiatischen Migrationsregion eingeordnet, worunter auch Korea, Taiwan, die Philippinen und China fallen. Trotz des schnellen wirtschaftlichen Wachstums Japans in den Nachkriegsjahren ist das Land erst seit den 1980er Jahren zu einem beliebten Immigrationsland geworden. Wie kam es zu dieser Entwicklung?

In der wirtschaftlichen Hochwachstumsphase in den 1950er Jahren konnte Japan den Bedarf an Arbeitskräften für den Industrie- und Servicesektor noch mit Saisonarbeitern aus dem Landwirtschaftssektor decken. Allerdings stieg die Nachfrage in den 1960er und 1970er Jahren drastisch an. Die Kapazitäten der Landwirtschaft waren zu diesem Zeitpunkt erschöpft, weshalb die Nachfrage nicht mehr gedeckt werden konnte.

Laut Watanabe seien die Bedingungen für Immigration schon in den späten 1960er Jahren vorhanden gewesen (vgl. Chiavacci 2005: 11). Das Ausbleiben der Immigration zu dieser Zeit kann man nicht hinreichend mit dem größeren einheimischen Arbeitskräfteangebot erklären, da zur Zeit der stärkeren Immigrationsbewegungen in den 1980er und 1990er Jahren die Situation auf dem Arbeitsmarkt nicht angespannter war als in den 1960er und 1970er Jahren (vgl. Chiavacci 2005: 11). So stellt sich die Frage, warum Immigrationsbewegungen nach Japan ausblieben, während andere Industrieländer vermehrt Immigranten ins Land ließen. Einen Erklärungsansatz gibt Bartram, der das Ausbleiben von Immigration nach Japan auf den „starken Entwicklungsstaat und die damit verbundene Autonomie der Staatsbürokratie gegenüber wirtschaftlichen Partikularinteressen" (zitiert nach Chiavacci 2005: 13) zurückgeführt hat. So seien besonders die Klein- und Mittelbetriebe, die am schwersten an der Arbeiterknappheit litten, kaum in der Lage gewesen, Einfluss auf politische Entscheidungen zu nehmen.

Jedoch kann auch dieser Ansatz nicht vollständig als Erklärung überzeugen, da er keine Antwort darauf gibt, warum selbst illegale Immigrationsströme nach Japan ausblieben, obwohl es dort einen dringenden Bedarf an Arbeitskräften gab. Zudem kann der japanische Staat in Bezug auf die Migrationspolitik nicht als „starker" Staat bezeichnet werden, da sich ein solcher Staat durch das „Vorhandensein von Schlüsselministerien auszeichnet, welche die Macht haben ihre strategischen Vorhaben [...] durchzusetzen" (Bartram zitiert nach Chiavacci 2005: 13). Japans Migrationspolitik zeichnet sich jedoch bis heute nicht durch eine klare Strategie oder durch konsistente Beschlüsse, sondern durch die Uneinigkeit der Ministerien aus. Bartrams Ansatz kann aber zum Teil eine Erklärung dafür geben, dass die Zahl der Immigranten trotz starkem Entwicklungsstaat in den 1980er und 1990er Jahren gestiegen ist. Denn die japanische Regierung hatte wegen des Drucks aus der Wirtschaft vermehrt „Seitentüren" für Arbeitsmigranten geöffnet, um einerseits der Forderung nachzukommen, andererseits jedoch den Schein einer homogenen Gesellschaft zu bewahren.

Um die Immigration nach Japan erklären zu können, ist die Einbeziehung weiterer Faktoren notwendig. Zunächst sollte man bedenken, dass Migration keinen globalen, sondern einen regionalen Charakter hat (vgl. Chiavacci 2005: 14). Migration entsteht immer im Rahmen von Beziehungen zwischen zwei Ländern derselben Region, im Falle von Japan zum Beispiel zwischen den Philippinen und Japan. Zunächst gab es einen verstärkten „Sextourismus" von japanischen Männern in die Philippinen. Dies hatte sich nach zahlreichen Protesten von Frauenverbänden und internationalen Menschenrechtsorganisationen geändert, und es wurden vermehrt philippinische Frauen nach Japan geholt, die dort als Bardamen oder als Tänzerinnen in Nachtclubs arbeiteten. Auf diese

Weise bildeten sich soziale Netzwerke aus, die Immigration erleichterten. Diese transnationalen Beziehungen und Prozesse sind von hoher Bedeutung für Migration, da sie „[…] die Migration für die einzelnen Individuen signifikant vereinfachen […]" (zitiert nach Chiavacci 2005: 15). Gerade politische und ökonomische Beziehungen zwischen zwei Ländern sind entscheidend für die Herausbildung einer Migrationsbewegung, da sie die Bedingung für die Entstehung von sozialen Netzwerken sind.

In den späten 1960er und frühen 1970er Jahren gab es in der ostasiatischen Migrationsregion keine bilateralen Beziehungen, wie beispielsweise in Europa, die die Migration begünstigt oder überhaupt möglich gemacht hätten. So haben sich neben Japan auch Südkorea und Taiwan in der Industrialisierung zum größten Teil auf Arbeitskräfte aus dem heimischen Landwirtschaftssektor verlassen, da Migration als politischer und kultureller Unsicherheitsfaktor galt (vgl. Chiavacci 2005: 15). Zudem waren in der Nachkriegszeit die Spannungen zwischen Japan und den anderen Ländern aufgrund der Verbrechen in der Kolonialzeit und im Zweiten Weltkrieg sehr präsent, weshalb es schwierig war, sowohl politische als auch wirtschaftliche Beziehungen aufzubauen. In den späten 1970er und den frühen 1980er Jahren erreichte Japan durch „[…] Direktinvestitionen, Entwicklungshilfe, japanische Touristen und den Export von Konsumgütern eine ungleich stärkere Präsenz in der Region" (Chiavacci 2005: 19) als noch in den Jahrzehnten davor. Wegen dieses wirtschaftlichen Aufschwungs Japans entwickelten sich häufiger politische und wirtschaftliche Kontakte mit anderen Ländern der Region, was Migration begünstigte. Den ersten Immigrationsstrom stellten, wie schon oben erwähnt, Frauen aus Südostasien dar, die in der „Entertainment-Industrie"[1] arbeiteten.

Eine öffentliche Debatte um Immigranten wurde jedoch erst durch die illegalen männlichen Arbeiter ausgelöst, die häufig mit einem Touristenvisum nach Japan kamen, dieses überzogen und sich in Japan dauerhaft niederließen. Die wichtigsten Herkunftsländer waren Pakistan, Bangladesch und die Philippinen. Begünstigt wurden die illegalen Immigrationsströme durch bilaterale Visaab-

---

[1] In der erweiterten Definition beinhaltet der Begriff: Bardamen, Hostessen, Prostituierte, Kellnerinnen.

kommen zwischen Japan und den genannten Ländern. Aus diesem Grund wurden diese frühzeitig beendet und 1990 eine revidierte Fassung des Gesetzes zur Ein- und Ausreise in Kraft gesetzt. Es vereinfachte die Einreise von hochqualifizierten Arbeitern und Ausländern mit japanischen Wurzeln[2], unqualifizierte Arbeiter waren aber offiziell weiterhin nicht gern gesehen. „Seitentüren" für gering qualifizierte Arbeiter wurden aber dennoch mit den so genannten „Trainee-Programmen"[3] geöffnet. Trotzdem führte „weder die Aufhebung der Visaabkommen noch die Revision der Immigrationsregulation zu einem Verschwinden der irregulären Immigrationsbewegungen" (Chiavacci 2005: 21). Die Zahl der irregulären Immigranten stieg im Gegenteil zu Beginn der 1990er Jahre sogar an.

2.2 Das Konzept des Multikulturalismus

Der in dieser Arbeit thematisierte Film *Swallowtail Butterfly* behandelt die Problematik von Migration und einer multikulturellen Gesellschaft. Es werden Fragen aufgeworfen wie zum Beispiel: Wie leben Menschen in einer multikulturellen Parallelgesellschaft? Welche Probleme ergeben sich durch die Interaktion verschiedener ethnischer Gruppen? Wie werden neue Identitäten konstruiert, wenn man von der dominanten Kultur ausgeschlossen und nicht akzeptiert wird? Um die Analyse des Films im nächsten Abschnitt anhand solcher Fragen durchführen zu können, müssen zunächst die theoretischen Grundlagen geklärt werden.

Bei der Definition des Begriffs der „Multikulturalität" schließe ich mich der Definition von Ch. J. Jäggi an, der schreibt, Multikulturalität sei „[...] eine Umschreibung der Tatsache, dass es fast keine monokulturellen Gesellschaften mehr gibt" (Jäggi 1996: 427). Da sich der Prozess der Globalisierung in der Zwischenzeit nicht verlangsamt hat, sondern immer mehr Länder umspannt, ist davon auszugehen, dass sich auch die Migrationsbewegungen verstärkt haben. Ebenso wie Japan, das in seiner wirtschaftlichen Blütezeit in den 1980er und 1990er

---

[2] Hierbei handelt es sich um die so genannten *Nikkeijin*, von denen die meisten aus Südamerika kamen.

[3] Praktikantenprogramm für japanische Unternehmen.

Jahren starke fremd-ethnische Einflüsse erfahren hat, sind in der heutigen Zeit nahezu alle modernen Industrieländer multikulturelle Gesellschaften. Die entscheidende Frage ist nicht, ob man in einer multikulturellen Gesellschaft lebt, sondern in welchem Verhältnis die verschiedenen ethnischen (Sub-)Gruppen zur dominanten Kultur stehen.

Um diese Frage auf kommunikationstheoretischer Ebene beantworten zu können, wird der so genannte „kulturelle Code" eingeführt. In jeder Kommunikationssituation gibt es eine Reihe von Schlüsselbegriffen, die in Beziehung zueinander stehen. Dieses Geflecht von zentralen Schlüsselbegriffen und ihren Beziehungen untereinander nennt man den kulturellen Code (vgl. Jäggi 1996: 428). Ein kultureller Code hat unter anderem die Funktion, auf praktischer Ebene Methoden der Kommunikation zu etablieren, um auf diese Weise einer Gruppe von Personen, die an der täglichen Kommunikation beteiligt sind, Regeln an die Hand zu geben, nach denen sie handeln können. Probleme können entstehen, wenn in der Kommunikation bestimmte Codes als Referenzcodes für das tägliche Handeln festgesetzt werden (vgl. Jäggi 1996: 428). So werden in den meisten Ländern Referenzcodes für das Alltagsverhalten von der dominanten Kultur bestimmt. Dies kann zu Problemen bei der Kommunikation mit Personen anderer Kulturen führen, wenn diese die kulturellen Codes entweder noch nicht kennen oder bewusst nach ihren eigenen kulturellen Codes handeln. Die Art und Weise, wie man mit diesen kulturspezifischen Unterschieden umgeht, sieht Jäggi als „[...] fast immer mit sozialer Ungleichheit oder gar Diskriminierung gekoppelt". Dies zeigt sich seiner Meinung nach an den „Unterschichtungsprozessen" (Jäggi 1996: 429), die häufig bei Einwanderergruppen auftreten. Sie finden sich vielfach in dem fremden Land am untersten Rand der sozialen Pyramide wieder. Zudem zeige sich: Je geschlossener die Gruppe der Immigranten ist und je weniger sie sich der dominanten Kultur der betreffenden Gesellschaft anpasst, desto geringer ist in der Regel ihr „sozio-ökonomisches und politisches Gewicht" (Jäggi 1996: 429).

Identitätsprobleme für betreffende kulturelle Gruppen können entstehen, wenn dominante kulturelle Systeme Inhalte ausschließen, die für die ethnischen Minderheiten konstitutiv für ihre kulturelle Identität sind (vgl. Jäggi 1996: 429).

Diese Erfahrungen werden in der Analyse von *Swallowtail Butterfly* ebenfalls angesprochen und bestätigt.

Die Ausgrenzung von Immigranten wird häufig von pauschalisierten Bezeichnungen wie „Türken", „Russen" und „Ausländer" gefördert, obwohl sich die Identität der Mitglieder dieser Personengruppen aus zahlreichen Komponenten zusammensetzt. Neben der Nationalität bzw. der ethnisch-kulturellen Zugehörigkeit sind auch die folgenden Faktoren wichtig: Alter, Geschlecht, soziale Stellung, Religion, politische Einstellung, berufliche Ausbildung und Bildungsgrad. Eine solche Kategorisierung ist deswegen weit verbreitet, weil es einfacher ist, Immigranten nach bekannten Mustern zu etikettieren und nach Vorurteilen zu beurteilen, als sich der sozialen Wirklichkeit zu stellen und die komplexen persönlichen Zusammenhänge eines jeden Individuums zu betrachten. Diese Wahrnehmung entsteht unbewusst und nach willkürlichen Kategorien. So ist die Gefahr groß, dass Diskriminierung und Rassismus sowohl durch das Ausschließen von fremd-kulturellen Inhalten als auch durch eine selektive Wahrnehmung von Personen anderer Kulturen begünstigt werden.

Um die Ausgrenzung der fremden Kulturen zu verhindern und damit Rassismus und Diskriminierung vorzubeugen, muss man den kulturellen Code in einen primären und einen sekundären Code unterteilen. Primäre Codes sind demnach Kernelemente, die die jeweilige Kultur konstituieren, während Veränderungen hauptsächlich auf der Ebene der sekundären Codes geschehen (vgl. Jäggi 1996: 432 f.). Auf diese Weise können sich unterschiedliche kulturelle Systeme einander annähern, ohne die jeweiligen Kernelemente aufzugeben. Bei Immigranten ab der zweiten Generation werden häufig neue sekundäre Codes entwickelt. Deswegen ist in der zweiten Generation weniger von einer ambivalenten Identität auszugehen als von einer größeren Variabilität benutzter kultureller Codes bei gleichzeitig wachsender Fähigkeit der Synthetisierung zusätzlicher Codes (vgl. Jäggi 1996: 434 ff.).

2.3 Multikulturalismus im modernen Japan

Eine verbreitete Meinung unter den Japanforschern ist, dass das Land in der heutigen Zeit eine Transformation durchlaufe, die mit zwei wichtigen Ereignissen der japanischen Geschichte, der Meiji-Restauration 1868 und dem Ende des Zweiten Weltkriegs 1945, vergleichbar sei (vgl. Graburn/Ertl 2008: 1). Japan hat in den letzten Jahrzehnten dadurch einen enormen wirtschaftlichen Aufschwung erfahren, dass sich das Land für ausländische Investoren und Firmen öffnete. Zudem investierte Japan in gleichem Maße in die ostasiatische Wirtschaftsregion, wodurch sowohl politische Kontakte als auch soziale Netzwerke, die Migration begünstigen, zustande kamen. Aufgrund dessen muss sich der japanische Staat nun mit den Folgen solcher Maßnahmen auseinandersetzen.

Graburn und Ertl äußern die Ansicht, dass sowohl nationale und politische Entscheidungen als auch die öffentliche Meinung zum Konzept des Multikulturalismus mittlerweile als positiv zu bewerten seien (vgl. Graburn/Ertl 2008: 3). Abgesehen von den faktischen Zahlen über Einwanderer in Japan – das Land hat noch immer eine der niedrigsten Ausländerquoten unter den modernen Industrienationen –, haben Politiker, Akademiker und die Massenmedien dazu beigetragen, dass man den Konsequenzen von Migration mehr Beachtung schenkt. Auch wenn Politiker erwähnt werden, ging der Umschwung zum größten Teil von freiwilligen, engagierten Bürgern und Wissenschaftlern aus, durch deren Einsatz das Thema Immigration und vor allem die Probleme der Immigranten erst in die öffentliche Debatte kamen.

Ausgehend von dem so genannten *nihonjinron*-Diskurs, der schon in der Nachkriegszeit aufkam und die Einzigartigkeit des japanischen Volks thematisierte, baute sich langsam der Mythos von der Homogenität des japanischen Volks auf. Zur Zeit der ersten Welle der Immigration nach Japan in den 1970er Jahren gab es komplementär zu diesem Diskurs eine verstärkte Minoritätsforschung, was zur Abgrenzung zwischen Japanern und „den anderen" führte (vgl. Graburn/Ertl 2008: 4).

Angefangen in den 1990er Jahren kam eine Multikulturalismusforschung auf, die Abstand vom üblichen Homogenitätsmythos nahm und den faktischen Ursprung des japanischen Volks diskutierte. In der heutigen Zeit gibt es immer häufiger Texte von Autoren, die den „Homogenitätsmythos" in Japan zu widerlegen versuchen. In ähnlicher Weise hat die Multikulturalismusforschung die Möglichkeit, den Blick auf Japan als ein Land mit vielen kulturellen Facetten zu schärfen. Als ein Indikator für die beschriebene Situation kann der Begriff *tabunka kyōsei* („multikulturelles Zusammenleben") dienen, da dieser die derzeitige Diskussion in Japan verdeutlicht. Dieser Begriff kam nach dem großen Kobe-Erdbeben (1995) auf, als sich Japaner, Koreaner, Chinesen und andere kulturelle Gruppen zusammenschlossen und einander halfen (vgl. Graburn/Ertl 2008: 8).

Laut dem renommierten Soziologen Komai Hiroshi sollte der japanische Staat nicht versuchen, die Migration zu kontrollieren, sondern nach der Maxime einer idealen multikulturellen Gesellschaft handeln (zitiert nach Graburn/Ertl 2008: 10). So gebe es mehrere Aspekte in Japan, die Multikulturalismus behinderten: „[...] the public school culture for immigrant children, [...] corporations' indifference to foreign workers' demands and discrimination against Chinese" (zitiert nach: Graburn/Ertl 2008: 11). Weitere Kritikpunkte seien die rassistischen und diskriminierenden Äußerungen einiger Politiker, die die sozialen und kulturellen Differenzen schüren, weshalb ein unterschwelliger Rassismus in der Gesellschaft begünstigt werde. Diesem könne die Multikulturalismus-Forschung entgegenwirken.

Es gibt viele Menschen auf lokaler Ebene, die kulturelle Vielfalt begrüßen und sich aktiv dafür einsetzen, was man auch an dem Trend der interkulturellen Ehen erkennen kann. In der heutigen Zeit gibt es nicht nur zahlreiche Ehen zwischen Japanern und Personen aus vormals diskriminierten Gruppen wie den Burakumin oder Ainu, sondern auch zwischen Japanern und Koreanern oder Chinesen. Gerade die Kinder dieser Ehen haben die Möglichkeit, sich besser als ihre Eltern in die japanische Gesellschaft einzugliedern und die Idee einer multikulturellen Gesellschaft voranzutreiben.

Wie oben angesprochen hat die zweite Generation von Einwanderern die Chance, den primären japanischen Code anzunehmen und dabei ihre individuelle kulturelle Identität durch die Ausbildung neuer sekundärer Codes beizubehalten. Japan wird auch in Zukunft auf einen konstanten Strom an Immigranten angewiesen sein, um wenigstens vorübergehend die Arbeiterknappheit auszugleichen. Auf diese Weise wird die Idee einer multikulturellen Gesellschaft weiter aufrecht erhalten, da die Idee des Multikulturalismus „[...] backbone of

Japanese public policy, diversity and intercultural exchange [...]" sein wird (Braburn/Ertl 2008: 23). Dazu zähle ich auch die Forschung auf populärkultureller Ebene. Mittels der neuen digitalen Medien und einem internationalen Informationsstrom, der sich im Zuge der Globalisierung entwickelte, sind es gerade die populärkulturellen Medien, die mit einer positiven „Message" viele Menschen erreichen und die interkulturelle Kommunikation verbessern können. Dies ist der Grund, weshalb ich den Film *Swallowtail Butterfly* für meine Analyse ausgewählt habe.

3 Analyse von „Swallowtail Butterfly"

3.1 „Downtown" – „Yen Town"

Eine japanische Stadt zur Zeit des Wirtschaftsaufschwungs: Nachdem die Mutter eines jungen, zunächst namenlosen Mädchens stirbt, kümmert sich die Prostituierte Glico um die Waise und gibt ihr den Namen „Ageha". Sie schließen schnell Freundschaft, und Glico besorgt Ageha einen Job auf dem Schrottplatz ihrer Freunde Ran und Fei Hong. Eines Tages findet die Gruppe ein Kassetten-Tape, auf dem die magnetische Signatur eines 10.000-Yen-Scheins versteckt ist. Ageha, Glico und Fei Hong sehen darin eine Möglichkeit, aus ihrem elenden Leben auszubrechen. Noch ahnen sie jedoch nicht, in welche Schwierigkeiten sie geraten werden, da sowohl die Yakuza als auch die Polizei und die chinesische Mafia auf der Suche nach dem Tape sind.

Regisseur und Drehbuchautor Iwai Shunji gelang mit dem zuerst am 16. November 1996 in Japan ausgestrahlten Kinofilm *Swallowtail Butterfly* ein beachtlicher Erfolg. Der Film erhielt nicht nur fast durchgehend hervorragende Kritiken, er erregte mindestens auch genauso viel Aufmerksamkeit in der Öffentlichkeit. Grund für dieses außergewöhnliche Interesse war nicht allein die Qualität des Films, sondern vor allem die explizite Gewaltdarstellung und die gesellschaftskritische Thematik. Die Intention dieser Arbeit ist es, diese Gesellschaftskritik anhand mehrerer Fragen zu analysieren.

Wie oben bereits beschrieben wurde, gibt es in der heutigen Zeit unter den modernen Industriegesellschaften fast keine monokulturelle Gesellschaft mehr. Die Verantwortung und Hauptaufgabe der Regierungen liegt meiner Ansicht nach nicht in der Regulation des Immigrationsstroms. Vielmehr ist es ihre Aufgabe, ein gesetzliches Umfeld zu schaffen, in dem interkulturelle Kommunikation entstehen kann. Mit dem vorliegenden Film hat der Regisseur ein fiktives Szenario geschaffen, das entstehen könnte, wenn man sich nicht um die Integration von Ausländern und eine Deeskalation bei der Einwanderungspolitik bemüht. Es entwickelt sich eine Parallelgesellschaft, in der andere Regeln gelten und die meistens von Kriminalität dominiert wird, da eine rechtsfreie Zone entstanden ist. Dies kann geschehen, wenn die dominante Kultur, in diesem Beispiel die genuin japanische Kultur, andere kulturelle Richtungen als „fremdartig" ausschließt und Angehörige der dominanten Kultur Immigranten nach stereotypen Gesichtspunkten beurteilen.

In *Swallowtail Butterfly* geschieht dies durch die Bezeichnung „Yen Town". Dies ist der Name für einen Stadtteil, in dem zahlreiche ethnische Gruppen zusammenleben. Die Bezeichnung ist in Abgrenzung zu einem anderen Stadtteil entstanden, den die Menschen „Downtown" nennen. Außerdem steht hinter dem Begriff „Yen Town" das stereotypen Bild, dass die dort lebenden Menschen geldgierig seien und sich nur in Japan aufhalten würden, um das schnelle Geld zu machen und dann wieder in ihr Heimatland zurückzukehren.

In Japan kursiert auch in der heutigen Zeit noch der Mythos, dass die japanische Gesellschaft eine homogene Gesellschaft sei. Indem er das Leben von Immigranten und ethnischen Minderheiten aufzeigt, übt der Film indirekt Kritik an diesem Mythos und an der Einwanderungspolitik der japanischen Regierung. *Swallowtail Butterfly* zeigt auf, mit welchen Vorurteilen und Schwierigkeiten die betroffenen Menschen zu kämpfen haben und wie sie ihr tägliches Leben meistern.

Der Film thematisiert außerdem, wie japanische Behörden mit den Einwohnern von „Yen Town" verfahren. Dabei wird bewusst der homogene Raum „Downtown" in Kontrast gestellt zu dem heterogenen Raum „Yen Town". Von außen betrachtet ist „Downtown" die Nachbildung einer klassisch japanischen Großstadt. Die meisten Personen dort sprechen kein Englisch, was die Einheitlichkeit symbolisieren soll, während in „Yen Town" komplementär dazu eine Vielzahl an Sprachen gesprochen wird, darunter Englisch, Japanisch und Chinesisch. Diese

Abgrenzung ist jedoch nur oberflächlich, da es in „Downtown" ebenso wie in „Yen Town" menschliche Schwächen, soziale Differenzen und Verbrechen gibt. Auf beiden Seiten ist moralisches Handeln kaum zu beobachten.

Darauf basierend stellen sich einige Fragen, die ich in den Mittelpunkt meiner Analyse stellen möchte. Zunächst versuche ich aufzuzeigen, wie der Gegensatz zwischen „Downtown" und „Yen Town" dargestellt wird. Als nächstes ist es wichtig, wie die Protagonisten mit der Situation einer multikulturellen Parallelgesellschaft umgehen. Ist die Suche nach einer neuen Identität für diese Menschen in Wirklichkeit ein Kampf ums Überleben? Wie definieren sie ihre Identität, und welchen Einfluss hat ihre Umwelt darauf?

Iwai Shunji konstruiert in seinem Film bewusst zwei komplementäre Seiten der Stadt, in der der Film spielt. „Yen Town" wird abwertend als das Elendsviertel dargestellt, wo es Prostitution, Verbrechen und Drogenkonsum gibt. Um dies mit filmischen Mitteln zu betonen, werden häufig dunkle Gassen gezeigt, in denen es schmutzig ist, die Gebäude in baufälligem, sehr schlechtem Zustand sind und das Elend auf den Straßen zu einem gewohnten Bild geworden ist. „Yen Towners", wie die Bewohner des Viertels auch abwertend genannt werden, werden unter anderem als geldgierige Personen dargestellt, was bereits in der Anfangsszene deutlich wird. Man sieht Agehas tote Mutter auf einer Trage liegen, um die sich einige trauernde Personen versammelt haben. Obwohl es sich um die Verwandten der Toten handelt, leugnen Sie auch auf mehrmaliges Nachfragen hin, die Frau zu kennen. Nach der Beerdigung sieht man, wie Ageha zwei Frauen beim Diebstahl des Geldes der Verstorbenen beobachtet. Danach wird Ageha an verschiedene Personen gereicht, von denen sich jedoch keine um sie kümmern will, bis sie schließlich bei Glico landet.

„Yen Towners" haben den Ruf, skrupellos und gewissenlos zu sein und jeden noch so schmutzigen Job anzunehmen, um ein paar Yen zu verdienen. Die Filmfiguren sind zum Großteil Kriminelle, und ihre Tätigkeiten reichen von Prostitution über Zuhälterei bis hin zur Verübung von Attentaten. Diese Eindrücke werden dem Zuschauer besonders am Anfang des Films suggeriert; allerdings werden diese negativen Bilder im Laufe des Films dekonstruiert. Als die Gruppe um Glico und Fei Hong sich entschließt, mit dem geklauten Geld eine Musik-Bar zu eröffnen, wird ihnen stattdessen angeboten, ein Bordell daraus zu machen. Fei Hong lehnt dies jedoch vehement ab, da er der Meinung ist, dass solche Zeiten für sie vorbei sind. Die Menschen in „Yen Town" haben keine andere Wahl als kriminell zu werden, da es in ihrem Umfeld keine Alternativen dazu gibt. Sie werden in eine Ecke gedrängt, aus der sie mit allen Mitteln versuchen herauszukommen.

Um die kulturellen und sozialen Differenzen von „Yen Town" und „Downtown" zu verdeutlichen, spielt die Sprache eine sehr wichtige Rolle in *Swallowtail Butterfly*. Sprache wird auf der einen Seite benutzt, um die Unterschiede zwischen den verschiedenen ethnischen Gruppen zu verdeutlichen. So haben die Menschen Probleme, sich untereinander zu verständigen, da es keine dominante Sprache in „Yen Town" gibt. Die meisten sprechen zwar Chinesisch oder Englisch, es gibt aber noch weit mehr kulturelle Gruppen, die andere Sprachen sprechen. Die Protagonisten unterhalten sich hauptsächlich auf Englisch, was Japaner aber nicht verstehen. So wird gleichzeitig die Abgrenzung zwischen den Bewohnern von „Yen Town" und denen von „Downtown" vollzogen. Deswegen führt die Sprachbarriere auf der einen Seite zu interkulturellen Differenzen und Spannungen, auf der anderen Seite steht sie aber auch für die Möglichkeit der Verständigung. Ageha wirkt oft als Verbindungsglied, indem sie zwischen Japanern, die kein Englisch sprechen und Chinesen, die kein Japanisch sprechen, vermittelt. Ein Beispiel ist die Unterhaltung von Glico mit Vertretern der Plattenfirma, die ihr einen Vertrag anbieten.

Auf diese Weise werden, wie häufig in diesem Film, nicht nur die Probleme beleuchtet, sondern es wird auch ein Weg aufgezeigt, wie man die Probleme lösen kann. In der kulturellen Dystopie „Yen Town" werden kulturelle und soziale Differenzen verwischt, weshalb eine gesonderte Gesellschaft entsteht. So steht die Tatsache, dass fast jeder Bewohner einer illegalen Beschäftigung nachgeht, für die Ausweglosigkeit der Menschen. Die Lage der Menschen in „Yen Town" verdeutlicht auch das zentrale Musikthema des Films, der Sinatra-Klassiker „My Way". Die Identitätssuche der Bewohner von „Yen Town" gleicht allerdings mehr einem Kampf ums Überleben als einem klassischen Identitätsbildungsprozess. Im Kontrast dazu stehen die wenigen Figuren, die nicht aus „Yen Town" sind.

3.2 Identitätskonstrukte der Protagonisten

Bei der Analyse der Situation, in der sich die Protagonisten – insbesondere Ageha und Glico – befinden, ist es vor allem wichtig, die Schwierigkeiten zu berücksichtigen, mit denen sie in „Yen Town" konfrontiert werden. Besondere Aufmerksamkeit richte ich dabei auf die Konstruktion von Identitäten, indem ich darzulegen versuche, inwieweit sie ihre ‚alte' kulturelle Identität aufgeben und sich eine neue aufzubauen versuchen. Ein wichtiger Faktor dabei ist die Einwirkung der Umwelt auf den Identitätsbildungsprozess. Durch die Herkunft der Protagonisten und die Lebensumstände in „Yen Town" sind sie mit vielen Vorurteilen konfrontiert. Eine wichtige Frage ist, inwieweit Ageha und Glico überhaupt in der Lage sind, sich eine eigene Identität aufzubauen. Bleiben sie in den Augen der Menschen außerhalb von „Yen Town" nicht die „gierigen und kriminellen Ausländer"?

Anfangen möchte ich mit Glico, die in China geboren ist und mit ihren zwei Brüdern nach Japan kam, um etwas Geld zu verdienen und danach wieder in ihr Heimatland zurückzukehren. Sie hieß ursprünglich Shaod'ei, hat ihren Namen aber in Glico geändert, damit sie nicht direkt als Ausländerin auffällt. Glico ist der Name einer japanischen Süßwarenfirma und eines der wenigen Wörter, das die junge Chinesin bereits vor ihrer Ankunft in Japan kannte. Dieser Namenswechsel zeigt die Angst der Immigrantin vor Diskriminierung und ist ein Symbol für den Beginn eines neuen Lebens. Glico hat außerdem eine sehr pessimistische Einstellung gegenüber der Zukunft, da ihr ein traumatisches Erlebnis noch immer im Gedächtnis ist. Einer ihrer Brüder ist in Japan auf der Straße verblutet, während seine Geschwister tatenlos zusehen mussten. Er hatte weder einen Pass, noch konnte ihn jemand identifizieren. Er ist als identitätsloser „Yen Towner" gestorben. Glico hat deswegen Angst vor Identitätslosigkeit und besonders vor einem anonymen Tod; sie möchte nicht als eine beliebige Person aus „Yen Town" sterben, weshalb sie sich ein Schmetterlingstattoo auf ihre Brust stechen ließ.

Nachdem die Gruppe um Glico und Fei Hong das Tape gefunden hat und damit tatsächlich Geld bekommt, entscheiden sich alle gemeinsam, ihre „alte Welt" zu verlassen und ein neues Leben in „Downtown" anzufangen. Sie eröffnen eine

Musik-Bar mit dem Namen „Yen Town Club", in der Glico mit einer Band jeden Abend auftritt. Für eine Weile scheint es so, als hätten sie sich durch einen
glücklichen Umstand ein neues, besseres Leben aufbauen können, denn Glico
wird von einer großen japanischen Plattenfirma unter Vertrag genommen und
wird ein großer Star. Dafür muss sie die japanische Staatsbürgerschaft annehmen, was ihr nicht schwer fällt, da es in „Yen Town" keine Rolle spielt, welche
Staatsbürgerschaft man hat. Jeder, der dort lebt, ist ein „Yen Towner". Es gibt keine differenzierte Betrachtung der Individuen. In „Downtown" muss man aber,
wie eine Vertreterin der Plattenfirma sagt, eine Japanerin sein, um in Japan Erfolg zu haben. Dies verdeutlicht die kulturellen und sozialen Differenzen, die
zwischen „Downtown" und „Yen Town" aufgebaut werden.

Glicos Erfolg dauert aber nicht lange an, da sie immer wieder von ihrer Vergangenheit als Prostituierte eingeholt wird. Obwohl sie von außen gesehen wie
ein anständiger japanischer Bürger wirkt, wird sie immer die Prostituierte aus
„Yen Town" bleiben.

Am Ende wird das zunächst negative Bild der „Yen Towners" dekonstruiert,
indem sie symbolisch alles übrig gebliebene Geld verbrennen. Als Glico nach Japan kommt, kreiert sie sich mit ihrem neuen Namen symbolisch auch eine neue
Identität, um voller Hoffnung in dem neuen Land ein besseres Leben führen zu
können. Zunächst will sie nur vorübergehend in Japan bleiben, allerdings kehrt
schnell Routine in ihr Leben ein, und sie bleibt in dem multikulturellen Schmelz-
tiegel „Yen Town" „stecken". Als sich eine Gelegenheit bietet, aus diesem Bereich
auszubrechen, zögert sie nicht und ergreift diese sofort. Zudem nimmt sie für
ein besseres Leben die japanische Staatsbürgerschaft an, woraus man schließen
kann, dass ihr ihre Nationalität nicht wichtig ist. Im Gegensatz dazu steht das
Verhältnis zu ihren Freunden: Am Ende bereut sie, die anderen „Yen Towners"
im Stich gelassen zu haben.

An der Figur Glico ist erkennbar, dass unsere Umwelt einen starken Einfluss
auf unser Leben und unsere Identität hat. Sie wird zwar berühmt und führt
zwischenzeitlich ein besseres Leben, jedoch kann sie ihre Vergangenheit nicht
„abschütteln". Ihre Identität bleibt davon geprägt, weshalb sie schließlich auch
wieder in „Yen Town" als Prostituierte landet. Das ist jedoch kein Kritikpunkt

an den Immigranten, wie man zunächst meinen könnte, sondern ein Hinweis an die Gesellschaft, sich dieser Problematik bewusst zu werden. Es ist mehr ein Appell, Menschen nicht in bestimmte Kategorien einzuordnen, sondern sie als komplexe Persönlichkeiten zu betrachten. Iwai Shunji gelingt dies in *Swallowtail Butterfly* auf sehr authentische und unpathetische Weise.

Die zweite Protagonistin in *Swallowtail Butterfly* ist Ageha. Sie verliert am Anfang des Films ihre Mutter und macht eine bemerkenswerte Entwicklung durch, in deren Verlauf sie sich eine eigene Identität kreiert. Am Anfang des Films ist sie ein schüchternes Mädchen, das kaum ein Wort spricht. Sie versteht trotz ihrer Wurzeln kein Chinesisch, jedoch kann sie Japanisch und Englisch, da sie in Japan geboren und aufgewachsen ist. Sie ist eine Ausnahme unter den Protagonisten, von denen beinahe alle immigriert sind. Ihr auffälligstes Merkmal ist jedoch der Umstand, dass sie zunächst keinen Namen hat und deswegen identitätslos wirkt. Dies symbolisiert die Austauschbarkeit der „Yen Town"-Bewohner, die sich auch in Glicos Angst vor einem namenlosen Tod zeigt. Doch dieses Bild wird im Laufe des Films widerlegt, indem Ageha eine Phase der Persönlichkeitsentwicklung durchläuft. Als sie schließlich bei Glico landet, erhält sie von ihr den Namen Ageha, was die japanische Bezeichnung für die Schmetterlingsart Schwalbenschwanz ist. In einer der Schlüsselszenen malt Glico eine Raupe auf Agehas Brust – zum einen ein Symbol für die Freundschaft der beiden, und zum anderen eine Metapher für die zukünftige Entwicklung einer neuen Identität.

Im Laufe der Geschichte macht Ageha eine Entwicklung durch, die sich von der Glicos unterscheidet. So lernt sie unter anderem die chinesische Sprache, sie lernt sich zu verteidigen und wird eine gute Köchin, da sie für Fei Hong regelmäßig das Essen zubereitet, während er im Gefängnis sitzt. Als Zeichen für ihre Entwicklung lässt sie sich schließlich ein Ageha-Tatoo stechen, das die abgeschlossene Entwicklung von der Raupe zum Schmetterling symbolisiert. Ageha entwickelt sich im Laufe des Films von einem namenlosen schüchternen Mädchen zur selbstbewussten Frau, die sich für ihre Freunde und ihre Ersatzfamilie einsetzt. Sie wird im Film im Gegensatz zu Glico weniger mit ihrer Vergangenheit konfrontiert und steht somit für eine Generation von Immigranten, die etwas in der Gesellschaft bewirken kann. Die Figur der Ageha versinnbildlicht die

Verbindung zwischen den beiden Gesellschaften „Yen Town" und „Downtown", da sie in Japan geboren wurde, jedoch unter chinesischen Immigranten aufgewachsen ist. Sie beherrscht beide Sprachen, was sie in zahlreichen Situationen im Film zu einem Verbindungsglied zwischen Japanern und Chinesen macht.

Während des Films wird von David eine Frage bezüglich der kulturellen Identität aufgeworfen, die auch für Ageha von großer Bedeutung ist. David ist in Japan geboren und aufgewachsen, seine Eltern sind aber Amerikaner. Er sieht aus wie ein „Westler", spricht aber kein Englisch. Laut eigener Aussage fühlt er sich von Japanern ausgegrenzt, was hauptsächlich an seinem Äußeren liegt. Deswegen fragt er in einem Gespräch mit Ageha, ob sie aus China komme oder in Japan geboren sei. Dass Ageha der zweiten Einwanderergeneration angehört kommentiert David damit, dass dies für die Japaner keinen Unterschied mache, da für sie nur wichtig sei, dass sie eine Immigrantin aus „Yen Town" ist. Er hat eine Bezeichnung für Personen wie ihn und Ageha: „Third Culture Kids". Da die beiden weder reine Japaner sind, noch starke Einflüsse der jeweils anderen Kultur erfahren haben, bilden sie eine dritte Kultur. Allerdings wird der Begriff „Culture" an dieser Stelle nicht im klassischen Sinn gebraucht, er drückt vielmehr eine persönliche Identität aus. So gibt es nicht eine Version dieser neuen „Kultur", sondern jeder Einwanderer mit zwei oder mehr kulturellen Einflüssen bildet eine eigene „Third Culture".

4 Schlussbemerkungen

Man kann sich fragen, ob populärkulturelle Medien als Diskussionsgegenstand für die Multikulturalismusdebatte geeignet sind. Ich habe versucht deutlich zu machen, dass dies bei *Swallowtail Butterfly* absolut der Fall ist. In diesem Film werden alle Fragen aufgeworfen, die auch die klassische Forschung beschäftigen. Es wird mit Vorurteilen und Klischees gespielt, um sie dann zu widerlegen und einen positiven Abschluss zu finden. Gerade in der heutigen Zeit, in der man ständig mit anderen Kulturen in Kontakt kommt, ist es wichtig, dass interkulturelle Kommunikation gefördert wird. Mit Jäggis Konzept des kulturellen Codes ist es möglich, genau das zu erreichen. Danach kann eine Kultur nicht von Anfang an als fremdartig bezeichnet werden, nur weil einige Praktiken zunächst als ungewohnt und fragwürdig erscheinen. Denn im Grunde gibt es in jeder Kultur Aspekte, die universellen Charakter haben. Multikulturalismus ist kein Konzept, das vorschreibt, fremd-kulturelle Praktiken anzunehmen oder die dominante Kultur durch andere zu ersetzen.

Es ist eine deskriptive Aussage, dass es kaum eine monokulturelle Industrienation mehr auf der Welt gibt. Es kann aber auch ein Ideal sein, welches dazu anleitet, Vorurteile zu ignorieren und die Menschen als komplexe Individuen zu sehen. Nur auf diese Weise ist ein geregeltes und friedliches Leben mit anderen Kulturen möglich. Das ist auch meiner Ansicht nach die Intention von *Swallowtail Butterfly*: Der Film leitet dazu an, kulturelle Toleranz zu praktizieren, indem er aufzeigt, welche negativen Folgen entstehen können, wenn dies versäumt wird.

Literatur

CHIAVACCI, David (2005): „Vom Nichtimmigrationsland zum Immigrationsland: der regionale Kontext der neuen Migration nach Japan". In: *Asien. Deutsche Zeitschrift für Politik, Wirtschaft und Kultur*. Januar 2005, Nr. 94. S. 9–29.

GRABURN, Nelson; ERTL, John (2008): „Introduction: Internal Boundaries and Models of Multiculturalism in Contemporary Japan". In: Graburn, Nelson H.H. (Hg.): *Multiculturalism in the New Japan. Crossing the Boundaries Within*. Berghahn Books. S. 1–32.

IWAI, Shunji (1996): *Swallowtail Butterfly*. Japan. 146 Minuten.

JÄGGI, Christian J. (1996): „Von der multikulturellen zur interkulturellen Gesellschaft – Überlegungen aus kommunikationstheoretischer Sicht". In: Wicker, Hans-Rudolf (Hg.): *Das Fremde in der Gesellschaft: Migration, Ethnizität und Staat*. Zürich: Seismo-Verlag. S. 427–438.

KOMAI, Hiroshi (2001): *Foreign Migrants in Contemporary Japan*. Melbourne: Trans Pacific Press.

LIE, John (2001): *Multiethnic Japan*. London: Harvard University Press.

Afroamerikanische Figuren in
Bedtime Eyes und *Blues Harp*

Adam Jambor

1 Einleitung in die Thematik

Mit dem Ziel, die Darstellung von Differenzen in der japanischen Populärkultur am Beispiel von afro-amerikanischen Männern aufzuzeigen, werden in der vorliegenden Arbeit zwei populärkulturelle Werke analysiert und verglichen. Hierbei handelt es sich um den heftig diskutierten, von Yamada Amy verfassten Kurzroman *Bedtime Eyes* und den Yakuza-Film *Blues Harp* des Regisseurs Miike Takashi.

Bedtime Eyes, erschienen im Jahr 1985, war das Debüt und der große Durchbruch der Autorin Yamada Amy, die für dieses Werk mit dem renommierten Bungei-Preis ausgezeichnet wurde. Das Werk fiel zu dieser Zeit besonders durch einen Tabubruch auf (vgl. Hein 2001: 309). Die Autorin schildert eine leidenschaftlich-zerstörerische Liebesbeziehung einer Japanerin (Kim) zu einem afroamerikanischen GI (Spoon). In dieser Beziehung, die hauptsächlich sexueller Natur ist, kommt es immer wieder zu heftigen Konflikten im Alltag (Gewaltanwendung, Unverständnis). Trotzdem entsteht ein starkes sexuelles Abhängigkeitsverhältnis zwischen Spoon und Kim, bis Spoon als desertierter Soldat von der Polizei festgenommen wird.

Insbesondere die provokante Schilderung der sexuellen Handlungen und die stereotype Darstellung des Afroamerikaners erzeugten vielfach Kritik und waren in der japanischen Literaturwelt umstritten; unter anderem wurde der Vorwurf des Rassismus gegenüber der Autorin erhoben (vgl. Hein 2007b: 140/141).

Im Kontrast zu diesem Werk möchte ich Takashi Miikes Film *Blues Harp* aus dem Jahr 1998 betrachten. Darin geht es um Chūji, den Sohn eines afroamerikanischen Soldaten und einer japanischen Prostituierten, der in einer Nacht den schwulen Yakuza Kenji vor seiner eigenen Yakuza-Bande und die Japanerin Tokiko vor Übergriffen weißer GIs rettet. Während Kenji versucht, sich (durch Sex mit der Frau seines Bosses) an die Macht im Yakuza-Clan zu putschen, will

Chūji sich aus dem Yakuza-System zurückziehen, weil Tokiko schwanger ist und ein Plattenvertrag in Aussicht steht. Chūji soll, so will es sein Boss, vor seinem Ausstieg aus dem Clan noch das Oberhaupt von Kenjis Clan ermorden, damit Kenji endgültig die Macht übernehmen kann. Als Kenji dies erfährt, versucht er Chūji, in den er sich verliebt hat, vor dem sicheren Tod zu retten.

Besonders interessant bei diesem Film ist die Darstellung des japanisch-afroamerikanischen Hauptcharakters Chūji. Ich stelle die These auf, dass sich in *Blues Harp* keine Konstruktion von Ethnizität vorfinden lässt – ganz im Gegensatz zu Yamadas Werk *Bedtime Eyes*, in dem deutlich schwarze Männlichkeit (vgl. Hein 2007a: 534) konstruiert wird. Der Grund für die Auswahl der Werke ist, dass ich denke, dass beide Werke komplett konträr zu einander stehen, was die ethnisch-kulturelle und Gender-Differenzkonstruktion betrifft; gleichzeitig beschäftigen sie sich trotz unterschiedlicher Ansätze mit dem Thema des Afroamerikaners in Japan.

Ich möchte daher untersuchen, inwieweit Miike die kulturellen oder ethnischen Differenzen aufhebt und eine Postethnizität erschafft und inwieweit dagegen Yamada die kulturellen und ethnischen Differenzen als besonders exotisch und aufregend hervorhebt. Die Genderdifferenzen werden beispielhaft an den beiden zentralen Liebesbeziehungen erläutert und analysiert. Hinzu kommt eine Analyse der Darstellung der homosexuellen Charaktere (Maria bzw. Kenji), von der ich mir Rückschlüsse auf die Geschlechterrollen erhoffe. Im Fazit werde ich ausgehend von dieser Betrachtung der kulturell-ethnischen und Genderbezogenen Differenzen darauf schließen können, ob sich diese gegenseitig beeinflussen.

2 Kulturell-ethnische Differenzen

Eine kulturell-ethnische Differenzierung ist gegenüber Menschen mit schwarzer Hautfarbe besonders ausgeprägt. Denkt man beispielsweise an die Apartheid in Südafrika und die lange Geschichte der Diskriminierung von Afroamerikanern, so wird deutlich, dass die ethnische Differenzierung lediglich auf einem physischen Merkmal, nämlich der Hautfarbe, basiert. Insbesondere in der Epoche des Imperialismus wurde eine Assoziationskette gebildet, die Weiß (also auch weiße

Haut) mit Reinheit und Schwarz (bzw. schwarze Haut) mit Schmutz und dem Bösen in Verbindung brachte. Diese Farbsymbolik war schon im Christentum tief verankert, und in Anlehnung an Darwins Evolutionstheorie kam es zu pseudowissenschaftlichen Erklärungen, die die Unterordnung der dunkelhäutigen Menschen unter die weiße Rasse zu rechtfertigen suchten. Bei der Konstruktion der schwarzen Rasse vermischten sich religiöse Farbsymbolik und Sozialdarwinismus mit dem System der kolonialen Herrschaftsbeziehung. (Vgl. Schad 1997: 106-107).

In Japan wurde im Zuge der Meiji-Restauration mit dem Bild des fortschrittlichen Westens auch der Rasse- und Nationsbegriff von den technisch überlegenen westlichen Nationen übernommen. In Folge des Aufstiegs Japans zu einer (nicht-weißen) imperialistischen Macht kam es in der Beziehung zwischen Afroamerikanern und Japanern vor 1941 zu starken Sympathiebekundungen, die auf dem beiderseitigen Widerstand gegen die Vorherrschaft der weißen Rasse gründeten (vgl. Horne 2004: 43–44). Dennoch ist Rassismus gegenüber Afroamerikanern in Japan (nach ursprünglich westlichen Vorstellungen) nach wie vor verbreitet, wie Yamada Amy selbst nach der Veröffentlichung von *Bedtime Eyes* und in Bezug auf ihren afroamerikanischen Mann erfahren musste (vgl. Hein 2001: 309, 315).

2.1 Das Werk Bedtime Eyes: Konstruktion des „Anderen" am Beispiel Spoon

Yamada konstruiert mit der Figur Spoon das „Andere". Sie betont in ihrem Buch *Bedtime Eyes* die Unterschiedlichkeit und die Besonderheiten eines Afroamerikaners. Diese Differenzkonstruktion kann natürlich kritisch gesehen werden, allerdings fiel mir bei genauerer Lektüre des Buches auf, dass die Differenzkonstruktion ausschließlich positiv belegt ist. Die weibliche Hauptperson Kim liebt Spoon nicht trotz seiner „Andersartigkeit" als Afroamerikaner, sondern genau diese (von der Autorin) konstruierten Merkmale üben die eigentliche Anziehungskraft aus.

Ein auf die physischen Merkmale bezogenes Beispiel für die kulturell-ethnische Essenzialisierung des „Anderen" ist die Textstelle: „Dabei zwinkerte er mir auf diese spezielle Art zu, wie es nur Schwarze können, mit hochgezogener Augenbraue." (Yamada 2008: 13). Dadurch essentialisiert die Protagonistin die von ihr suggerierte Besonderheit der Afroamerikaner (bzw. genauer: Schwarzen) und schafft so ein ebenso klischeehaftes wie auch exotisch-erstrebenswertes Merkmal für die Anziehungskraft von Spoon.

Auch die eigentlich negativ besetzte schwarze Hautfarbe wird umgeformt zu einer positiven Eigenschaft. So beschreibt Kim „Spoons schwarz glänzenden Körper als Schokolade, die einem das Wasser im Mund zusammenlaufen ließ." (Yamada 2008: 61). Die negative Besetzung der Farbe Schwarz wird durch einen positiven Vergleich mit süßer Schokolade aufgelöst. Dieser Vergleich wird noch einige weitere Male gezogen, z. B. als schon die erste Begegnung mit Spoon bei der Protagonistin ausschließlich positive Assoziationen hervorruft: „Er [Spoons Schwanz] erinnerte mich an die süßen Schokoriegel, die ich so gern hatte [...]" (Yamada 2008: 11) und: „[...] einen süßen, fauligen Duft wie Kakaobutter." (Yamada 2008: 9).

Neben der Assoziationsumkehrung, die trotzdem keine Bedeutungsauflösung des physischen Merkmals „Hautfarbe" darstellt, kommt das Element der Sprache hinzu, denn die Dialoge finden im japanischen Originaltext in „auf Japanisch niedergeschriebenem Englisch" statt (vgl. Hein 2007a: 531). Also wird hier zu allererst auch auf stilistischer Ebene eine kulturelle „Andersartigkeit" der Beziehung zwischen Spoon und Kim konstruiert. Dieser Aspekt kann allerdings auch darin begründet sein, dass die japanische Sprache Frauen eine genderspezifische Ausdrucksweise aufzwingt, während die englische Sprache eine genderunabhängige Formulierung ermöglicht (vgl. Hein 2007a: 532).

Hinzu kommt allerdings noch die positive Besetzung der in *Bedtime Eyes* vorgefundenen (afroamerikanischen) Ausdrucksweise, derer Spoon sich bedient. So werden das häufige Fluchen und die Benutzung von Schimpfwörtern, die als kulturell typisch suggeriert werden, positiv besetzt: „Seine Four Letter Words waren für mich die reinste Musik." (Yamada 2008: 25).

Auch die Bezeichnung als *bitch* empfindet Kim mehr als Kompliment, da sie sich so Spoon kulturell näher fühlt: „Wenn er mich Bitch nannte, fühlte ich mich wie seinesgleichen, schließlich war er eine männliche Bitch." (Yamada 2008: 26).

Dieser subjektive Eindruck Kims wird dann nochmals durch ein direktes Zitat Spoons verdeutlicht: „Meine Lady ist immer auch meine Nutte." (Yamada 2008: 100). Abgesehen von der rein kulturellen Ebene bergen diese Ausdrücke natürlich den Eindruck, dass es sich hier um eine Unterwerfung der Frau mit dem Mittel der Sprache handelt. Dieser Aspekt wird später näher analysiert.

Hier findet sich also das gleiche Muster, das die Autorin bereits bezüglich der physischen Eigenschaften anwendete, wieder. Eine negative Assoziation wird als kulturelle Besonderheit zwar nicht verändert, erhält aber eine positive Konnotation. Die Differenz wird durch diese (Um-)Konstruktion des „Anderen" nicht aufgelöst, sondern ihre Wichtigkeit wird sogar noch einmal betont. Diese Konstruktion steht immer im Zusammenhang mit dem „Selbst". Die Sicht, die Kim auf Spoon hat, sagt ebenso viel über Kim (als Japanerin) bzw. den japanischen Mann aus wie über Spoon. Yamada konstruiert Spoon als Gegenmodell zum Japaner (vgl. Hein 2007a: 533). Die kulturelle und einseitige Annäherung Kims in Richtung Spoon ist also auch eine Essentialisierung des typisch Japanischen in Kontrast zum typischen Afroamerikaner. Diese Essentialisierung fängt beispielsweise schon beim Essen an: „Ich hatte mit Spoon gegessen, was die meisten Japaner niemals anrühren würden." (Yamada 2008: 97).

Es bleibt also festzuhalten, dass die literarische Figur Spoon als Sinnbild für Afroamerikanizität essentialisiert und exotisiert wird, wobei Exotismus in diesem Sinne eine positive Bedeutung für Kim hat, da genau die „Andersartigkeit" Spoon für Kim attraktiv und besonders macht. Dass Yamada dennoch in klassischen Kategorien wie Hautfarbe oder Ausdrucksweise denkt, kann durchaus kritisch gesehen werden. Dabei darf allerdings die abschließende Differenzauflösung am Ende des Romans nicht außer Acht gelassen werden.

2.2 Das Werk Blues Harp: Konstruktion einer Postethnizität am Beispiel Chūjis

Ganz anders als *Bedtime Eyes* fand der Film *Blues Harp* noch keinen allzu großen Widerhall in wissenschaftlichen Texten. Obgleich Mes in seinem Gesamtüberblick über Miikes Werke *Blues Harp* beschreibt und erwähnt (vgl. Mes 2006: 141-

145), ist von dieser sehr kurzen Darstellung abgesehen keine genauere Analyse des Films bezüglich der kulturellen Identität Chūjis vorzufinden.

Zunächst möchte ich kurz der Frage nachgehen, ob die Figur Chūji überhaupt Gegenstand meiner Analyse sein kann. Da es sich bei Chūji um einen Halbjapaner mit einem afroamerikanischen Vater handelt, liegt eigentlich die Vermutung nahe, dass er anders als Spoon gesehen wird, der keinerlei japanischen Hintergrund aufweist. Dem ist allerdings nicht so.

Der Begriff *hāfu*, der in Japan für Halbjapaner benutzt wird, bezieht sich lediglich auf Kinder eines hellhäutigen (weißen) und eines japanischen Elternteils (vgl. Murphy-Shigematsu 2003: 213). Chūji wird also gesellschaftlich unabhängig davon, dass er eine japanische Mutter hat, als Afroamerikaner gesehen. Während die weißen *hāfu* mitunter als exotisiertes Ideal gesehen werden, bleibt Chūji aus Sicht der Japaner hingegen Afroamerikaner und würde aufgrund seiner dunklen Hautfarbe und der trotzdem fließenden Japanischkenntnisse zwangsläufig Verwirrung stiften. Dies bestätigt nochmals den Aspekt der Übernahme westlicher Rassekategorien und Assoziationsmuster, die ich einleitend unter Kapitel 2 erwähnte (vgl. Murphy-Shigematsu 2003: 211-212).

Dass Chūji außerhalb der Gesellschaft steht, in gewisser Weise ebenso Außenseiter ist wie Spoon, wird von Miike im Film oft genug deutlich gemacht. Allerdings bin ich zu dem Ergebnis gekommen, dass dieser Ausschluss aus der normalen Gesellschaft viele Gemeinsamkeiten mit Miikes eigener Biographie aufweist (vgl. Mes 2006: 142) und so von einer kulturell-ethnisch bedingten Ausgrenzung Chūjis nicht die Rede sein kann. Es ist sogar bemerkenswert auffällig, wie rassistische Diskriminierung gegenüber Chūji und kulturell-ethnische bzw. nationale Identitätsfindung von Miike im Film ausgeklammert werden. Die Außenseiter-Rolle Chūjis wird über seine Identitätslosigkeit und seine Tätigkeit als Drogendealer für die Yakuza im Film gezeichnet.

In der ersten Szene des Films, in der Chūji auftritt, kommt es direkt zu einer Konfrontation mit (weißen) amerikanischen Soldaten, die Tokiko belästigen. In diesem Zusammenhang benutzt Chūji das einzige Mal im Film die englische Sprache und das auch nur sehr gebrochen (vgl. Mes 2006: 141). Diese Szene sehe ich als die größte Differenzkonstruktion im Film, wobei der Regisseur Miike allerdings die eigentlichen Muster umkehrt. Chūji als dunkelhäutige Person kämpft mit den Japanern gegen die weißen GIs. Das Ideal der weißen Hautfarbe wird also eigentlich umgekehrt, die Differenz wird gegenüber den Weißen aufgebaut.

Chūji kommt keine kulturell besondere Rolle zu. Seine Hautfarbe wird nicht thematisiert. An einer späteren Stelle des Films sieht sich Kenji als Yakuza um einiges sonderbarer als Chūji. Meiner Ansicht nach kann man aus Chūjis Selbstsicht schließen, dass er eine postethnische Identität aufbaut. Anders als Mes denke ich nicht, dass Chūjis Identität mehr Japanisch als Amerikanisch ist (vgl. Mes 2006: 1). Denn Chūjis Identitätsfindung findet im Film außerhalb national-ethnischer oder kultureller Muster statt.

Mit dem Auftreten von Tokiko und der Möglichkeit, professionell Musik zu machen, ändert sich Chūji. Er fühlt sich endlich „gebraucht", wie er das der schwangeren Tokiko gegenüber ausdrückt. Mit Tokikos Schwangerschaft entstehen für ihn auch ein festes Ziel und ein Zweck im Leben, weshalb er mit der Drogendealertätigkeit aufhören will. Meiner Ansicht nach ist eben diese Aussage des Films bemerkenswert, und jede Diskussion, ob Chūji nun mehr Japanisch oder Amerikanisch ist oder eine multikulturelle Identität hat, verfehlt die eigentliche Entwicklung Chūjis.

Ihn als Japaner zu sehen wäre viel zu einfach. So zeigt er in einer Szene gegenüber Tokiko, dass er eine andere Sicht hat als sie. Tokiko argumentiert Japan-zentriert, dass der Flughafen das Tor nach Japan sei, wohingegen Chūji den Flughafen als Tor zur Welt sieht. Die anschließende Frage nach Chūjis Zielen in der Welt und in seinem Leben, kann dieser wegen seiner Identitätslosigkeit vorerst nicht beantworten.

Chūji sehe ich also als Person mit einer postethnischen Identität. Seine Hautfarbe oder Andersartigkeit wird im Film von niemandem erwähnt, es gibt keine Essentialisierung und der Prozess seiner Identitätsfindung ist auch völlig unabhängig von ethnischen, kulturellen oder nationalen Motiven.

3   Gender-Differenzen

3.1   Betonung von Gender-Rollen in Bedtime Eyes?

Die Essentialisierung Spoons als Afroamerikaner zeigt im Roman auch Auswirkungen auf Kim und die Geschlechterrolle, die sie einnimmt. Da Spoons Kultur idealisiert wird, ist die vorherrschende Richtung des Romans die von Kim zu Spoon. Sie benimmt sich stellenweise wie eine schwarze Frau, um von Spoon noch mehr Akzeptanz erhalten zu können. Dabei konstruiert die Autorin meiner Ansicht nach höchst konservative Rollenbilder. Darüber können auch die ausschweifende Sexualität und die Dekonstruktion konservativer Sexualmoral letzten Endes nicht hinwegtäuschen.

Spoon ist eine stereotype männliche Figur. Er ist sexuell getrieben und in seiner Figur dominiert der physische Aspekt. Kim stellt ihn zumindest so dar, indem sie immer wieder betont: „Er sagte nur, was er mit dem eigenen Körper erfassen konnte." (Yamada 2008: 39). Zugleich wird diese Sicht Kims noch weiter durch Spoons eigene Aussagen verstärkt, wie zum Beispiel: „Pussy is GOD." (Yamada 2008: 16).

Die Sexualität spielt eine ebenso große Rolle für die starke Differenzkonstruktion in Yamadas Werk wie die kulturell-ethnische Andersartigkeit. Beide Aspekte bedingen sich gegenseitig und steigern letzten Endes nur noch die Differenzkonstruktion, indem nicht nur der Kontrast „Schwarz und Japanerin", sondern auch „Mann und Frau" aufgebaut wird. Ein Verlassen klassischer Rollenmuster findet in der Beziehung zwischen Spoon und Kim nicht statt. Denn obwohl ihre Beziehung stark sexualisiert ist und nicht einer klassisch-konservativen „Hausfrau-Ehemann"-Beziehung entspricht, spielt Spoon mit seiner sexuellen Potenz, physischen Stärke und Männlichkeit die dominante Rolle in der Beziehung. Darüber täuscht auch nicht hinweg, dass Kim ihn mitunter als „Dummkopf" sieht, denn diese gewollte Stereotypisierung vereinfacht die Beziehung für Kim, indem sie ihr ein subjektives Gefühl der Überlegenheit verschafft: „Er sollte für mich immer der Dummkopf bleiben, dem nichts etwas anhaben konnte." (Yamada 2008: 50).

Verstärkend zu Spoons Stereotypisierung als Mann kommt der kulturell-ethnische Aspekt hinzu. So wird dem schwarzen Mann eben die starke Physis und sexuelle Potenz in Verbindung mit seiner exotisierten Wildheit (bei gleichzeitiger niedriger Bildung) als Hauptmerkmal nachgesagt (vgl. Hein 2007b: 142). Dieses Merkmal greift Yamada auch in ihrem Werk *Bedtime Eyes* auf, so dass Spoon mehr als ein stereotypiserter Mann ist. Seine sexuelle Potenz und starke Physis sind direkt mit seinem kulturell-ethnischen Hintergrund verbunden (vgl. Schad 1997: 125, 126).

Kim dahingegen konstruiert sich mitunter selbst als weibliches Gegenmodell zu Spoon. In vielen Situationen ist Kim als stereotype Frau unterwürfig und eine psychisch dominierte Person. So ist beispielsweise diese Unterwürfigkeit im Sex dadurch zu erkennen, dass sie Sex als „süße Niederlage" sieht (vgl. Yamada 2008: 17) oder dass sie sagt: „Ich lernte die Lust kennen, mich von Spoon bezwingen zu lassen." (Yamada 2008: 40).

Die Hierachisierung der Beziehung ist also prinzipiell klar, die Begründung dafür liegt allerdings in Kims Gefühl, Spoon (über die Sexualität) besitzen zu können: „Plötzlich merkte ich, dass die Befriedigung, die ich daraus gezogen hatte, von Spoon beherrscht zu werden, nichts anderes gewesen war als die Zufriedenheit, ihn zu besitzen." (Yamada 2008: 63).

Kim lässt diese Genderdifferenz und Hierachisierung in der Beziehung nur dewegen zu, um die gewünschte Besitzergreifung erreichen zu können. Sexualität wird so bei Yamada mitunter zum Mittel der Hierachisierung und Genderkonstruktion: „Spoon verstand es sehr gut mich zu berühren, aber er berührte nur meinen Körper, nicht mein Herz." (Yamada 2008: 5).

Meiner Ansicht nach ist dies nur eine Rolle der Sexualität, denn der Frust über die Konfliktsituationen im Alltag führt dazu, dass Sex zum Mittelpunkt der Beziehung und zu einer harmonischen Auflösung (vgl. Hein 2001: 316) der alltäglichen kulturell-ethnischen Konflikte wird: „Bald konnte ich in den Laken nicht mehr zwischen Weiß und Schwarz unterscheiden." (Yamada 2008: 40)

Gleichzeitig werden über die Rollenverteilung beim Sex oder die sexualisierte Beziehung die Gendermotive noch verstärkt. So zeigt auch Spoons Angebot,

Kim zu vergewaltigen (vgl. Yamada 2008: 47) die eigentlich konservative Rollenverteilung und Hierachisierung beim Sex.

Es gibt dennoch den Versuch, sich aus klassischen Mustern der Frauenrol-
le herauszulösen. So ist die Benutzung der englischen Sprache in *Bedtime Eyes*
(wie in 2.1. erwähnt) in gewisser Weise auch Befreiung von den Konventionen
der japanischen Sprache, die mit ihrer Unterscheidung von Männer- und Frau-
ensprache die Frau einschränkt und sie ihr Dasein als Frau allgegenwärtig gewiss
sein lässt (vgl. Hein 2007a: 532).

Was Yamada allerdings mit dem Abschluss ihres Romanes gelingt, ist die eigene Konstruktion von Gender und dem kulturell „Anderen" komplett aufzulösen
bzw. für fragwürdig zu erklären. Als Spoon die Liebe zu Kim als „nie etwas Anderes als Begierde" (Yamada 2008: 99) beschreibt und Kim damit klar macht,
dass er nicht so dumm war, wie sie sich ihn vorstellte, begreift Kim, dass sie
Spoon nicht richtig kannte und beginnt zu weinen. Die interessante Botschaft
dieses Abschlusses ist, dass es einen Unterschied gibt zwischen der subjektiv-
konstruierten Sicht Kims und der wirklichen Persönlichkeit Spoons.

3.2 Auflösung von Gender in Blues Harp?

Die Frage, ob in *Blues Harp* auch in diesem Aspekt ein Bild gezeichnet wird, das
ganz im Gegensatz zu *Bedtime Eyes* steht, kann nicht eindeutig beantwortet werden. Betrachtet man die zentrale Beziehung zwischen Chūji und Tokiko, so fällt
auf, dass Chūjis Verhalten nicht patriarchalen Mustern entspricht. Als Tokiko
ihm erzählt, dass sie schwanger ist, überlässt er ihr die Entscheidung darüber,
ob sie das Kind behalten, und freut sich danach mit ihr.

Zwar übernimmt Tokiko dann Aufgaben im Haushalt, allerdings zeigt schon
die Kochszene mehr komischen Charakter und sagt aus, dass Tokiko keine Ahnung von der klassischen Frauendomäne Haushalt hat. Dass Chūji notgedrun-
gen die Rolle des Ernährers übernehmen soll, hängt mit Tokikos Schwangerschaft zusammen und nicht mit einer von Chūji ausgehenden Unterdrückung.
Schließlich lässt das Ende des Filmes Tokiko sogar als alleinerziehende Mutter
zurück; das klassische Familienmodell ist für sie obsolet geworden.

Hinzu kommt, dass Sex zwischen Tokiko und Chūji nicht explizit gezeigt wird. Vielmehr wird lediglich eine Szene nach dem Sex gezeigt, in der auch nur indirekt der Sex als „schön" bezeichnet wird. Eine explizite Darstellung wie bei Yamada liegt somit nicht vor, und es lässt sich auch in dieser Hinsicht kein Genderkonflikt zwischen Chūji und Tokiko ausmachen. Zwar rettet Chūji Tokiko, aber gleichzeitig rettet er auch Kenji, so dass von einem genderspezifischen Retter-Gerettete-Muster nicht die Rede sein kann.

Eine Konstruktion von Genderdifferenzen gibt es im Film nur in der Beziehung zwischen Kenji und der Geliebten des Yakuza-Bosses. Die Rolle der Geliebten des Yakuza-Bosses ist es, von ihm erniedrigt zu werden. Diese Erniedrigung wird in einer Szene gezeigt, in der der Yakuza-Boss sie offensichtlich gegen ihren Willen zum Sex zwingt. Deshalb versucht Kenji, sich diesen Hass zu Nutze zu machen und schläft mit ihr, obwohl dies gegen seine Homosexualität ist. Eine Parallele liegt darin, dass die benutzte Frau Kenji ebenso benutzt wie er sie. Er benutzt sie für seine Pläne, und gleichzeitig empfindet er den Sex mit ihr wie eine Vergewaltigung.

Der patriarchische Yakuza-Boss nimmt keinerlei Rücksicht und unterdrückt die Frau mit Gewalt. Diese Beziehung setzt sich an anderer Stelle fort, weil Kenji die Frau ebenfalls nur als Mittel zum Zweck sieht. Kenjis Homosexualität wird der Geliebten offenbar, als sie ins Bad geht, weil sie ihre Monatsblutung bekommen hat. Dort sieht sie, wie Kenji versucht, sich von dem Ekel, den Geschlechtsverkehr mit einer Frau bei ihm auslöst, reinzuwaschen.

Der Yakuza-Boss kommentiert das später so: „Du solltest die Frauen nicht unterschätzen, schließlich bluten sie nicht umsonst jeden Monat." Diese Dreiecks-Beziehung zwischen dem Yakuza-Boss, der Geliebten und Kenji bildet das Gegenstück zu der Beziehung zwischen Tokiko und Chūji. Miike wählt für die erste Konstellation explizite Bilder der Sexualität, während er die Paarbeziehung mit harmonischen Bildern der Liebe ohne jegliche Darstellung von Sex illustriert. Der Kontrast wird so mit filmischen Mitteln verstärkt.

Ich komme zu dem Schluss, dass die zentrale Beziehung von Chūji und Tokiko keine konfliktreiche Genderdifferenz konstruiert, dagegen die Weiblichkeit im Kontrast zur Männlichkeit in der Beziehung zwischen Kenji und der Geliebten des Yakuza-Bosses über die Monatsblutung sehr stark symbolhaft inszeniert wird. Man kann also sowohl Genderauflösung als auch Genderkonstruktion und Hierachisierung vorfinden. Die Rolle, die Kenjis Homosexualität spielt, möchte ich allerdings im nächsten Kapitel noch ein wenig ausführlicher beschreiben.

3.3 Die Darstellung von Homosexualität in beiden Werken

Ich betrachte die Darstellung der Homosexualität in beiden Werken als Teil des Kapitels über die Genderdifferenzen, weil es hier thematisch um die Auflösung von Genderstereotypen und geschlechtspezifischer Sexualität geht. Da die Homosexualität jedoch einen relativ kleinen Teil in den beiden Werken einnimmt, vergleiche ich die Werke in diesem Kapitel direkt.

Genau in dieser Thematik ähneln sich die Motive Miikes und Yamadas sehr stark. Die philippinische Erotik-Tänzerin Maria und der Yakuza Kenji stellen genderspezifische Extreme dar. Die Männergesellschaft der Yakuza gilt gemeinhin als besonders männlich in dem Sinne, dass Gewalt, Ehre und „typisch" männliche Werte und Verhaltensmuster stark betont werden. Ein homosexueller Yakuza wirkt da wie ein Paradoxon und den Stereotypen entgegengesetzt.

Filipinas, die als „Entertainerinnen" nach Japan kommen, gelten wiederum als sehr weiblich und sind in Japan mittlerweile beliebte Ehepartnerinnen. Die Zahl der Ehen zwischen Filipinas und Japanern steigen auch wegen der zunehmenden restriktiven Einwanderungspolitik gegenüber den lange Zeit willkommenen „Entertainerinnen" (vgl. de Castro jr. 2008). Eine erotische Tänzerin, die schließlich sehr direkt die sexuellen Phantasien der Männer bedient, wird ebenso wie ein Yakuza für gewöhnlich kaum mit einer homosexuellen Orientierung in Verbindung gebracht.

Mit dem „Outing" der Figuren Kenji und Maria wird somit für den Rezipienten des jeweiligen Werkes ein Genderstereotyp dekonstruiert. Nicht nur darin ähneln sich die beiden Werke sehr stark. Beide homosexuellen Figuren werden als tragisch und hoffnungslos verliebt dargestellt. Die Auslebung ihrer Homosexualität versuchen sie über ein erzwungenes heterosexuelles Verhalten zu erreichen. So schläft Maria nur mit Spoon, damit sie ihrer geliebten Kim näher sein kann. Gleichzeitig schläft Kenji mit der Geliebten seines Bosses, um sich Macht zu verschaffen. Denn genau die Machtlosigkeit ist es, die ihm immer wieder in Form seiner unausgelebten Homosexualität begegnet.

Kenji verfolgt also einen anderen Ansatz als Maria: Er will sich über die Gesellschaft stellen, um den sozialen Zwängen entfliehen zu können. Maria hingegen ergibt sich ihrem Schicksal. Sie hat keine Möglichkeit, aus den sozialen Zwängen ihres Berufes zu entfliehen. Letzten Endes unterscheiden sich Maria und Kenji trotzdem kaum voneinander. Einerseits werden mit beiden Figuren Genderstereotype dekonstruiert, andererseits gibt die Tatsache zu Denken, dass ihre Homosexualität unerfüllt bleibt, die zentrale heterosexuelle Paarbeziehung jedoch in beiden Werken besteht. Homosexuelle werden als gesellschaftlich ungewollt dargestellt und ihre gesellschaftliche Randposition wird nicht aufgelöst. Dennoch denke ich, dass der Aspekt der Stereotypen-Dekonstruktion schwerer wiegt als der Aspekt, dass Homosexuelle in beiden Werken Ausgestoßene der Gesellschaft bleiben.

Kenji ist hierbei die interessantere Person, denn er persönlich ist als homosexueller Yakuza ein ideales Beispiel für die Dekonstruktion von Genderstereotypen und typischer Männlichkeit. Andererseits ist es gerade seine heterosexuelle Affäre, bei der sich eine Konstruktion von Gender am ehesten vorfinden lässt. Insofern ist Kenji bezüglich des Gender- und Sexualitätsaspektes eine zerrissene und ambivalente Figur.

4 Resümee: Ein abschließender Vergleich

Ich komme zu dem Fazit, dass beide Werke in ihren Ansätzen, kulturell-ethnische und Genderdifferenzen zu überschreiten, unkonventionell und zugleich sehr unterschiedlich sind.

Yamada zeigt mit ihrem Werk *Bedtime Eyes*, dass eine Überschreitung von Grenzen durchaus auch bei Erhaltung dieser Grenzen möglich sein kann. Sie kehrt die negativen Assoziationen gegenüber schwarzer Hautfarbe um und erschafft mit Kim eine Figur, die die männliche Dominanz in ihrer Beziehung in Kauf nimmt. Dies ist bei Yamada allerdings nur die offensichtlichste Ebene; die Auflösung der kulturell-ethnischen Differenzen in der Sexualität (vgl. Yamada 2008: 40) und das Ende des Romans (vgl. Yamada 2008: 99), als Spoon sich entgegen Kims Vorurteil als intelligente Person erweist, spiegeln eine andere Seite von Yamadas Werk wider. So sehr *Bedtime Eyes* Stereotypen produziert, so sehr dekonstruiert es diese auch wieder, was sich auch in der Figur Marias zeigt. Einen Rassismusvorwurf kann man der Autorin nicht machen, schließlich muss man strikt zwischen Protagonistin und Autorin unterscheiden (vgl. Hein 2001: 315).

Betont Yamada noch die Differenzen, um sie dann doch teilweise aufzulösen, geht Miike mit seinem Film *Blues Harp* einen anderen Weg. Der Regisseur zeigt, wie Chūji sich mit Hilfe von Tokiko und der Möglichkeit einer Karriere als Musiker eine Identität erschafft, die er vorher vergeblich gesucht hat. Miike stellt nicht die Frage, ob Chūji Japaner, Afroamerikaner oder *hāfu* ist. Rassismus kommt ebenso wenig vor wie die Frage nach national-ethnischer Identität. Chūji zeigt eigenständige Gedanken, die ihn sowohl von stereotypen „japanischen" als auch „afroamerikanischen" Denkweisen und Verhaltensmustern unterscheiden. Chūji schafft sich ein Gefühl von Heimat, unabhängig von Ort und Kultur. Anders als Spoon wird er nie als der „Andere" gesehen, sondern sogar im Vergleich mit einem Yakuza als sehr normal dargestellt.

Trotzdem ist *Blues Harp* ein ähnlich ambivalentes Werk wie *Bedtime Eyes*. Es finden sich klassische Genderrollen und gesellschaftliche Zwänge bezüglich des Umgangs mit Homosexualität ebenso wie Differenzauflösung. Daher kann mein Fazit, das ich zu Beginn dieses Kapitels gezogen habe, für die Werke in ihrer Gesamtheit nur mit Einschränkungen Gültigkeit haben. Was die Hauptpersonen (Chūji und Spoon) meiner Untersuchung betrifft, bin ich aber der Meinung, dass das Fazit uneingeschränkt zutrifft.

Yamada verfolgt einen eher konservativen Weg, indem sie die Stereotypisierung von schwarzen Männern übernimmt und dann letztes Endes doch auflöst. Miike dagegen erschafft mit Chūji eine Kunstfigur, die frei von Vorurteilen und national-ethnischer Identität ist. Gleichzeitig fängt Miike aber die grundsätzliche Problematik ein, vor der sich multiethnische Personen gestellt sehen: dass sie gesellschaftlich gesehen weder zum Kulturkreis der Mutter noch zu dem des Vaters gehören und sich so nicht uneingeschränkt einer konservativen national-ethnischen Identität zugehörig fühlen können. Chūji löst diese Probleme nicht, indem er Grenzen überschreitet, sondern indem er keine Grenzen beachtet. Dies ist meiner Ansicht nach die Hauptessenz dieses Vergleiches und der Grund für die fundamentale Unterschiedlichkeit beider Werke.

Literatur

DE CASTRO JR., Isanagi (2008): „Japan Cracks Down on Human Trafficking." http://www. newsbreak.com.ph/humantrafficking/story-japan.htm [Stand: 23.8.2010].

HEIN, Ina (2007a): „Yamada Eimi – Neue Räume, neue Geschlechterbeziehungen?" In: Klopfenstein, Eduard [Hg.]. *Asiatische Studien 61. 2007,2 – Japanische Schriftstellerinnen 1890-2006*. Bern [u. a.]: Lang. S. 521–544.

HEIN, Ina (2007b): „Zwischen Tabubruch und Konformität? Die Darstellung von Geschlechterbeziehungen in ausgewählten Werken der japanischen Gegenwartsautorin Yamada Eimi". In: Schaab-Hanke, Dorothee [Hg.]. *Auf anderen Wegen? Bemerkenswerte Frauen in Ost- und Südostasien*. S. 131–144.

HEIN, Ina (2001): „Bedtime Eyes von Yamada Eimi. Zum Rassismusvorwurf in der Literaturkritik". In: Gössmann, Hilaria [Hg.]. *Ostasien – Pazifik. 11. Deutschsprachiger Japanologentag in Trier 1999*. Band 2. Münster [u. a.]: Lit. S. 309–318.

HORNE, Gerald (2004): *Race War – white supremacy and the Japanese attack on the British Empire*. New York: New York Univ. Press.

KELSKY, Karen (2008): „Gender, modernity, and eroticized internationalism in Japan". In: Willis, David Blake [Hg.]. *Transcultural Japan*. London: Routledge. S. 86–110.

MES, Tom (2006): *Agitator – the cinema of Takashi Miike*. Guildford: FAB.

MIIKE, Takashi (1998): *Blues Harp*. Japan, 107 Min.

MURPHY-SHIGEMATSU, Stephen (2003): „Identities of multiethnic people in Japan". In: Douglass, Mike [Hg.]. *Japan and global migration – foreign workers and the advent of a multicultural society*. Honolulu: Univ. of Hawai'i Press. S. 196–216.

PHILLIPS, Anne (2007): *Multiculturalism without culture*. Princeton [u. a.]: Princeton Univ. Press.

SCHAD, Ute (1997): *Multikulturelle Herausforderungen – Handreichungen für die politische Bildungsarbeit*. Neuwied: Luchterhand.

SUZUKI, Nobue (2008): „Between two shores: transnational projects and Filipina wives in/from Japan". In: Willis, David Blake (Hg.). *Transcultural Japan*. London: Routledge. S. 65–85.

YAMADA, Amy (2008): *Nächte mit Spoon*. Zürich: Ammann.

Maskulinität und häusliche Gewalt im Film „Blood & Bones"

Daniel Steinhäuser

1 Einleitung

Im Jahr 2001 wurde in Japan ein Gesetz erlassen, das den Ehepartner vor häuslicher Gewalt durch den jeweils anderen schützen soll.[1] Dies bedeutete einen Eingriff in den inneren Familienkreis, der bis dahin eigentlich für Außenstehende als unantastbar galt.

Hinsichtlich dieser Entwicklung, d. h. der Thematisierung von häuslicher Gewalt, setze ich mich im Folgenden genauer mit dem Film *Blood & Bones* (jap. *Chi to hone* 血と骨) des Regisseurs Sai Yōichi[2] auseinander. Hier wird über fast zweieinhalb Stunden das Leben eines tyrannischen Patriarchen porträtiert, der sein Umfeld, vor allem aber seine Ehefrau und seine Geliebten, durch Gewalt einschüchtert und dominiert.

Dazu untersuche ich, inwieweit diese Gewalt im Zusammenhang mit ‚Männlichkeit' steht. Es gilt zu analysieren, welche Männlichkeitskonstrukte Anwendung finden und wie diese mit dem sozialen und gesellschaftlichen Umfeld zusammenhängen.

Da der Film kurz vor Ausbrechen des Pazifikkrieges und zeitlich somit vor dem Hintergrund der koreanischen Einwanderungswelle beginnt und die Charaktere, die er behandelt, zum größten Teil Immigranten aus Korea darstellen, werde ich mich der *zainichi*-Problematik widmen, also der koreanischen Minderheit in Japan und versuchen, Anknüpfungspunkte zu den Gewaltausbrüchen des Protagonisten und zu dem durch den Film vermittelten Männlichkeitsbild zu finden.

Am Anfang meiner Arbeit stehen allgemeine Angaben zum Film, eine Zusammenfassung des Inhalts und Charakterisierungen der wichtigsten Figuren.

---

[1] Vgl. Rice 2001 und den Beitrag von Fauve Görlach im vorliegenden Band.
[2] In meiner Arbeit verwende ich bei Namen asiatischer Herkunft die japanische Gliederung, d. h. der Nachname steht vor dem Vornamen.

Darauf folgt ein zeitgeschichtlicher Überblick zur Einordnung der filmischen Ausgangssituation, der sich auch mit dem Thema *zainichi* befasst. Danach analysiere ich die Arten der Gewalt, die im Film dargestellt werden, und nehme dabei Bezug auf das Thema Männlichkeit sowie auf die Rolle der Frau.

2 Allgemeines zu „Blood & Bones"

Blood & Bones kam in Japan am 6. November 2004 in die Kinos; in Deutschland war er das erste Mal 2005 zu sehen. Regisseur dieses rund 145 Minuten dauernden Werkes ist der koreanisch-stämmige Japaner Sai Yōichi, der u. a. auch für das Drehbuch mitverantwortlich war (vgl. Wada-Marciano 2007). Dieses basiert auf dem autobiografischen Roman *Chi to hone* von Yan Sogil, ebenfalls ein koreanisch-stämmiger Japaner (vgl. Tomonari 2005: 257). Erzählt wird eine Familiengeschichte um einen tyrannischen Vater, der 1923 von Korea nach Japan auswanderte. Das Thema *zainichi* ist hierbei zumindest hintergründig vorhanden und lässt sich, wie bereits erwähnt, jeweils auch bei Regisseur und Autor wieder finden. Im entsprechenden Kapitel werde ich näher darauf eingehen. Der Film und seine Darsteller erhielten zahlreiche Preise, zum Beispiel im Jahr 2005 den *Japanese Academy Award* und den *Kinema Junpō Award* für die beste Regie und das beste Drehbuch. *Blood & Bones* gilt als „first triumph of an ethnic cinema in the history of Japanese cinema" (Wada-Marciano 2007).

3 Handlung

Im Jahr 1923 kommt der junge Koreaner Kim Shunpei mit einem Schiff aus seiner Heimat nach Japan. Jahre später ist er mit der ebenfalls koreanisch-stämmigen Yong-Hee verheiratet und lebt mit ihr und seinen zwei Kindern, Masao und Hanako, in einer koreanischen Gemeinde in Osaka. Von da an beginnt für seine Familie, speziell seine Frau, ein jahrzehntelang andauerndes Martyrium voller Gewalt und Verachtung.

Nach einer kurzen Abwesenheit während des zweiten Weltkrieges kehrt Shunpei zurück nach Osaka und eröffnet eine *kamaboko*-Fabrik[3], die er mit beacht-

---

[3] *Kamaboko* sind japanische Nahrungsmittel aus verarbeitetem Fischfleisch.

lichem Erfolg betreibt. Später taucht sein unehelicher Sohn Takeshi auf, dessen Mutter Shunpei einst vergewaltigt hatte und zieht mitsamt seiner Verlobten in sein Haus. Er fordert schon bald Geld von seinem Vater, um ein eigenes Haus kaufen zu können. Als Shunpei ihm das verweigert, bricht eine Schlägerei zwischen den beiden aus, bei der er Takeshi beinahe tötet, so dass dieser fliehen muss.

Nachdem Takeshi verschwunden ist, kauft Shunpei ein zweites Haus, verlässt seine Familie und zieht dort mit seiner Geliebten, der japanischen Kriegerwitwe Kiyoko, ein. Diese erkrankt dann an einem Tumor und wird zum Pflegefall. Anfänglich kümmert er sich noch um sie, holt später allerdings die Pflegerin Sadako hinzu, die er zugleich zu seiner nächsten Geliebten macht. Mit ihr, den Kindern, die er später mit ihr hat, und Kiyoko lebt er fortan zusammen unter einem Dach. Während Yong-Hee inzwischen eine Garküche eröffnet hat, ist Shunpei Geldverleiher geworden und baut so seinen Einfluss auf die koreanische Gemeinde aus. Eines Tages erstickt er Kiyoko, um ihr Leiden zu beenden.

Als Yong-Hee schwer erkrankt weigert sich Shunpei, für ihre Behandlung zu zahlen. Hanako, die inzwischen verheiratet ist, nimmt sich aufgrund der andauernden Gewalt seitens ihres Ehemannes das Leben. Auf ihrer Beerdigung erleidet Shunpei einen Herzinfarkt und geht fortan am Stock. Nun, da er nicht mehr die Bedrohung darstellt, die er einst war, verlässt Sadako ihn mitsamt den Kindern und einem Teil seines Geldes. Von da an lebt er allein, verdingt sich aber weiterhin als Kreditunternehmer. Eines Tages stirbt Yong-Hee, deren Beerdigung er jedoch meidet und ignoriert. Niemand hält noch den Kontakt, lediglich sein Bruder Shingi hält noch zu ihm. Nach einem erfolglosen Versuch, seinen Sohn Masao zu überreden, in sein Geschäft mit einzusteigen, packt er seine Sachen, fährt zu Sadako, um ihren gemeinsamen Sohn zu entführen und geht mit ihm zusammen zurück nach Nordkorea. Wenige Jahre später stirbt er dort und vermacht sein restliches Vermögen dem Staat Nordkorea.

4 Protagonisten

Im Film treten viele wichtige Hauptfiguren auf, die auch im Zusammenhang mit den Gewaltdarstellungen eine Rolle spielen, wie z. B. die Kinder oder der Bruder des Protagonisten Shunpei. Da ich mich in dieser Arbeit jedoch auf *domestic violence*, also die Gewalt zwischen Ehepartnern oder Partnern in eheähnlichen Gemeinschaften, und auf die zentralsten Figuren konzentriere, gehe ich an dieser Stelle nur auf Shunpei und seine Frauen ein.

4.1 Kim Shunpei

Kim Shunpei, gespielt von Kitano Takeshi, ist die zentrale Hauptfigur, die Person, um die sich der gesamte Film aufbaut. Er ist nicht nur innerhalb seiner Familie der Patriarch, sondern auch innerhalb der koreanischen Gemeinde, in der er lebt und arbeitet. So ist er Arbeitgeber (*kamaboko*-Fabrik), später als Kreditunternehmer auch Geldgeber und scheint auch ansonsten der Gemeinde vorzustehen, wie man beispielsweise anhand der Szene sieht, in der er derjenige ist, der ein Schwein schlachtet, welches dann von den Nachbarn weiterverarbeitet wird (ab 40:16 Min.).

Er stellt somit eine Respektsperson dar, vor der allerdings die Menschen auch Angst haben. Er hat eine breite Körperstatur und ein selbstbewusstes Auftreten. Dazu kommt sein Charakter, welcher dominiert wird von Egoismus und Gier. Um seine Ziele durchzusetzen, schreckt er nicht vor Drohungen und Gewalt zurück. Als einer seiner Fabrikarbeiter aufbegehrt und mehr Lohn für die harte Arbeit fordert, greift Shunpei nach einer glühenden Kohle und presst sie ihm ins Gesicht (50:33–51:21). Dieses brutale Verhalten setzt er auch in seiner Familie fort. So schlägt er seinen Bruder (19:46), und prügelt sich mit seinem Sohn Takeshi, wobei er ihn beinahe umbringt (35:12–38:05). Gegenüber seiner Frau Yong-Hee zeigt er keinerlei Respekt. Er schlägt und vergewaltigt sie und lässt sich von ihr bedienen (vgl. ab 4:00).

Später verlässt er sie und die Kinder und zieht – zunächst nur mit einer, später aber sogar zwei – Geliebten in ein anderes Haus. Shunpei verachtet seine Frau. Nicht einmal als sie schwer erkrankt, ist er bereit, ihr die ärztliche Behandlung zu bezahlen: „Wenn sie sowieso stirbt, wieso sollt' ich dann noch so viel Geld ausgeben? [...] Es schert mich einen Dreck ob die Alte lebt oder ob sie endlich stirbt" (ab 1:39:26). Selbst ein Yakuza, der früher für ihn gearbeitet hat, nennt Shunpei ein „Monster", als dieser ihn im Alter besucht (2:03:57).

Nur wenige Momente stehen diesem negativen Bild entgegen: Zum einen die Beerdigung Hanakos, bei der er immer wieder „seine Tochter" fordert (1:52:52) und damit seine emotionale Bindung zu ihr signalisiert, und zum anderen sein Verhältnis zu seiner Geliebten Kiyoko. Auch sie behandelt er zunächst eher abschätzig und respektlos. So zwingt er sie beispielsweise, mit Maden übersätes, rohes Fleisch zu essen, nachdem er festgestellt hat, dass sie keine Kinder bekommen kann. Shunpei ist davon überzeugt, dass das verdorbene Fleisch einen besonders hohen Nährwert hat (vgl. Wada-Marciano 2009: Internet). Als sich Kiyoko weigert, das Fleisch zu essen, kaut er es vor und spuckt es ihr dann in den Mund (55:56–57:08). Nach ihrer späteren Krebserkrankung jedoch bringt er sie nicht nur zum Krankenhaus, sondern pflegt sie auch nach ihrer Rückkehr, als sie geistig und körperlich behindert ist (ab 1:00:20). Er stellt sogar eine Pflegerin für sie ein, wenngleich er sofort ein Verhältnis mit dieser beginnt, ohne dabei Rücksicht auf Kiyoko zu nehmen.

Zum Schluss bringt er Kiyoko um, allerdings nicht aus Hass, sondern um ihr Leiden zu beenden: „Ich wollte ihr nur helfen" (1:31:00). Trotz dieser wenigen „menschlichen" Momente stehen doch seine Gier und sein Egoismus im Vordergrund. So schließt der Film und somit sein Leben auch damit, dass er seinen Sohn (von Sadako) entführt und mit sich nach Nordkorea nimmt, wo er schlussendlich stirbt. Auch nach seinem Tod gönnt er seiner Familie nichts und hinterlässt sein gesamtes Vermögen dem Staat Nordkorea.

4.2 Yong-Hee

Die Ehefrau von Shunpei, gespielt von Suzuki Kyōka, ist eine ruhige, besonnene Mutter und Hausfrau. Über Jahre ist sie den Gewaltausbrüchen ihres Mannes hilflos ausgeliefert (vgl. ab 17:00). An diesen Szenen sieht man auch ihre Abneigung gegenüber körperlicher Nähe zu Shunpei, vor dem sie sich fürchtet und den sie verabscheut. Sie betet regelmäßig vor einem kleinen Schrein und klagt ihr Leid: „Es geht nun schon 18 Jahre lang so, dass mein Ehemann Shunpei Kim mich wie eine Sklavin behandelt, wie ein Stück Dreck" (26:27–26:39).

Doch auch wenn sie sich nicht gegen Shunpei zur Wehr setzen kann und seine Gewalt ertragen muss, so beweist sie dennoch Stärke, indem sie weiter die

Kinder versorgt, das Haus in Ordnung hält, die Aggressionen aushält und sich zumindest versucht zu wehren (vgl. ab 4:58). Als er die Familie verlässt, schafft sie es auch allein, für ihre Kinder zu sorgen, indem sie eine Garküche eröffnet und so Geld verdient. Auch wenn sie durch ihren Ehemann massiv unterdrückt wird, ist sie eine standhafte und starke Persönlichkeit.

4.3 Kiyoko

Im Gegensatz zu Yong-Hee ist Kiyoko, gespielt von Nakamura Yūko, eine sensiblere und zartere Person. Als Geliebte von Shunpei wird sie zwar auch herum kommandiert und zum Sex gezwungen, allerdings reagiert sie unterwürfiger und kooperativer, d. h. es wirkt wie ein Spiel der beiden, in dem er fordert und sie bereitwillig gibt. Es ist keine rein einseitige Beziehung. Nachdem Shunpei sich sexuelle Befriedigung verschafft hat, befriedigt er sie mit der Hand weiter, anstatt einfach aufzuhören (vgl. ab 44:50).

Ihre Beziehung wirkt harmonischer als die mit Yong-Hee – bis zu dem Punkt, als Shunpei ungehalten wird und er sie malträtiert, weil sie ihm keine Kinder gebären kann (55:56–57:08). Kurz darauf erkrankt sie an Krebs und wird ein Pflegefall. Zunächst kümmert sich Shunpei um sie, später dann die Pflegerin Sadako, die auch Shunpeis Geliebte wird. Kiyoko scheint Shunpei immer noch zu lieben und will diese Situation, dass sie mit seiner Geliebten unter einem Dach leben muss, nicht einfach hinnehmen. Sie verweigert die Nahrungsaufnahme und stürzt sich sogar die Treppe hinunter – möglicherweise um so vor der unerträglichen Situation in den Tod zu entfliehen, auch wenn dieser Versuch erfolglos bleibt (1:27:06).

Kiyoko ist die einzige der drei Frauen im Film, die eine wirkliche Liebesbeziehung zu Shunpei aufzubauen scheint.

4.4 Sadako

Sadako, gespielt von Hamada Mari, kommt als Krankenpflegerin für Kiyoko in Shunpeis Haus, wo sie sogleich zu seiner Geliebten wird. Sie macht einen starken und kühlen Eindruck, was besonders durch ihre Mimik unterstützt wird. Sie

wirkt insgesamt rauer als Kiyoko und scheint in diese Situation mehr „hineinge-
rutscht" zu sein. In einer Szene füttert sie Kiyoko und sagt:

> Es tut mir leid, er hat mich in dieses Haus gelockt. Er sagte mir, er würde mich
> heiraten, wenn du tot bist. Er hat eine Frau auf der anderen Straßenseite. Ihr
> geht es nicht sehr gut. Was für ein Witz (1:22:30–1:22:45).

So ähnelt ihr Status dem Yong-Hees, da sie auch nur den Haushalt führt, die
sexuellen Bedürfnisse Shunpeis stillt und seine Kinder bekommt, aber Respekt
oder gar Liebe erfährt sie nicht, eher im Gegenteil. Als sie ihm klagt, dass Kiyoko nichts esse und dies eine schlimme Situation sei, erwidert er nur: „Wenn's
Dir nicht passt, dann kannst du ja verschwinden" (1:23:15). Diese Gleichgültigkeit ihr gegenüber steht im klaren Kontrast zu der Beziehung zu Kiyoko, die er
weit mehr zu achten scheint. Als Sadako nach Kiyokos Tod einen Rock von ihr
anprobiert, schlägt er sie wortlos zu Boden (1:34:58).

So verlässt sie ihn auch am Ende, als er bereits alt ist und am Stock geht. Auch
in dieser Szene erkennt man ihre raue Art, da sie zunächst sein Geld nimmt und
ihn dann, nachdem er versucht sie daran zu hindern, mit seinem Stock schlägt
und erst ablässt, als eines ihrer Kinder sie anfleht aufzuhören (1:57:41). Sie lässt
in diesem Moment ihren gesamten Hass heraus: „Du bist fast verreckt, also leg
dich nicht mit mir an" (1:59:08) und genießt dies offensichtlich: „Das hat gut
getan" (1:59:22).

5 Geschichtlicher Hintergrund

Japan und Korea sind sich zwar anthropologisch und aufgrund des chinesischen
Kulturerbes recht nahe, allerdings haben sie auch beide sehr stark ausgeprägte
eigenständige Identitäten. Dies rührt besonders daher, dass sie beide insulare
Staaten sind und deshalb abgeschnitten von anderen Ländern waren und sind.[4]
Daraus resultiert zudem eine relativ homogene ethnische Gesellschaftsstruktur
und Kultur (vgl. Gohl 1976: 11).

Korea wurde von Japan als Brückenkopf zum Festland gesehen, und so musste
es mehrere Invasionen über sich ergehen lassen, zum Beispiel 1592 unter Toyo-
tomi Hideyoshi, der über Korea versuchte China einzunehmen (vgl. Pohl 2004:

---

[4] Korea als Halbinsel wird vom übrigen Festland durch eine Gebirgskette getrennt.

43). Anfang des 20. Jahrhunderts kam es zu Auseinandersetzungen mit Russland, bei denen es um die Vorherrschaft in Korea und der Mandschurei ging. Keines der beiden Länder wollte darauf verzichten, und so erklärte Japan 1904 Russland den Krieg. In Folge dieses Russisch-Japanischen Krieges erlangte Japan die Macht in Korea (vgl. Gordon 2003: 121). Im Jahr 1910 annektierte Japan Korea vollständig, das bis 1945 eine japanische Kolonie blieb.

Mit den Jahren stieg auch die Zahl der Einwanderer: Lebten 1909, ein Jahr vor der Annexion, nur 790 Koreaner in Japan, so waren es 1920 bereits über 40.000, und bis 1936 stieg die Zahl auf beinahe 610.000 an. Eine Ursache hierfür liegt in der wirtschaftlichen und sozialen Situation Koreas begründet. Die unteren Schichten verarmten immer weiter, während die Herrschenden der oberen Schicht sich mehr und mehr bereicherten. Das wurde durch die eingeführte japanische Reformpolitik noch weiter begünstigt, da z. B. bis dato gemeinschaftlich genutztes Ackerland privatisiert und somit den Reichen zugesprochen oder den japanischen Kolonisatoren zur Bebauung überlassen wurde. Die armen und ungebildeten Bauern verloren somit ihre Existenzgrundlage; gleichzeitig erlebte Japan einen wirtschaftlichen Aufschwung.

Diese Faktoren veranlassten viele, nach Japan auszuwandern und sich dort, in der Hoffnung auf ein besseres Leben, vornehmlich in den industrialisierten Gegenden von Osaka und Kobe niederzulassen. Die Immigranten blieben weitestgehend unter sich und siedelten in koreanischen Gemeinschaften, oftmals zusammen mit ihren Verwandten oder Bekannten, in schlechten Wohngegenden. Aufgrund ihrer im Allgemeinen dürftigen (Aus-)Bildung nahmen sie zumeist niedere Tätigkeiten an. Koreaner aus höheren Bildungsschichten waren eher die Ausnahme (vgl. Gohl 1976: 13).

Die Ausgangssituation war denkbar schlecht für die Immigranten: Keine oder kaum Bildung, eine schlechte Wohnsituation, niedere Arbeit und keine wirkliche Eingliederung in die japanische Gesellschaft. Skepsis und Rassismus kamen bei vielen Japanern auf. Es verbreitete sich der Stereotyp des faulen, dummen Koreaners. Und die japanischen Arbeiter, die selber kämpfen mussten um zu überleben, sahen ihre neuen Mitbürger als Bedrohung an, denn die wirtschaftliche Situation verschlechterte sich jetzt auch in ihrem Land.

Die Diskriminierungen spitzten sich mit dem Kantō-Erdbeben vom 1. September 1923 zu. Mit der Zerstörung kamen Gerüchte auf, die Koreaner würden plündern, brandschatzen, Brunnen vergiften und sogar eine Rebellion planen. Die Bevölkerung sowie Polizei und Militär gingen massiv gegen Koreaner vor, was den Tod mehrerer Tausend von ihnen zur Folge hatte (vgl. Gordon 2003: 154).

Die Voraussetzungen für eine Eingliederungen waren nicht gut. Die Koreaner hoben sich negativ ab und fielen auf durch Kriminalität und mangelnde Sesshaftigkeit. Das koloniale Herrschaftsverhältnis hatte zwangsläufig zur Folge, dass zwischen den beiden Völkern Ungleichheit bestand (vgl. Gohl 1976: 14f.).

6 Formen der Gewalt

Im Folgenden werde ich genauer auf die Gewaltdarstellung in *Blood & Bones* eingehen. Anhand einzelner Filmszenen werde ich exemplarisch aufzeigen, welche unterschiedlichen Arten der Gewalt im Film vorkommen und so versuchen, das Ausmaß der Brutalität Shunpeis zu erfassen. In einem späteren Kapitel setze ich diese Gewalt in Bezug zur Männlichkeit.

Allerdings ist es wichtig, im Vorfeld zu klären, was überhaupt häusliche Gewalt bedeutet. Lamnek und Ottermann definieren häusliche Gewalt wie folgt:

> Mit *familialer* oder [...] *häuslicher Gewalt* sind *physische, sexuelle, psychische, verbale* und auch *gegen Sachen gerichtete* Aggressionen gemeint, die nach gesellschaftlichen Vorstellungen jener auf (gegenseitige) Sorge und Unterstützung ausgerichteten Erwartungshaltung zuwiderlaufen. (Lamnek/Ottermann 2004: 8)

In Sai Yōichis Film finden sich alle der von Lamnek und Ottermann genannten Arten der Gewalt. Statt dieser Einteilung in vier Gewaltkategorien zu folgen, unterteile ich jedoch zur Vereinfachung in meiner Analyse die Gewaltakte in nur zwei Kategorien: Die der psychischen und die der physischen Gewalt.

6.1 Physische Gewalt

Die physische Gewalt in *Blood & Bones* tritt für den Zuschauer sehr offensichtlich zu Tage. Dargestellt werden Schläge und Vergewaltigungen gegenüber den Frauen, die in engem Verhältnis zu Shunpei stehen. Eine wichtige Schlüsselszene steht direkt am Anfang und führt den Zuschauer in die Atmosphäre der Gewalt, die den Film beherrschen wird, ein. Shunpei kommt nachts nach Hause und fordert von seiner Frau etwas zu essen. Diese weigert sich allerdings und versucht erfolglos, ihn hinauszuwerfen. Daraufhin schlägt und vergewaltigt er sie und hört auch nicht auf, als die kleine Tochter hinzukommt und dies mit ansehen muss (4:00). Auch Sadako wird geschlagen, beispielsweise als sie den Rock der verstorbenen Kiyoko anprobiert (1:34:58).

Kiyoko erleidet vergleichsweise wenig körperliche Gewalt. Lediglich einmal greift Shunpei sie an, nachdem er erfährt, dass sie ihm keine Kinder gebären kann. Er schleift sie die Treppen hinunter und zwingt sie, mit Maden übersätes rohes Fleisch zu essen (55:56). Weitere Gewalttaten verübt er auch an seinen Kindern und Mitarbeitern. Hinzu kommt noch Gewalt gegen Sachen, wie etwa das Demolieren der Hauseinrichtung (19:54), was wiederum als eine Art von psychischer Gewaltausübung gegenüber den Frauen gewertet werden kann.

6.2 Psychische Gewalt

Anders als die physische Gewalt ist die psychische allgegenwärtig. Allein das Wissen um mögliche Gewaltexzesse ist als dauerhafte Belastung der Psyche zu sehen. Shunpei steht als „überlebensgroßer" Patriarch da, als fortwährende Bedrohung für seine Frauen und für jeden, der entgegen seiner Interessen handelt und ihn nicht respektiert. Dazu kommt sein einschüchterndes Auftreten, das sich nicht nur in seinem Körper widerspiegelt, sondern auch in seiner Art zu agieren und sich zu artikulieren. So kommandiert er herum und schreit seine Frau an: „Komm hierher" (18:18).

Ein weiterer wichtiger Punkt ist seine Gleichgültigkeit, welche in der unterlassenen finanziellen Unterstützung Yong-Hees bei Ausbruch ihrer Krankheit gipfelt (ab 1:39:17) – ein Verhalten, das nicht nur die Ehefrau selbst, sondern auch den gemeinsamen Sohn belastet. Auch das Fremdgehen ist als psychische Gewalt zu sehen, zumal er es nicht verheimlicht, sondern offensiv nach Außen trägt. Er zieht mit einer anderen Frau in ein neues Haus und verlässt seine Familie. Als diese dann zum Pflegefall wird, hat er mit der Pflegerin für sie hörbar im Nebenraum Sex (1:19:30).

7 Männlichkeitsformen

Die Gewaltausübung Shunpeis gilt es nun in einen Kontext zu Konzepten von Männlichkeit zu stellen: Inwiefern unterstützt der Einsatz von Gewalt die Vorstellungen von Männlichkeit, die sich der Protagonist macht? Hierzu berufe ich mich auf die Männlichkeitstheorien nach Raewyn Connell, die den Zusammenhang zwischen Macht und Gender untersuchen. Connell unterscheidet zwischen hegemonialer, subordinierter, komplizenhafter und marginalisierter Männlichkeit (vgl. Connell in Roberson 2003: 127). Die für meine Analyse relevantesten Typen sind die hegemoniale und die marginalisierte Männlichkeit, weshalb ich diese näher erläutere.

Die *hegemoniale Männlichkeit* legitimiert und sichert die soziale Vormachtstellung gegenüber Frauen und anderen Männern innerhalb einer Gesellschaft (vgl. Connell in Roberson 2003: 127). Der Gebrauch von Gewalt ist kein grundsätzlicher Bestandteil dieser Männlichkeit, aber auch nicht ausgeschlossen (vgl. Connell in Kersten 1996: 382). Sie basiert auf drei Grundpfeilern:

- Normative Heterosexualität und damit auch Zeugungsfähigkeit als Dominanz über die Frau
- Stärke als a) Abwehrfähigkeit männlicher Feinde und b) Schutz und Kontrolle der Frau
- Ernährerfunktion für die Familie (vgl. Gilmore in Kersten 1996: 383)

Die hegemoniale Männlichkeit wird in Japan auch heute noch vor allem mit den *salarymen*, also den mittelständischen Büroangestellten, in Verbindung gebracht (vgl. Dasgupta 2003: 122; Roberson 2003: 127), ist aber auch bei anderen Gruppen innerhalb Japans anzutreffen. Das hegemoniale Männlichkeitskonstrukt lässt sich, bezogen auf *Blood & Bones*, sowohl auf die koreanische Gemeinschaft, in der Shunpei lebt, anwenden, als auch auf die gesamte Gesellschaft Japans.

Der Begriff *marginalisierte Männlichkeit* bezieht sich darauf, dass es innerhalb einer Gesellschaft Hierarchien von Männlichkeit geben kann: Dabei wird die Männlichkeit der einen Gruppe von der anderen nicht als gleichberechtigt anerkannt. Die Anerkennung wird verweigert aufgrund von Differenzen in anderen Bereichen, wie etwa Sozialstatus, sexueller Gesinnung oder Ethnizität (vgl. Bereswill 2007: 89; Roberson 2003: 127). Im Film findet dieses Konstrukt vor allem auf gesamtgesellschaftlicher Ebene Anwendung.

Shunpei lebt in der japanischen Gesellschaft, bewegt sich aber vor allem in der koreanischen Gemeinschaft. Im Rahmen dieser Gemeinschaft steht für ihn als Mann, laut Modell der hegemonialen Männlichkeit, die Sicherung der Anerkennung als Patriarch in der eigenen Familie und in der koreanischen Gemeinschaft im Vordergrund. So lassen sich auch die drei Grundpfeiler der hegemonialen Männlichkeit auf sein Verhalten anwenden: Er hat mehrere Kinder mit verschiedenen Frauen (Heterosexualität und Zeugungsfähigkeit), bietet diesen auch Unterkunft und Nahrung, was ihm sein erfolgreiches Unternehmertum ermöglicht (Versorgerfähigkeit) und zeigt sich als äußerst gewalttätig gegenüber seinen Frauen, Kindern und anderen Männern, die ihm im Weg sind (Stärke gegenüber „Feinden" und Kontrolle der Frau). Dadurch zeigt er sich insgesamt sowohl gegenüber den Frauen als auch gegenüber anderen Männern als überlegener Patriarch.

Shunpeis Rolle in der koreanischen Gemeinschaft ist damit klar definiert, im Kontext der japanischen Gesamtgesellschaft muss diese jedoch noch erörtert werden. Als koreanischer Einwanderer (*zainichi*) gehört er einer Minderheitengruppe an. Wie bereits im Abschnitt zu den geschichtlichen Hintergründen erwähnt, bringt dies Probleme mit sich. Zur Zeit der Filmhandlung, also ab 1923 bzw. besonders in der Nachkriegszeit, waren Koreaner kaum in die japanische Gesellschaft integriert und wurden als Bedrohung und nicht als gleichberechtigte Menschen angesehen. Dies eröffnet einen anderen Blickwinkel auf die Männlichkeit des Protagonisten Shunpei: Der durch hegemoniale Männlichkeit legitimierte Patriarch muss hier in Bezug zur gesamtgesellschaftlichen Ebene gesehen werden, d. h. er muss seinen Status gegenüber allen Männern in Japan verteidigen.

Männer, die innerhalb dieser Gesellschaft einer Randgruppe angehören, sprich in diesem Fall einen anderen ethnischen Hintergrunds und sozialen Status haben, werden von der Gesellschaft marginalisiert. Es entsteht die marginalisierte Männlichkeit, die neben der hegemonialen Männlichkeit nicht als gleichwertig anerkannt wird. So wird Shunpei, der in der koreanischen Gemeinschaft klar als Patriarch definiert ist, aufgrund seines Status als *zainichi* von Japanern nicht auf die gleiche Weise als männlich anerkannt. Zur ethnischen Problematik kommt noch eine soziale Komponente hinzu, da er kein *salaryman* o. ä. ist, sondern der Arbeiterklasse angehört – ein weiterer Grund für seine Marginalisierung.

Immer wieder kommt es in solchen ethnisch und sozial ausgegrenzten Gruppen unter den Männern zu einer Häufung von Gewalt, Brutalität und Aggressivität. Dieses Verhalten wird „Hypermaskulinität" genannt und scheint als Kompensation für die mangelnde Anerkennung der Männlichkeit von Außen und die daraus resultierende Frustration zu entstehen (vgl. Scott 2006, Kersten 1996: 382). Im Zusammenhang mit den *zainichi* war damals der koloniale Begriff *futei senjin* („unbändige Koreaner") geläufig: Ein gängiger Stereotyp, der auf die Hypermaskulinität anspielt (vgl. Scott 2006).

8 Rolle der Frau

Ein kurzer Einblick in die Rolle der Frau in Japan macht deutlich, dass eine klare Abgrenzung zu dem, was als weiblich verstanden wurde, wesentlich für die Konzepte von Männlichkeit war. Etwa ab den 1930er Jahren wandelte sich die Gesellschaft dahingehend, dass Frauen immer weniger an der Erwerbsarbeit beteiligt waren und sich hauptsächlich der Hausarbeit widmeten. Die Berufstätigkeit von Frauen wurde zwar nicht völlig abgelehnt, jedoch wurden die hausfraulichen Aufgaben als erste Pflicht betrachtet.

So entwickelte sich ein klares Rollenbild:

> Es macht nichts aus wenn die Zensuren in Mathematik schlecht sind. Man braucht die europäische Schrift nicht lesen zu können. Aber Waschen und Staubwischen nicht zu können, ist die größte Schande für eine Frau. (Ōshima 1935: 98, zit. nach Mae 1996: 94)

Besonders in den Jahren nach dem Pazifikkrieg wurde dieses Bild immer ausgeprägter. Während die Frauen zuvor in der bäuerlich geprägten Erwerbslandschaft mitarbeiteten (vgl. Ochiai 1998: 39), entwickelte sich mit der Veränderung der Wirtschaftsstruktur die feste Rollenverteilung des sogenannten „55er Geschlechtersystems" (Ochiai 1998: 38). Dies bedeutet, dass die Frau als Hausfrau Ordnung hält und sich um die Kinder kümmert, während der Mann als Angestellter das Geld verdient.

Die hier aufgeführten Punkte sind zwar allesamt auf die japanische Frau und Familie bezogen, lassen sich aber bis zu einem gewissen Grad auch auf die in Japan lebenden Koreaner übertragen.

9 Fazit

Blood & Bones ist ein sehr intensiver Film, bei dem Aggressionen und Gewalt im Vordergrund stehen. Shunpei definiert sich beinahe ausschließlich darüber und sein Charakter offenbart nur wenige Aspekte, die nicht von Gewalt dominiert sind. Wendet man das Modell der hegemonialen Männlichkeit, basierend auf seinen drei Grundpfeilern, auf den Protagonisten an, so lässt sich feststellen, dass die Gestaltung der Figur dem Modell in jedem Punkt entspricht. Shunpeis Leben ist bestimmt von Heterosexualität, Stärke und Versorgerfähigkeiten, wobei besonders der erste Punkt sehr stark dadurch betont wird, dass er wechselnde Partnerinnen hat und mit diesen mehrere Kinder zeugt.

Doch noch wesentlich ausgeprägter zeigt sich bei ihm der Stärke-Aspekt in seinem brutalen Vorgehen beim Durchsetzen seiner eigenen Wünsche und Vorstellungen. Seine Stärke, die wichtig ist für den Erhalt der hegemonialen Männlichkeit und ihm sein Patriarchat sichert, beweist er durch den Einsatz von Gewalt.

Zwar definiert Gewalt nicht grundsätzlich Männlichkeit – es gibt durchaus auch andere Faktoren, die einen Eindruck von Stärke entstehen lassen. In Shunpeis Fall ist die Gewalt jedoch von solch hohem Stellenwert, dass man durchaus sagen kann, dass Gewalt der zentrale Faktor ist, der seine Männlichkeit definiert.

Seine Stellung als Patriarch ist allerdings nur innerhalb seiner Familie und der unmittelbaren Umgebung, der koreanischen Gemeinschaft, gesichert. Durch seinen speziellen Status als *zainichi* wird Shunpei von vielen Japanern gesellschaftlich ausgegrenzt und seine Männlichkeit wird nicht als gleichberechtigt anerkannt. Dadurch entsteht eine marginalisierte Männlichkeit, was zur Frustration und schlussendlich zu einer Hypermaskulinität führt, die ein hohes Maß an Gewalt mit sich bringt. Somit ist die Krise von Männlichkeit, die bei Shunpei vorliegt, nicht mehr nur eine Frage von Gender, sondern es stehen auch sozio-kulturelle Probleme im Hintergrund.

In Bezug auf den Film muss man allerdings beachten, dass es keine sichtbaren Hinweise darauf gibt, dass es sich bei Shunpei um einen Unterdrückten handelt. Innerhalb der koreanischen Gemeinde, in der er sich hauptsächlich bewegt, hat er eine sehr sichere Position als Patriarch inne. Die Rückschlüsse auf etwaige Probleme, die sich aus seinem *zainichi*-Status ergeben, ziehe ich aufgrund der historischen Gegebenheiten.

Grundsätzlich wäre auch die Interpretation möglich, dass Shunpei an sich schon ein sehr aggressiver und brutaler Mensch ist, dessen Verhalten von einer gesamtgesellschaftlichen Ausgrenzung kaum beeinflusst wird. Vor dem historischen Hintergrund jedoch wird sein Verhalten verständlich: Der Autor der Buchvorlage, also der Sohn des wahren Shunpei, macht deutlich, dass die Kolonialisierung Koreas und die Unterdrückung der Koreaner durch Japan sehr wohl etwas mit dem Verhalten seines Vaters zu tun gehabt hätten (vgl. Yan und Kim Sok-pom in Tomonari 2005: 267). Die Frage nach der Rolle der *zainichi*-Problematik im Zusammenhang mit Männlichkeit lässt sich also allein aufgrund des Films nicht eindeutig beantworten, aufgrund von Informationen aus dem kommunikativen Umfeld der Filmproduktion wird jedoch klar, dass hier durchaus Bezüge bestehen.

Literatur

BERESWILL, Mechthild (2007): „Undurchsichtige Verhältnisse: Marginalisierung und Geschlecht im Kontext der Männlichkeitsforschung". In: Klinger, Cornelia, Knapp, Gudrun-Axeli, Sauer, Birgit (Hg.): *Achsen der Ungleichheit – Zum Verhältnis von Klasse, Geschlecht und Ethnizität*. Frankfurt/New York: Campus. S. 84–99.

DASGUPTA, Romit (2003): „Creating corporate warriors: the „salaryman" and masculinity in Japan". In: Louie, Kam, Low, Morris (Hg.): *Asian Masculinities – The meaning and practice of manhood in China and Japan*. London, New York: Routledge Curzon. S. 118–134.

GOHL, Gerhard (1976): *Die koreanische Minderheit in Japan als Fall einer „politisch-ethnischen" Minderheitengruppe*. Wiesbaden: Harrassowitz.

GORDON, Andrew (2003): *A modern history of Japan – From Tokugawa times to the present*. New York/Oxford: Oxford University Press.

GROSS, Christine (1996): „Frauenleitbilder in der Zeitschrift Shufu no tomo, 1917–1935". In: Mae, Michiko (Hg.): *Bilder Wirklichkeit Zukunftsentwürfe – Geschlechterverhältnisse in Japan.* Düsseldorf: Heinrich-Heine-Universität Düsseldorf. S. 77–102.

KERSTEN, Joachim (1996): „Culture, masculinities and violence against women". In: *Brit. J.Criminol.* Band 36, Nr. 3. S. 381–395.

LAMNEK, Siegfried; OTTERMANN, Ralf (2004): *Tatort Familie: Häusliche Gewalt im gesellschaftlichen Kontext.* Opladen: Leske + Budrich.

OCHIAI, Emiko (1998): „Familie und Geschlechterbeziehung in Japan seit Ende des Zweiten Weltkrieges bis zur Gegenwart". In: Gössmann, Hilaria (Hg.): *Das Bilder der Familie in den japanischen Medien.* München: Iudicum. S. 33–56.

POHL, Manfred (2004): *Geschichte Japans.* München: C.H. Beck.

ROBERSON, James E. (2003): „Japanese working-class masculinities". In: Roberson, James E., Suzuki, Nobue (Hg.): *Men and Masculinities in Contemporary Japan – Dislocating the salaryman doxa.* London: Routledge Curzon. S. 126–142.

SAI, Yōichi (2004): „Chi to hone" (Film).

TOMONARI, Noboru (2005): „Configuring Bodies: Self-identity in the Works of Kaneshiro Kazuki and Yan Sogiru". In: *Japanese Studies.* Band 25, Nr. 3. S. 257–269.

INTERNET MOVIE DATABASE, The: *Chi to hone,* http://www.imdb.com/title/tt0419515/; [Stand: 1.2.2009].

RICE, Melinda (2001): „Japan Adopts Tough Domestic Violence Law". http://www.womensenews.org/article.cfm/dyn/aid/740/context/archive [Stand: 1.2.2009].

SCOTT, Christopher D. (2006): „Blood and Bones: The Zainichi Korean Male Body in Postwar Japan." http://www.aasianst.org/absts/2006absts/Japan/j-229.htm [Stand: 1.2.2009].

WADA-MARCIANO, Mitsuyo (2007): „Blood and Bone: Traffic in the Ethnic Film". http://meijigakuin.ac.jp/~ascj/2007/ASCJ-abstracts-2007.doc [Stand: 1.2.2009].

WADA-MARCIANO, Mitsuyo (2009): „Ethnically marked ‚heroes': from Rikidozan to Shunpei in Blood and Bones". http://www.thefreelibrary.com/Ethnically + marked + \%22heroes \%22\%3A + from + Rikidozan + to + Shunpei + in + Blood + and...-a0200723445 [Stand: 24.8.2009].

www.ingramcontent.com/pod-product-compliance
Lightning Source LLC
Chambersburg PA
CBHW062055270326
41931CB00013B/3082